西方政治思想的社会史

# 公民到领主

［加拿大］艾伦·梅克辛斯·伍德————著
曹帅————译　刘训练————译校

译林出版社

**图书在版编目（CIP）数据**

西方政治思想的社会史：公民到领主／(加）艾伦·梅克辛斯·伍德（Ellen Meiksins Wood）著；曹帅译．—南京：译林出版社，2019.4

（西方政治思想译丛）

书名原文：Citizens to Lords: A Social History of Western Political Thought from Antiquity to the Middle Ages

ISBN 978-7-5447-7429-1

I.①西… II.①艾… ②曹… III.①政治思想史 – 西方国家 IV.①D091

中国版本图书馆 CIP 数据核字（2018）第 137387 号



著作权合同登记号　图字：10-2018-422号

**西方政治思想的社会史：公民到领主**

**［加拿大］艾伦·梅克辛斯·伍德／著　曹　帅／译　刘训练／译校**

责任编辑　陶泽慧
特约编辑　张　诚
责任校对　蒋　燕
责任印制　单　莉

原文出版　Verso, 2008
出版发行　译林出版社
地　　址　南京市湖南路 1 号 A 楼
邮　　箱　yilin@yilin.com
网　　址　www.yilin.com
市场热线　025-86633278
排　　版　南京展望文化发展有限公司
印　　刷　苏州市越洋印刷有限公司
开　　本　718 毫米 × 1000 毫米　1/16
印　　张　15.5
插　　页　2
版　　次　2019 年 4 月第 1 版　2019 年 4 月第 1 次印刷
书　　号　ISBN 978-7-5447-7429-1
定　　价　58.00 元

# 丛书序言

自东汉末年佛教东传，梵客华僧，络绎于途，翻梵为秦，流布天下，极大地促进了华夏文明的发展。前贤移译异域经典的努力，不仅令后人钦仰，也为我们留下不灭的典型。

近世海通以降，特别是晚近二三十年来，译介西方政治理论的著作已经蔚成风气，但近来学界翻译的选目，却多偏重于当代作品。此中似乎隐含着这样一些理据：其一，当代理论关注现实问题，往往有较高知名度，读者会更加认同。其二，自进化论在近代传入中国后，国人对“进步”的观念坚信不移，认定新学问必然代表知识进化的更高阶段，包含更高、更全面的真理。但是，这种厚今薄古、贵近贱远的倾向，往往会忽略政治理论中一些最深层的问题。

所谓政治理论，在本质上就是关于秩序的理论。人类秩序之构建至少必须处理三方面的问题。第一，认同问题，涉及个体与群体、群体之间、人类与超越价值之间的关系等；第二，政治制度问题，涵盖诸如国家与社会的关系、统治权威与被统治者的关系、政府内部之结构功能与运作等；第三，公共政策问题，涉及政府在具体问题上的政策原则、目标及实施程序等。若如此理解政治理论，当代西方政治理论的视界便显得颇为狭窄。当代西方社会由于基本完成了制度构建的历史使命，认同问题似乎也不构成困扰他们的主要问题，故而其政治理论关注的焦点集中在公共政策方面，即探讨“谁应该得到什么”的问题。假如这样一种狭窄的理论视角构成汉语学界心目中西方政治理论的景象，恐怕无法真正理解西方现代政治的构建原则，无法理解现代政治秩序形成的复杂性与多样性，对我们思考中国问题难以提供有意义的启迪。

为了弥补国内政治理论翻译中的这些缺憾，使读者对西方政治理论的历史演进与复杂内涵有更全面的理解，这套丛书希望从理论、历史、制度相结合的视角，选择译介西方政治理论中的重要著作。丛书关注的重点是政治思想，但在考察思想时，更加注重历史与制度的视角。它强调将政治理论放在历史的情境中理解，考察理论得以产生的背景及试图解决的问题；它关注历史的多样性与理论的复杂性，而不试图仅仅以理性为基础抽象出亘古不变的政治原则。它在历史考察中强调理论与制度的结合，既关注一个时代政治制度的结构，又力图展示重要思想家对当时制度的理论思考，从制度与理论结合的视角探索西方现代政治的历史演化轨迹以及隐含的原则。

我国中古时代，人们对于移译佛教经典，曾经有经、律、论三藏何者为先的讨论。晚近提倡阅读西方经典原著也成为一时潮流。然而，对于这些来自异域殊方的原典，如果缺乏历史语境的背景知识，难免望文生义，难解真义。有鉴于此，我们这套丛书，也将精选一些重要的二手研究著作，以促进读书界对于原典的真正理解。

译丛之设，已有很多。这里略述编辑旨趣，求其友声。究极而言，是为了假自他之耀，更全面地展示西方政治发展与思考的全貌，为国人思考政治问题尽绵薄之力。

纪念尼尔·伍德

# 目　录

# 致　谢

一如既往地，我要特别感谢乔治·科米奈尔，他阅读了整部手稿，并提出了一贯丰富而有洞见的建议。我还要感谢保罗·卡特利奇、珍妮特·科尔曼和戈登·肖切特，他们阅读了部分手稿并给出有价值的评论，当然，由于我未能听取他们的金玉良言而造成的问题，与他们无关。佩里·安德森友善地答应了我最后的请求，浏览了整个文本并给出一些大有助益的建议。我还要特别感谢艾德·布罗德本特，他出色地扮演着每位作者梦寐以求的读者——聪慧的大众读者，我从他敏锐的批判目光及不懈的支持与鼓舞中受益良多。

我最该感谢的人是尼尔·伍德。多年前，我们决定今后一起写一部政治理论的社会史。不知何故，我们一直没能抽身去做这件事。总是有其他的计划要着手和完成。在他逝世后，我自己挑起这件事，但他在某种意义上仍是合作者。是他最初把我引入政治思想史的殿堂；是他创造了“政治理论的社会史”这种说法；没有他在这个领域中的厚重著作，没有他在融合学术真诚与热烈信念方面树立的典范，这个计划的完成会是难以置信的。

# 第一章　政治理论的社会史

## 什么是政治理论?

所有具备国家和有组织的领导阶层的复杂文明,都一定会产生对领导者与被领导者、统治者与臣民、命令与服从之间关系的思考。无论它的形式是体系化哲学、诗歌、寓言还是格言,无论它是在口述传统中还是被文字记载,我们都可称之为政治思想。但是,本书的主题是一种极其特殊的政治思想形式,它在古希腊非常特殊的历史条件中诞生,并在我们现在称之为欧洲的地方及其殖民前哨发展了两千多年。[1]

不管怎样,希腊人创造了他们自己独特的政治**理论**模式。这是一种体系化的、分析性的对政治原则的质询,其中充满了苦心孤诣构造的定义和对抗性的论辩,它运用批判理性,质问传统道德规范的根基和正当性,以及政治正当(political right)的原则。尽管在西方世界也存在很多其他思考政治的方

---

1　"政治"思想,无论其形式如何,总以政治组织的存在为前提。出于本书的目的,我会把这种组织形式称为"国家",我把它定义得尽可能宽泛,以使其能够涵盖各种千差万别的形式:从城邦和古代官僚制王国到现代民族国家。当然,在本书中我们将有很多机会发现各种国家类型之间的不同。因此,国家是一种"复杂的制度,通过它,社会权力得以在超越亲属关系的基础上组织起来",它是一种权力组织,必然要求"在采取公然武力应对社会问题上享有至高权威",而且由"正式的、专门化的强制机构"组成。见莫顿·弗里德:《政治社会的演化》(Morton Fried, *The Evolution of Political Society*, New York: Random House, 1968),第 229—230 页。国家囊括了包容性较小的机构:家庭、氏族、亲缘群体等,并履行着这些机构无法承担的社会公共职能。

1 式，但被我们视为西方古代和现代政治思想经典的，都属于希腊人创立的政治**理论**传统。

另一些古代文明在许多方面都比希腊人先进——从农业技术到贸易、航海术以及每一种能想象到的工艺或高雅艺术，它们为每一种人类实践都创造了卷帙浩繁的作品，也在生命起源和宇宙形成方面留下了浩渺无垠的思索。但是，大体而论，政治秩序并未被当作体系化的批判性思辨的对象。

例如，我们可以将古希腊对政治秩序之原则的政治思辨形式，与远为复杂和先进的由中华文明所产生的伦理规范、格言警句、劝诫和范例组成的哲学进行对比，中华文明也有着丰富多样的政治思想传统。例如，儒家哲学采取的形式是关于恰当举止的格言警句、谚语以及可资镜鉴的奇闻逸事，它不是通过论辩方式，而是凭借微言大义来传达自己的政治教诲。另一个比古典希腊更为先进的文明——印度，创造了一种印度的政治思想传统，它缺少构成印度道德哲学、逻辑学和认识论著作特点的那种分析性、理论性思辨，以说教形式而非体系化的论辩来表达对既有政治安排的认可。我们还可以比照古典政治哲学与更早的表达英雄理想、英雄模范、英雄事迹的荷马史诗，乃至古典城邦时代前夕梭伦的政治诗歌。

我们所知的西方政治理论传统，可以追溯至古希腊哲学家，尤其是普罗塔哥拉、苏格拉底、柏拉图和亚里士多德，它还孕育出一批“正典”思想家，甚至对于从未读过其著作的人，他们的大名也如雷贯耳：圣奥古斯丁、圣托马斯·阿奎那、马基雅维利、霍布斯、洛克、卢梭、黑格尔、密尔，等等。这些思想家的作品大异其趣，但它们确实有某些共同的东西。尽管他们经常原原本本地对国家进行分析，但他们的主要事业是批判和“开药方”。对于是什么构成了社会和政府的正当性和恰当秩序，他们都有一些定见。被设想为“正确”的那些东西，总是基于某些有关正义的和道德高尚的人生的观念，但它也有可能来源于对“维持和平、安全和物质幸福要求什么”所形成的实践反思。

一些政治理论家勾勒了一个理想中的正义国家的蓝图，另一些具体设计
2 了既有政府的改革方案并为引导公共政策提供建议。对他们所有人而言，核

心问题与谁应统治、如何统治有关,或与何种政体形式最佳有关;他们一般会同意,只询问和回答最佳政体形式的问题是不够的,还必须批判性地探索做出这种判断的依据。潜藏在此类问题下面的,往往是某种对人性的看法,为了获致一种正当和恰当的社会秩序,这些人类品性必须得到培养或控制。政治理论家勾勒出了他们的人性理想(human ideals),并追问要实现这种人性愿景需要何种社会政治安排。当此类问题被问及时,其他的问题也将接踵而至:为什么以及在何种条件下,我们应当服从统治我们的人?我们是否有资格不服从或反抗?

这些看起来可能是显而易见的问题,然而,追问它们,把政府原理或服从权威的义务当作体系化思考和运用批判理性的专门对象,这样的观念却并不是理所当然的。政治理论象征着一种重要的文化里程碑,其重要性与对事物性质、地球和天体进行的系统的哲学或科学思考是一样的。甚至可以说,政治理论的创造要比自然哲学和科学的出现更难以解释。

接下来,我们将探索政治理论得以创造的历史条件,以及它是如何在具体的历史背景下发展的。在这样做时需要始终谨记,政治理论经典是在回应特定历史形势中被书写的。政治理论最富创造性的时期,往往是社会政治冲突以特别紧迫的形式爆发并产生深远影响的历史时刻;即使在较为风平浪静的时期,政治理论家所提出的问题也总是以历史语境中具体的方式呈现自己。

这意味着几件事情。政治理论家可以穿过数个世纪对我们讲话。作为人类境况的阐释者,他们或许对所有时代都有话要说。但是,他们像所有人一样是历史的产物。当我们多少明白了他们为何要这样说,在对谁说,在(直接地或是含蓄地)与谁辩论,他们如何看待自己眼前的世界,他们相信什么需要得到改变或保留时,我们一定会对他们说了什么,甚至对它如何能够烛照我们的历史时刻形成更为丰富的理解。这不仅仅是传记细节,或者甚至是历史“背景”的问题。要理解政治理论家在说什么,就需要弄清他们试图回答的 3
问题是什么,而摆在他们面前的这些问题并不仅仅是哲学抽象,而是在具体的实践活动、社会关系、紧迫问题、不满与冲突的语境下,由具体的历史条件提出的具体问题。

# 政治理论史

把政治理论视为一种历史产物，这种理解在书写政治思想史的学者当中并非一直盛行；或许它还需要加以辩护，尤其是针对这样的指责：通过使伟大的政治理论著作历史化，我们贬损和矮化了它们，否认它们具有超越自己所属历史时刻的意义和重要性。我将尝试为自己这样做的理由提供解释和辩护，但这首先要求对晚近的政治思想史研究现状做一概览。

1960 和 1970 年代，在政治理论研究的复兴时期，学者专家就他们学科的性质和命运进行着无尽的争论。但是，一般而言，政治理论家，尤其是美国大学中的政治理论家，被期待去接受“经验的”政治学研究和“规范的”政治学研究这一区分。一个阵营是**真实的**政治科学，它主张科学地、实事求是地处理政治生活中的事实；另一个阵营是“理论”，它深居政治哲学的象牙塔里，思考的不是**实然**而是**应然**。

无疑，这种空洞的学科划分大部分要归因于冷战文化，这种文化一般怂恿学者们从尖锐的社会批判中撤出。无论如何，政治科学失去了大部分批判锋芒。这种所谓“科学”研究的对象，不是创造性的人类行动，而是政治“行为”，它主张，通过适合于肉体、原子或植物的无意识运动的定量研究，就可以理解政治行为。

这样的政治科学观点当然受到了许多政治理论家的挑战，其中最值得注意的是谢尔登·沃林，他的《政治与构想》令人信服地表明了政治分析中创造
4 性构想的重要性。[1] 但是，至少有一段时间，许多政治理论家十分乐于接受当时主导美国政治科学院系的极端经验主义的“行为主义者”为他们安排的位置。这似乎正合列奥·施特劳斯弟子们的意愿，他们与行为主义者组成了一

1 《政治与构想：西方政治思想的传承与创新》(*Politics and Vision: Continuity and Innovation in Western Political Thought*)首次出版于 1960 年。最新的增订版由普林斯顿大学出版社于 2006 年出版。

个邪恶联盟，两派都赞同彼此井水不犯河水。[1] 经验主义者不去搅扰哲学家编织他们纠缠错节的概念之网，同时“规范的”理论家对其经验主义同事的政治分析也从不投去批判的目光。施特劳斯派对“历史主义”的攻击针对的是其他理论家，他们自称捍卫普适、绝对的真理以反对现代性的相对主义。尽管他们不久后作为有影响力的新保守主义意识形态登场，并以类似哲学导师的身份参与了乔治·沃克·布什政权，但大体而言，早先一代的施特劳斯派政治理论家，醉心于在哲学层面追求他们反动的、反现代主义（如果不是反民主的话）的政治目的——除了当他们完全冲出学院的高墙而为右翼政治家撰写演说词时。他们的“经验主义”同事似乎已经明白，施特劳斯派与他们隐微甚至神秘的哲学关注，对“经验的”政治科学的肤浅与贫乏并不构成挑战。 5

并非只有施特劳斯派接受了经验与规范，或理论与实践的截然两分。至少，一种普遍的看法是：在政治现实中刨根问底，对某些人而言是完全必要的，但这不是政治理论家该做的事。加拿大政治理论家麦克弗森将 17 世纪英国政治思想家置于他所谓的“占有性市场社会”的历史背景中，由此引入了一种不同的政治理论研究路径，然而，他的开创性著作仅仅被当作对英美学术主流的离经叛道。[2] 研究和讲授政治思想史（西方“正典”中的“经典”）的学者，并不都赞同施特劳斯派的反历史主义，但他们往往更加嫌恶历史。很多

1　在此并不讨论列奥·施特劳斯本人的政治观点。这里的问题是他研究政治理论的路径。1899 年，施特劳斯生于德国，1937 年移居美国，1949 年在芝加哥大学任教后，他对北美政治理论研究造成了巨大影响，他造就了一个将被其弟子和弟子的学生传承下去的解释学派。施特劳斯学派的政治理论研究路径始于下述前提：在整个正典历史中，关心真理和知识而非区区意见的政治哲学家都被迫隐藏自己的观点，为的是不被当作颠覆者而横遭迫害。据施特劳斯学派说，他们因此采取了一种“隐微”写作方式，这要求学术解释者必须进行字里行间的阅读。施特劳斯学派似乎暗示，这种强迫由于现代性的肇兴，尤其是大众民主的肇兴而变得更加严重，大众民主（无论它可能具有或不具有其他什么优点）不可避免地由意见统治，而且显而易见地敌视真理和知识。在他们通往政治哲学真实含义的道路上，施特劳斯学派把自己视为一个有特权的、排他性的兄弟会，享有巨大的解释自由，以致可以用其他学者不敢使用的方法偏离字面上的文本。自不待言，这种路径容易限制施特劳斯学派与这个兄弟会之外的人辩论的可能性，其他文本解释由于看不到背后的“隐微”含义，会被先天地排除。尽管施特劳斯学派中的多数人看不起“经验的”政治科学，然而他们的方法只是在“规范的”政治理论的唯我论地盘上增高壁垒。

2　《占有性个人主义的政治理论：从霍布斯到洛克》（*The Political Theory of Possessive Individualism: Hobbes to Locke*）1962 年由牛津大学出版社出版。但是，在 1950 年代麦克弗森就已经发表了一系列运用其语境方法的文章。我在有些地方并不同意他，并且认为他的理想型“占有性市场社会”是一种非历史的抽象，然而，毋庸置疑，他开辟了一条重要的新路。

人把“伟人”当成自在漂浮于政治争论之上的纯粹心灵；任何把这些思想家安置于坚实的历史基础上的尝试，任何把他们视为热切地介入他们自己所处时间地点中政治活动的、活生生的历史存在者的尝试，都会被当作一种矮化的做法而不予考虑，他们认为这样做侮辱了伟人并把他们贬低为区区政论家、小册子作家和宣传家。[1]

按照这种看法，使真正的政治哲学区别于单纯“意识形态”的因素，在于前者超然于政治斗争和党派。它处理普遍的、反复出现的问题，寻找对一切时间地点中所有人都有效的社会秩序和人类发展的原理。它认为，真正的政治哲学家所提出的问题本质上是超越历史的：成为真正的人意味着什么？何种社会允许这种人性的充分发展？对个人和社会而言，正当秩序的普遍原理是什么？

这种观点的提倡者似乎没有想到，即使这些“普遍”问题，也能够以服务某些（而非另一些）直接政治利益的方式得到提问和回答，或者，这些问题和回答甚至可能具有强烈的党派性。例如，通过哲学家所信奉的人性理
6 想，我们可以在很大程度上了解他们的社会政治信念，以及他们在自己时代的冲突中站于何种立场。不承认这一点，意味着这些学者否认这种尝试的好处，即通过把经典作品置于作者所处的时空来理解它们。政治思想的语境化（contextualization）或“知识社会学”，能够让我们略微了解平凡人和意识形态理论家的观念和动机，却无法告诉我们任何有关柏拉图那样的伟大哲学家和天才的有价值的认识。

这种几近天真的非历史主义（ahistoricism）注定会产生一种反弹，一个截然不同的思想流派出现了，并从此取代了它的对手。来者被称为剑桥学派，它至少在表面上走向了另一个极端：将大大小小的政治理论著作彻底历史化，并且否认它们具有任何更为广阔的、超越产生它们的地方性契机的含义。这种路径最有力的倡导者昆廷·斯金纳，在其经典文本《现代政治思想的基础》导论中解释了他的方法，该方法似乎与作为非历史路径之基础的二分法直接对立，它反对政治哲学与意识形态的截然区分，反对“经验”与“规范”的

---

1　例如，参见丹特·杰米诺：《超越意识形态：政治理论的复兴》（Dante Germino, *Beyond Ideology: The Revival of Political Theory*, New York: Harper and Row, 1967）。

肤浅对立。斯金纳主张,实际上,我们最好地理解政治理论史的方式是从根本上把它当作意识形态史,而这要求进行细致的语境还原。“因为我认为政治生活本身为政治理论家设置了主要问题,它使某些议题看起来成为问题,并使一系列相应问题变成辩论的主要话题。”[1]

斯金纳写道,这种路径的主要好处在于,它使我们掌握“一种方法,借此可以更深刻地洞察作者的意思,而仅仅按照‘文本派’拥护者特别推崇的路径,‘翻来覆去’地阅读文本自身,我们是无法奢望实现这一点的”。[2] 它还有另一个优点:

> 现在已经很明白,为什么我要坚持,如果政治理论史本质上被书写
> 成一部意识形态史,会产生的一个结果是对政治理论与实践之间联系的
> 一种更清晰的理解。因为现在可以看出,在重新发现任何特定行为者可
> 用来描述其政治行为的规范语汇时,我们也指明了他的行为本身所受的 7
> 约束之一。这表明,为了解释这样一个行为者为何如此行动,我们必须
> 多少涉猎这种语汇,因为它显然是他行动的决定因素之一。这转而预示
> 着,倘若我们将历史学聚焦于这些语汇的研究,或许就能确切阐明对政
> 治行为的解释究竟怎样依赖政治思想的研究。

斯金纳接着就着手建构一部文艺复兴和宗教改革时期的西方政治思想史,尤其是**国家**(state)获得其现代含义的历史,他的方法是挖掘政治思想家和行动者可用的政治语汇,以及由历史提进他们议程的一系列具体问题。正如他在其他著作中写的那样,在这里他的主要策略是更为广泛地撒网,远超出政治思想史家通常所涉,不单考虑首要的理论家,而且思索“更为一般的、产生他们著作的社会和智识母体”。[3] 他不仅观照伟人的作品,还考察更为“转瞬即逝的、同代人对社会政治思想的贡献”,以这种方法来触及那些可用

1　昆廷 · 斯金纳:《现代政治思想的基础(卷一:文艺复兴)》(Quentin Skinner, *The Foundations of Modern Political Thought, Volume I: The Renaissance*, Cambridge: Cambridge University Press, 1978),第 xi 页。

2　昆廷 · 斯金纳:《现代政治思想的基础(卷一:文艺复兴)》,第 xiii 页。

3　昆廷 · 斯金纳:《现代政治思想的基础(卷一:文艺复兴)》,第 x 页。

的语汇和关于政治社会的流行设想——它们在具体的时间地点中形塑着辩论。

斯金纳的路径，其优势有目共睹；剑桥学派的其他成员也常常颇有成效地应用这些原则分析（尤其是英国现代早期的）特定思想家或“话语传统”。包括思想巨擘在内的政治理论家所提出的政治问题，是由真实的政治生活抛出并由产生它们的历史条件塑造的，这个命题看起来完完全全是良好的常识。

但是，这在很大程度上取决于剑桥学派将何者视为一个相关**语境**，而且很快就一目了然的是，与斯金纳提到的“社会和智识母体”可以推导出的内涵相比，语境化有着十分不同的含义。结果表明，这种“社会”母体与“社会”、经济，甚或是政体毫无瓜葛。社会语境自身就是智识意义上的，或者至少可以说，“社会”是，且仅仅是由既有的语汇界定的。为理论设置议程的“政治生
8 活”，本质上是一场语言游戏。归根结底，让一个文本语境化，就是把它放置在其他文本中，放置在一大堆语汇、话语和意识形态范式中，它们具有不同的形式：上至政治思想经典，下至昙花一现的长篇大论或政治演说。斯金纳对纯粹文本史或抽象观念史所进行的攻讦，所造就的无非是另一种文本史，另一种观念史，它确实比以往的更加精致全面，却同样拘泥于脱离现实的文本。

列举一下斯金纳这部 1300 年代至 1600 年代综合性政治观念史所缺少的东西，其“语境”的局限昭然若揭。斯金纳处理的是一个以重大社会经济发展为标志的时期，这些发展在欧洲政治思想家和行动者的理论和实践中都有突出表现。然而，在他的书中，对农业、贵族和农民、土地的分配和占有、社会劳动分工、社会抗争与冲突、人口、城市化、贸易、商业、制造业、市民阶层，都没有实质性考虑。[1]

诚然，作为剑桥学派的另一位主要创立者，波考克表面上看起来更为关注经济发展和表现为物质因素的东西，比如 18 世纪不列颠对资本的“发现”（波考克语）和“商业社会”的兴起。然而，他对这个“突然的、痛苦的发现”的

1 参见尼尔·伍德：《约翰·洛克与农业资本主义》（Neal Wood, *John Locke and Agrarian Capitalism*, Berkeley and Los Angeles: University of California Press, 1984），第 11 页。

解释，比斯金纳对国家的解释更加脱离历史进程。[1] 对波考克而言，关键时刻是英格兰银行的建立，他认为这导致了一场彻底的财产权转变，即其结构和道德的转变，它在1690年代中期“突如其来”，还伴随着政治心理的急剧变化。但是，在这个论证中，英格兰银行，乃至商业社会仿佛全无历史。它们以成熟的形态横空出世，就好像16世纪与17世纪财产权与社会关系的转变、英格兰农业资本主义的形成，或者与资本主义所有制的发展（它先于国家银行的建立）相伴随的英格兰独特的银行系统，所有这些并未对它们在18世纪商业资本主义中的巩固产生影响。之所以做出这样突出的非历史性解释，是因为比 9
起斯金纳，对波考克而言，历史可能更加与社会进程无关，历史转型只有通过政治语言中的明显变化才得以呈现。话语的变化，象征着一场社会转型的高潮与巩固，被视为该转型的源头和起因。

所以，很奇妙，无论在波考克还是斯金纳那里，声称是政治思想**史**的东西都是非历史的，这不仅体现为它未能把握在任何意义上都是相关时期的决定性历史发展的东西，而且体现为**进程**在其中的阙如。对剑桥学派来说，历史是一系列不连贯的、极具地方性和特殊性的事件，例如，特定时间地点中的特定政治争论——它们与更为广泛的社会发展或或大或小的历史进程并无显著关系。[2]

尽管如此，这种对地方性和特殊性的强调，并不排斥具有更大时空跨度的思考。剑桥学派的素材，亦即“话语传统”，涵盖了很长的时期，有时候整整几个世纪甚至更多。一种传统可以横跨民族边界乃至大陆版图。它可以是一种完全受制于时间和地理范围的特殊文体类型，像“君主镜鉴”文体，它被斯金纳大力挖掘用以分析马基雅维利的著作；也可以是构成18世纪特点的“商业社会”话语，或拥有更长生命、更广范围的“公民人文主义”传统，它们尤

1　波考克：《德行、商业和历史》（J. G. A. Pocock, *Virtue*, *Commerce*, *and History*, Cambridge: Cambridge University Press, 1985），第108页。我对波考克和“商业社会”的这一论断，只能等待在论述相应时期的另一卷书中予以详尽阐述。（作者在本书中提到的另一卷书即《西方政治思想的社会史：自由与财产》。——译注）

2　关于斯金纳的“原子化”、“片段式”的历史处理方法，可参见卡里·奈德曼一个批判性讨论：《昆廷·斯金纳的“国家”：历史方法与话语传统》（Cary Nederman, ‘Quentin Skinner's State: Historical Method and Traditions of Discourse’, *Canadian Journal of Political Science*, Vol. 18, No. 2, June 1985），第339—352页。

见于约翰·波考克的著作。但是，无论其时间持续和空间延展如何，话语传统在政治理论分析中所扮演的角色，都很难区别于特殊事件（它们本身是话语之间的一种互动）所扮演的角色，就像斯金纳将霍布斯置于其中的效忠争论（Engagement Controversy），或是其他人在分析洛克时借助的排斥法案危机（Exclusion Crisis）那样。在这两个例子中，语境就是文本。而且，在剑桥学派历史谱系（从非常地方性的事件到绵长而广布的话语传统）的尽头，我们看不到任何历史运动的迹象，看不到任何意义上的动态联系，即一个历史运动与另一个历史运动之间，或政治事件与作为其基础的社会进程之间的动态联
10 系。长期的历史进程实际上被转化成了短暂的政治事件。

在其历史概念中，剑桥学派有某些东西本质上与更加时髦的“后现代主义”趋向相同。对两者而言，话语都是基本的，甚至唯一的社会生活实践；而历史都被消解成偶然事件。两者回应“宏大叙事”的方式，都不是批判性地检验其优势与缺陷，而是彻底丢弃历史进程。

## 政治理论的社会史

“政治理论的社会史”是本书的主题，它以下述前提为起点：过去的伟大政治思想家都热切地介入了他们时空中的议题。[1] 甚至当他们以高屋建瓴的哲学视角，在与其他时空的其他哲学家对话中处理这些议题时，亦复如此；甚至，或者说尤其是当他们试图把自己的思考转化成普遍而永恒的原理时，亦复如此。通常，他们介入的方式是带有党派性地忠于一项特定的、可辨识的政治事业，甚至直言不讳地表达特殊利益，即某一特殊党派或阶级的利益。但是，他们的意识形态信奉，也可以在一种更为广阔的对良好社会和人性理想的愿景中得以表达。

与此同时，伟大的政治思想家并非党徒或鼓动家。政治理论无疑是一项劝说活动，然而，它的方法是在真诚探索某种真理的过程中，运用理性的言说

1　关于“政治理论的社会史”这一术语的讨论，参见尼尔·伍德：《政治理论的社会史》（Neal Wood, ‘The Social History of Political Theory’, *Political Theory*, Vol. 6, No. 3, August 1978），第 345—367 页。

和论证。纵然“伟人”有别于较次要的政治思想家和行动者，但那也绝不体现为他们较少人性、较少浸淫于历史中。当柏拉图在《理想国》中探索正义概念时，或者当他概括知识的不同层次时，他确实在开启宏大的哲学问题，也诚然是在探究普遍、超验的真理。但是，他的问题同他的答案一样，是由他对雅典民主的批判性介入所驱使的（正如我在随后一章中要论证的那样）。

承认政治思想家的人性和历史性介入，绝不是菲薄他们或否认他们的伟
大。无论如何，不让观念受到批判性的历史审视，就不可能评价他们对普遍 11
性或超验真理的主张。此书的意图当然是考察最重要的政治思想家的观念，但这些思想家将总是被当作活生生的、积极介入的人，他们不仅沉浸在其哲学家前辈遗赠的既有观念的丰厚智识遗产中，倚靠着特定于他们时空的可用语汇所布成的背景，还置身于塑造了他们眼前世界的社会政治进程所形成的语境中。

在历史背景的概念中，这种政治理论的社会史从某些属于“历史唯物主义”传统的基本前提出发：人类进入他们与彼此、与自然的关系中，以此保障自己的生存和社会再生产。为了理解任何时空中的社会实践和文化产品，我们需要对以下事情有所了解：生存和社会再生产的条件，人们获取生活所需物质条件的具体方式，某些人使用他人劳动的方式，生产者与占有他人产品者之间的关系，源于这些社会关系的财产权形式，以及这些关系如何表现在政治的统治、反抗与斗争中。

这当然不是说，从一个理论家的社会地位和阶级中，就可以预测或“读出”他或她的观念。我仅仅是说，任何政治思想家所面对的问题，无论看起来多么永恒和普遍，都是以具体历史的形式呈现在他们面前的。剑桥学派同意，为了理解政治理论家给出的答案，我们必须对他们试图回答的问题心领神会，而不同的历史背景提出了一系列不同的问题。然而，对于政治理论的社会史来说，这些问题不只是通过公开表达的政治辩论而提出的，也不只是在哲学或高层政治（high politics）的层面提出的，而且是通过社会压力和张力（它们在政治舞台之外、在文本世界之外决定着人类互动）而提出的。

这种进路不同于剑桥学派的进路，这既体现在被当作一个“语境”的事物的范围上，也表现在把握历史**进程**的努力上。像“效忠争论”和“排斥法案危

机”这样的意识形态事件，可以让我们对一位像霍布斯或洛克这样的思想家有所了解，但是，除非我们探究这些思想家如何将自己置身于当时正在塑造着他们世界的更宏大历史进程中，我们就很难看出，如何区别伟大的理论家
12 与旋踵即逝的政论家。

社会关系、财产权形式与国家形成过程中的长期发展，确实会偶然地爆发为特定的政治—意识形态争论；并且毫无疑问地，当历史最为剧烈地挤入文本间或话语传统间对话的时刻，政治理论往往会一夜东风花千树。但是，像约翰·洛克这样的重要思想家，在确实回应特定的、短暂的政治争论时，也同时会提出更大的根本问题，这些问题有关更大的社会转型和结构性紧张（尤其是我们将之与“资本主义兴起”联系在一起的那些发展）所产生的社会关系、财产权和国家。毋庸赘言，洛克并不知道他正在观察的是我们谓之资本主义的发展，但他的确在应对它独特的财产权、阶级关系和国家转型所提出的问题。把他从这个更为广阔的社会背景中剥离，就贬低了他的著作和它烛照自己的历史时刻（更不必说一般“人类境况”）的能力。

如果说不同的历史经验引致了一系列相异的问题，那么，在不同的“话语传统”中也可以观察到这些差异。举例来说，仅仅谈论由一种共同的文化和哲学遗产所界定的西方或欧洲的历史经验，是远远不够的。我们还必须寻找各种财产关系形式、各种国家形成过程之间的差异，正是这些差异使某一欧洲社会有别于其他，并产生出不同的理论质询方式以及政治思想家所要解决的一系列不同问题。

“话语”的多样性，并不仅仅表达着个人甚或是民族在智识风格（它存在于跨越地理和时间界限参与彼此对话的政治哲学家当中）上的特性。政治哲学家思考的不只是哲学传统，还有政治生活设置的问题，就此而言，他们的“话语”大相径庭，大部分是因为他们面对的政治问题相去悬殊。例如，即使对于英格兰人和法兰西人这样的近邻来说，国家问题也历史性地呈现出不同的面貌。[1]

---

1　我曾非常详尽地讨论过这些差异，见《资本主义原生文化：关于旧制度与现代国家的历史论辑》（*The Pristine Culture of Capitalism: A Historical Essay on Old Regimes and Modern States*, London：Verso, 1992）。

即便“反复出现的问题”也会以千姿百态的形式出现。何者将成为一个突出议题，会根据主要争夺方的性质、起作用的互竞社会力量、相互冲突的紧 13
要利益而有所不同。现代早期英格兰“致力改良”的地主和依靠保留公共荒地而谋生的平民之间的斗争，所产生的问题结构会不同于法兰西农民、领主与苛税国家之间的问题结构。即使在相同的历史配置或国家结构中，对于农民或平民而言成为问题的事情，对于乡绅、领主或王家官员则不必然如此。我们要承认，历史为伟大的政治思想家提出了问题，而辨识这些特定问题是重要的，或者说，我们要承认，他们所参与的“对话”并不单纯是同无根无绊的哲学家之间不受时间约束的论辩，而是同既包括统治者也包括反抗者的活生生历史行动者之间的接触。但是，承认这些，并不需要把他们贬低成这种或那种社会利益的“职业打手”。

这样讲并不意味着，其他时空中的政治理论家对我们自己无话可说。历史的语境化与历史的“相关性”之间并不存在反比关系。相反，历史的语境化是从“经典”中获取教益的一个基本条件，这不仅因为，它让我们对思想家的意思和意图有更好的领会，而且因为，只有在历史语境下，理论才走出纯粹抽象的王国，踏入人类实践和社会互动的世界。

仅仅因为都是人类，我们就肯定与我们的前辈分享着共同经验，而且，在人类数个世纪以来掌握的实践中，我们像我们的前辈一样参与过的不计其数。这些共同经验意味着，过去的伟大思想家曾说过的东西，大部分对我们而言依然现成可用。但是，要让政治理论经典产生丰厚的教益，仅仅承认人类和历史经验中的这些共性，或从经典中挖掘某些抽象而普遍的原理，是不够的。历史化就是人化，把观念从它们自身的物质和实践背景中剥离，就会使我们错失与它们进行人类接触的机会。

还有一种司空见惯的政治理论史研究进路，就是把理论从它所要解决的紧迫的人类问题中抽离出来。思考政治理论中的**政治**，至少等于对“把特殊的原则转化成实际的社会关系和政治安排将意味着什么”这一问题的思考和判断。如果说政治理论的一项功能是磨砺我们的洞察力和概念工具以便思考我们自己时空中的政治，那么，抽空历史上的政治理论本身的政治内涵，就
会使这一意图落空。 14

比如，几年前我曾遇到一种关于亚里士多德自然奴隶制理论的论点，在我看来，它正说明了一种非历史路径的短板。[1] 该论点认为，我们不应把自然奴隶制理论当成对一种具有历史真实性的社会状况，即古代世界中存在的主奴关系的议论，因为，这样做会使它失去超越自己所在时空的社会经济环境的含义。相反，我们应该把它当成一种抽象地关乎普遍人类境况的哲学隐喻。然而，否认亚里士多德在为一种真实的社会实践，即为真实人类的奴役辩护；或者说，通过拒绝在具体的历史含义中直面他的奴隶制理论，我们可以学到更多有关人类境况的知识，并用这样的方法来使我们对自己时代或其他任何时代中社会生活和政治的现实，或者进而言之，对人类境况保持敏感，似乎是怪诞不经的。

还有另一种方法，运用这种方法，政治理论的语境分析可以烛照我们自己的历史时刻。如果从历史语境中抽象出一种政治理论，那我们实际上就能把它吸收为己有。历史地理解一种理论，让我们可以从一个批判的距离，从其他时代和其他观念的视角观照自己的历史境遇。这还使我们得以观察：我们现在或许不加批判地接受的某些假设是如何产生的，在其形成期间又受到了怎样的挑战。以这种方法解读政治理论，我们大概就不再那么倾向于把我们时空中占统治地位的观念和假设视为理所当然。

---

1　阿琳·萨克森豪斯在对芬利《古代奴隶制与现代意识形态》（M.I. Finley, *Ancient Slavery and Modern Ideology*）的一则评论中，不屑一顾地将其称为“社会史学家”的路子，它能就作者对奴隶制的态度倾向告诉我们一点毫不新奇的玩意，却无法阐明（譬如亚里士多德的）哲学思考的更深层含义。“亚里士多德对自然奴隶制的思考，”她写道，“驱使我们超越一个特定的奴隶和一个特定的主人。奴隶对主人的从属反映出我们对自然的从属。奴隶身份不仅是某人无法支配他或她的劳动的卑贱地位，还是与自然相对的所有人的境况。主奴关系并不限于芬利所提及的古代和现代世界中的奴隶社会。主人与奴隶是恒常状态，亚里士多德告诫我们要理解这一点，这样我们就能明白自己在社会与自然中的位置。芬利把我们的注意力引向某一特定的时间地点，而这正是尽管他暗示美国奴隶制研究对于今日美国社会的重要性，却无法解释古代奴隶制的相关性的原因所在。由此，我们必须转向古代哲学家。”（*Political Theory*, Vol. 9, No. 4, November 1981, p. 579）不可否认，亚里士多德大体上是把奴隶制放在他对自然的无所不包的哲学思考中的。然而，在这一过程中，他所思考的是非常具体的奴役状态，即他所知道的希腊世界中的奴役状态，否认这点似乎也是违背常理的。或许可以否认，通过把奴隶制当作人对自然的普遍从属关系的表现，亚里士多德想为奴隶制**辩护**（尽管相反，我们倾向于认为奴隶制的这种自然化正是起着辩护作用）。然而，无论如何，下述观点是令人堪忧的：一种对亚里士多德的“哲学”解释，即把他对奴隶制的讨论从历史时空下主奴关系的具体现实中剥离，能够比单纯的“社会史”更多地告诉我们“古代奴隶制的相关性”（或者更准确地说是亚里士多德对它的观点），因为“社会史”把哲学家的思考完全当成对古代奴隶制的思考，不是将其视为一种隐喻，而是把它当作一种过于具体的历史真实。

对于用不连贯的事件和话语传统取代历史进程的语境方法而言，这种好处并非唾手可得。剑桥学派的语境方法促使我们相信，古老的政治思想家在我们的时空中无从置喙。它让我们认为，从他们那里学不到什么，因为他们的历史经验与我们自己的并无明显关联。为了发现从政治理论史中能学到什么，需要我们把自己置于历史的连续性中，在那里我们与我们的前辈联结，不仅通过我们共享的连续性，而且通过插在我们之间，将我们由彼处带至此处的变化过程。

因此，此项研究的意旨，不只是阐明某些经典文本及它们由以产生的条件，而且是举例说明一种独特的语境解释路径。它的主题将不只是文本，也不只是杂乱无章的范式，而且是使它们成为可能并且向政治理论家提出特定问题的社会关系。这种语境解读，还要求我们不能满足于追寻从一位政治思想家到下一位之间的沿袭线索。它要我们不仅在政治理论中，而且在构成部分历史背景和文化氛围（政治理论正是从其中产生）的其他话语形式，例如在古希腊悲剧、罗马法和基督教神学中，探索某些基本的社会关系是如何为人类创造性设定界限的。

尽管我设法在语境分析与主要文本的解释间寻得平衡，一些读者可能仍会认为这种方法太过强调宏大的结构性主题，从而牺牲了更为详尽的文本解读。但是，不要觉得本书提出的这一路径排斥或轻视细致的文本分析，相反，最好把它理解为一种照亮文本的方式，他人可以通过更加细致入微的解读来
对它做出检验。 16

## 政治理论的起源

学者对古希腊政治理论的出现给出了很多解释。在下一章，我们将更多地论及特定的历史条件，它们尤其是在雅典造就了对人类能动性的信心，而这是政治理论的一个必要条件。在此章中，我们仅限于讨论使希腊人从其他古代文明中脱颖而出，并且为政治理论设定议程的一般条件。

毋庸置疑，至关重要的因素是大约公元前 8 世纪末独一无二的希腊国家，也就是城邦的发展，它有时演化成自我统治的民主政体，例如公元前 5 世

纪初到公元前4世纪末的雅典。这种国家截然不同于其他具有“高等”文明特色的庞大帝制国家，以及城邦之前的希腊国家——米诺斯和迈锡尼王国。城邦不是一个复杂精巧的官僚机构，它的特征是一个极其简单的国家行政机构（如果我们还能称其为“国家”的话）和一个自我统治的公民共同体——在其中主要的政治关系不是统治者与臣民之间而是**公民**之间的，无论这种公民团体是像在雅典民主中那样更具包容性的，还是像在斯巴达或克里特城邦中那样包容性较小的。政治，以我们对这个词的理解来说，意味着不同利益之间的对质与辩论取代统治或管理成为政治话语的主要对象。当然，比起寡头制城邦，这些因素在民主制城邦尤其是雅典表现得更为显著。

意义同样重大的还有，公元前5世纪末，希腊以前所未有的方式和程度逐渐形成了一种读写文化（literate culture）。尽管我们不宜过高估计它的范围，然而，特别是在民主政体中，一种大众读写文化取代了一些学者所称呼的技艺文化（craft literacy），在后者中，读书写字完全是或大部分是由专业人士或抄写员运用的专业技能。在希腊尤其是在雅典所发生的这些，被描述成写作的民主化。

人民统治要求对紧迫的社会政治议题进行广泛而彻底的讨论，这也为政治领导能力和影响力提供了新的机会，当它与经济繁荣相结合时，就会带来对教育和教学日益增长的需求。一种有经济活力、民主且相对自由的文化，加上不断发展的书面表达和严密论证的方法，以及这种话语日渐增多的受众，这些都为政治理论（一种绵延至今的强大而精妙的自省和反思方式）的诞
17 生和初步繁荣创造了有利氛围。

但是，我们需要更细致地审视城邦，尤其是民主政体，以理解这种新的政治思考方式为何采取了它所具有的那种形式，为何它提出了某些之前从未提出过的问题，而这些问题此后为西方政治理论的延绵传统设定了议程。下一章将更多述及雅典的社会与政治，它们是希腊经典著作得以写就的特定背景。对我们此处的目的而言，需要就政治理论诞生的条件强调几点一般性内容。

城邦所代表的不仅是一种与众不同的政治形式，而且是一种独一无二的社会关系组织。其他高等文明中的国家，典型地体现为统治者与臣民之间的关系，这同时也是占有者和生产者之间的关系。中国哲学家孟子有言：“治于

人者食人,治人者食于人。天下之通义也。”这个原则精准地概括了统治者与生产者之间关系的本质,而此种关系构成最为发达的古代文明的特征。

在这些古代国家中,直接生产者不像统治者甚或公民那样具有政治地位,在这个意义上,生产与政治之间存在严格界限。国家被组织起来以控制其从属的劳动者,特别是,一些人通过国家来占有他人的劳动或劳动产品。国家官职很可能是获取万贯家财的主要手段。即使在土地私有制充分发展的地方,国家官职仍可能是大地产的来源,而小地产以税收、贡赋和劳役形式承担对国家的义务。例如中国就是这样,在其漫长的帝国历史中,大地产和巨大财富始终与官职相联系,而帝国极尽所能地(尽管并不总是成功地)维护这种联系并阻碍强大的有产阶级自主发展。

因此,古代“官僚制”国家形成了一个统治集团,它凌驾于直接生产者尤其是由农民组成的从属团体之上并占有其产出。尽管这种形式也曾存在于希腊,但希腊和罗马都出现了一种新形式的政治组织,它将地主和农民整合进一个公民的和军事的共同体。尽管其他人,尤其是腓尼基人和迦太基人生活其中的城邦与希腊城邦或罗马共和国有某些可比性,但是,同高高在上的 18
国家机器统治的原则有所区别的公民共同体和公民身份的观念,源自希腊人和罗马人。

在其他古代国家的经验中,**农民**—公民的观念是遥不可及的。随后的章节将讨论希腊和罗马奴隶的地位,但目前重要的是,承认生产阶级,即农民和工匠的独特政治地位,以及他们与国家的独特关系。在希腊城邦和罗马共和国,占有者和生产者在公民团体中分别直接作为个人与阶级,即作为地主与农民面对彼此,而不是首先以统治者和臣民的身份。更为自主和充分地发展的私有财产权,更加彻底地与国家分离。一种崭新而独特的财产权和阶级关系的动力学,从(从事占有的)国家与(从事生产的)臣民的传统关系中分化出来了。

在古代政治思想经典中,这些国家的特点得以反映。例如,当柏拉图攻击雅典的民主城邦时,他采取的方法是用另一种国家形式来反对它,这种国家形式完全没有希腊城邦上述最为独特和特殊的特点,在原则上却与某些非希腊国家惊人地肖似。在《理想国》中,柏拉图设想了一个统治者的共同体,它凌驾于被统治的生产者(主要是农民)共同体之上。在这个国家中,生产者就个体而言是“自由的”并享有财产,不依附于更富有的私有者;尽管统治者没有私人财产,但生产者集体地臣服于统治者共同体,并被迫向他们不事生产的主人转让剩余劳动力。按照柏拉图和亚里士多德都欣赏的军人与农民阶级的传统划分,政治和军事职能排他地属于统治阶级。换言之,治于人者食人,治人者食于人。柏拉图肯定从最严密遵循这些原则的希腊国家,尤其是斯巴达和克里特城邦那里汲取了灵感,但他脑海中更为明确地想到的模型很可能是埃及,或至少是希腊人有时模糊理解的埃及。

其他古典作家则以不那么极端的、更具希腊罗马特征的方式,为统治阶级的至上地位辩护。尤其是“混合政体”学说,它在柏拉图《法篇》中出现,并在亚里士多德、波利比乌斯和西塞罗的著作中凸显,它反映了独属于希腊和罗马的现实,也反映了这样一种国家(它把富人与穷人、占有者与生产者、地主与农民整合进了一个公民的、军事的共同体)中统治的私有者阶级所面对
19 的特殊问题。混合政体的观念来自希腊罗马的政体分类,特别是对多数人、少数人或一个人统治的区分:民主制、寡头制、君主制。一个政体如果吸收了它们每个中的某些要素,在此意义上就是“混合的”。更具体地说,富人与穷人可分别由“寡头的”和“民主的”要素代表;富人的优势地位,并不是依靠统治机器和从属的生产者,或军人和农民阶级之间明确且严格的划分而实现,而是凭借政体平衡向寡头要素的倾斜而实现。

因此,在理论和实践上,一种独特的**财产权**和有别于统治者与臣民关系的阶级关系的动力学被直接编织进希腊罗马的政治架构。特别是在民主城邦中,这些关系造就了一种实践问题和理论议题的独特序列。当然,在一个像雅典这样的社会中,存在着与众不同的社会秩序问题。雅典没有一个明确处于支配地位,其经济权力和政治优势范围同等、不可分割的统治阶层;它的经济等级与政治等级并不重合,而政治关系较少是统治者与臣民之间的,更多是公民之间的。这样的政治关系表现在公民大会和陪审团中,表现在经常举行的辩论中,从而对新的修辞技巧和论证方式提出了要求。没什么会被视为理所当然;并且这是一个特别好争讼的社会,这点不足为奇,在这里,政治话语的许多方法和题材,以及它对于分毫析厘的辩论的偏好,都来源于法庭

辩论。

希腊政治理论家自觉意识到他们的特定国家形式的独一无二性,他们不可避免地探索了城邦的性质,以及使它区别于他者的东西。他们提出了国家的起源和目的问题。在有效地创造了一种新的认同,即公民的公民身份认同之后,他们提出了公民身份含义的问题:谁应享有政治权利,统治者与被统治者的划分是否自然存在。他们面对着平等化的公民身份与等级制的贵族出身和财富原则之间的张力。法与法治,基于暴力或强制的政治组织与一种以协商或说服为基础的公民共同体的区别,人性及其对政治生活的适合性(或相反),所有这些问题都由城邦日常的生活现实抛出来了。 20

当不存在这样一个统治阶级(它的伦理标准被整个共同体接受并当作指导原则)时,就无法确保传统规范的不朽和不可侵犯。它们不可避免地要接受理论的审视与挑战。传统等级的维护者不得不通过建构理论论证来应对理论的挑战,而不能翻来覆去地讲述古老箴言,或援引主张贵族统治的英雄—国王史诗。道德和政治原则的起源,以及是什么使它们具有约束力,这样的问题浮出水面了。同样的政治现实中,还出现了"人是万物的尺度"的人本主义原则,以及所有由这一原则引发的新问题。所以,例如,智者(下一章将会论及的希腊哲学家和教师)质问道德与政治原则究竟是自然存在,还是仅仅靠习俗而存在,对这个问题有各式各样的回答,一些倾向民主制,另一些则支持寡头制;又如,当柏拉图对民主制表示反对时,他不能乞灵于诸神或因古老而受到尊重的习俗,他必须凭借哲学推理的方法证明自己有理,必须去建构一种似乎排除了民主的正义和好生活的定义。

## 政治理论史:一个概述

这种新的政治思想形式降生于城邦,却在城邦消失后存续下来,并为之后的世纪设定理论议程,尽管那时盛行的是截然不同的国家形式。这种持久性不仅是顽强的智识遗产的问题。西方政治理论传统是在古希腊确立的基础上发展的,因为某些议题仍位于欧洲政治生活的中心。私有财产权的自主性、它于国家的相对独立性,以及这些社会权力中心之间的张力,仍在以不同的形式继续塑造着政治议程。一方面，占有阶级需要国家维护秩序，这是占有和控制生产阶级的条件。另一方面，他们又发现国家是一个恼人的累赘，还是一个争夺剩余劳动力的对手。

带着对国家的警惕目光，处于统治地位的占有阶级常常不得不把注意力转向他们与从属的生产阶级之间的关系。实际上，他们对国家的需要，在很大程度上取决于这些难以应付的关系。特别是，在西方大部分历史中，农民通过缴纳地租、税费和贡赋被榨取剩余劳动力，以此为尊贵的少数人提供衣
21 食住房。尽管贵族的国家依赖着农民，尽管地主时常觉察到反抗的威胁，然而，在西方政治理论经典中，这个政治上沉默的阶级只扮演着毫不起眼的角色。只有在为社会和政治等级辩护的巨大理论努力中，才能看到他们寂然的在场。

伴随着资本主义的到来，占有阶级与生产阶级的关系会发生根本改变，但是，西方政治理论史在很大程度上仍是财产权与国家、占有者与生产者之间的紧张关系的历史。总体而言，西方政治理论传统一直是“来自上层的历史”，它是从统治阶级的成员或代理人的视角书写的，本质上是对既有国家以及维护或变革它的需要所进行的反思。然而，不把它同我们从“来自下层的历史”中学到的东西联系起来，就不可能理解这种“来自上层的历史”，这一点应该是显而易见的。国家、有产者和生产者之间复杂的三方关系，或许比其他任何东西都更能使西方政治传统有别于他者。

就统治集团占有他人产品而言，西方与其他社会当然别无二致。然而，在西方，他们之间的紧张关系塑造政治生活和理论的方式上，确实存在一些区别。这也许正是因为，自古典时代起，占有者与生产者关系就一直不是统治者与臣民关系的同义词。诚然，农民—公民在罗马帝国以后就不复存在了，在好几个世纪后，可与古雅典的民主公民观念相提并论的事物才会在欧洲卷土重来。封建和现代早期的欧洲甚至在某种程度上向统治者和生产者之间的古老划分靠拢，因为劳动阶级被取消了积极的政治权利，而占有权力也典型地伴随着“超经济”权力，即政治的、司法的或军事的权力。但是，即使在那时，统治者与生产者之间的关系也一直不是清晰明确的，因为占有阶级首先不是作为在国家中组织起来的一种集体权力，而是作为与其他所有者乃

至国家相竞争的个体所有者，以一种更直接的个人关系来面对他们的劳动者同胞。

财产权的自主性，统治阶级和国家之间的矛盾关系，意味着西方的有产阶级往往必须两线作战。尽管他们应该会欣然赞同孟子关于治人者和食人
者的原则，然而，他们永远无法把这种统治者与生产者之间的截然划分视为 22
天经地义，因为，在这里，财产权与国家的划分比在其他地方更为明确。

古希腊所确立的西方政治理论的基础，被证明具有惊人的适应性，然而，在它与变化的历史条件相适应的过程中，其理论议程当然经历过许多变化和增添，在后续章节中我们将对这些予以考察。或许因为罗马人的贵族共和国并未遭遇雅典民主所面临的那些挑战，他们未能发展出一种像希腊人那样硕果累累的政治理论传统。但是，他们确实带来了其他的社会和政治创新，尤其是罗马法，它对于政治理论的发展具有重要影响。帝国还产生了成为帝国国教的基督教及伴随而来的所有文化后果。

意义尤为重大的是，罗马人开始在公与私之间，甚至可能在国家与社会之间划定一种鲜明的分界。无论如何，作为两种不同的权力中心，财产权与国家之间的对抗是贯穿西方政治理论史的一个不变主题，它是在罗马人对于“统治权”和“所有权”的区分中第一次得到正式承认的。前一种权力被认为是命令的权利，后一种则是以所有权为形式的权力。这并不排斥下述观点：国家的目的是保护私有财产——西塞罗在《论义务》中已经表达了它；或者说这不排斥这样的确信：国家的产生就是为了这个理由。相反，不断成为西方政治理论中一个中心主题的国家与私有财产的合作关系，是以它们之间的分离和紧张为前提的。

当共和国让位于帝国时，在理论和实践上，这两种权力形式之间的紧张都加剧了，我们将看到，这在罗马帝国的衰亡中起到很大作用。随着封建主义的兴起，这种紧张由于所有权的胜出而得到解决，因为国家实际上分解成了个人财产。在统治者与生产者的古老划分中，国家是主要的占有工具，相形之下，封建国家几乎从未脱离个人（尽管是有条件的）财产权和人身支配权（personal lordship）的等级链条而获得自主存在。封建国家不是一种中央集权的公共权威，而是一种“众多分割化主权”组成的网络，它由一种复杂的社

会关系等级制和各种互竞的司法权统治，掌握它的不仅有领主和国王，还有
23 各种各样的自治法团，更不消说还有神圣罗马帝国皇帝和教皇。[1] 封建关系，即国王与领主、领主与封臣、领主与农民之间的封建关系，既是一种政治/军事关系，也是一种财产权形式。封建领主权意味着对财产的支配，以及对法律上依附自己的劳动力的支配；与此同时，它还是国家的一小部分，政治军事统治权的一小片。

解决财产权与国家之间紧张的封建式方案不会永远持续。在与农民的关系中，领主不可避免地要向国家寻求支持；而分割化主权转而再一次让位于国家中央集权。新的国家形式在中世纪晚期出现并在现代早期发展，伴其始终的特征是君主权与领主权之间波涛暗涌的冲突，直到资本主义完全改变政治与财产权的关系。

在这段政治实践的历史中，每一阶段都伴随着理论上的相应变化，以及旧主题为适应新的社会紧张和政治安排而产生的变化。财产权与国家之间的矛盾关系获得了新的复杂性，这引发了新的观念，它们有关君主与领主的关系、君主权力的起源和范围、对国家权力的宪法制约、各种法团实体的自治权、主权的概念、义务的性质和反抗的权利。基督教的发展，以及教会作为一种独立权力的兴起，造成了更多的复杂性，提出了新的问题，它们关乎神法与民法的关系以及教会向世俗权威发起的挑战。最后，资本主义的出现，在新的财产权与国家观念中带来了自己的概念转化，还带来了新的“公”与“私”、政治与经济、国家与“社会”概念，再加上“民主”的复兴——不是以其古希腊形式，而是以全新的、资本主义特有的内涵，它对统治阶级已不再构成根本挑战。

24 通观这部“西方”历史，我们会发现，在不同的欧洲国家中，也存在着明显的理论变化，这不仅是因为语言和文化的差异，也是不同的社会政治关系使

1 关于“分割化主权”（parcellized sovereignty）概念，参见佩里·安德森：《从古代到封建主义的过渡》（Perry Anderson, *Passages from Antiquity to Feudalism*, London: Verso, 1974），第 148 页以后。我们将看到，英格兰封建主义是一个部分的例外。所有财产权在法律上都被定义为“封建的”和有条件的；但是，盎格鲁—撒克逊国家先前已经是相对统一的，并且诺曼人巩固了这种统一，所以“分割化主权”在英格兰的存在从未达到大陆那样的程度。英格兰资本主义的独特发展与此并非毫无干系。但让我们留待之后详述。

然。不仅有好几种欧洲封建主义，而且封建主义的瓦解也导致了好几种不同的转型，产生了诸如意大利城邦、德意志公国、法兰西绝对主义国家、尼德兰商业共和国等五花八门的形态，而所谓"从封建主义向资本主义的转变"只在英格兰发生了。尽管欧洲文化的共同点和共有的社会议题使西方政治理论传统成为一笔丰厚的共同遗产，然而，上述每一种转型都产生了自己独特的"话语传统"。

还有必要进一步指出一点。统治阶级与国家之间暧昧不明的关系赋予西方政治理论某些独一无二的特征。即使有产阶级从来无法忽视来自下层的威胁，即使他们依靠国家维持自己的财产权和经济权力，但他们与国家关系中的紧张，仍使他们的自治权力、对抗国家的权利，还有自由概念（它与用来对抗国家的贵族特权观念往往难以区分）被摆在首位。因而，对权威的挑战来自两个方向：下层阶级对其主人压迫的反抗，以及面临国家侵犯时的主人自己。即使在社会政治等级最僵化的时刻，这也有助于保持质询的习惯：质询权威的最基本原则、正当性和服从的义务。

## 正　典

最后的导读性话语应该谈谈，我们到底为什么要关注西方政治理论经典。为什么要遴选几部由"已故的白人男性"书写，很大程度上局限于西欧及其文化支脉的"经典"作品或"伟大著作"？除了极少数例外，"正典"忽视了世界绝大多数人口的生活经验、男性对女性的统治、少数种族和民族受到的压迫、社会关系中泛滥的暴力、殖民主义和帝国主义的全部历史——如果它没有积极支持这种统治和压迫的话，事情难道不是如此吗？

就此而言，谈论"西方"传统还有意义吗？"西方文明"课曾被理所当然地
视作高等教育的必备入门，在美国大学中尤其如此，但这种日子已经一去不 25
复返。甚至连对"东方"和"西方"的划分，现在都被认为很成问题。例如，把古希腊文化划归"西方"传统，这意味着什么？"东方"对"西方"是一种人为的历史建构，甚至"欧洲"也是一个很晚才出现的概念。把古希腊与例如埃及或波斯分离，仿佛希腊人一直是"欧洲的"，生活在孤立隔绝的历史中，而不是

更大的地中海世界或“东方”世界的一部分,这更是人为制造的。此外,“东方”甚至比欧洲或“西方”更具多样性,所以没有正当理由把它当作某种涵盖所有非“西方”或非“欧洲”事物的剩余范畴。即便我们把“西方”当成一种简略说法,使它不与作为一种无差别“他者”的其余世界混同,我们所谈论的又是哪种西方传统？比如,难道没有与统治阶级意识形态并立的劳动阶级传统吗？

对这些重要的疑问,让我至少给予一个部分的答复。首先,出于此项研究的目的,使用“西方”政治理论这种简略说法的主要理由,与自古典时代开始、位于我们称为欧洲的地理区域内的政治生活的特殊性有关。虽然这个“西方”世界的内部具有多样性(这在本书中随处可见),但它以某些社会和政治特殊性为标志,本章已经简要概述了这些特殊性,它们产生了某些独特的政治思考方式。把古希腊和罗马作为这个“传统”的组成部分,仅仅是因为,我们可以把“西方的”政治演化及随之而来的政治理论发展追溯到古希腊罗马。[1]

因而,本书中思考的政治理论经典文本集中在西方国家。它们一般由强大的头脑构思而成,而且常常由一流的文体学家挥毫写就,为我们提供了进入西方政治史的不二法门。无论我们喜欢与否,这些作品已经无法消磨地铭刻在我们的当代文化和今日世界上。它们大致上都曾经是统治阶级的统治理念,而这也意味着,帝国势力曾携带着这些理念将触角伸向世界各地。必
26 须承认,西方理念的传播带来了好处,但它们也常常被召唤来为殖民压迫辩护。无论是好是坏,它们曾以各种方式统治着世界。

同样真实的是,自古典时代以来,西方国家就以一种系统性的不平等和少数人对多数人的统治为特征。这种现实也反映在正典中,因为我们听到的声音总是来自统治阶级、有产者(事实上还是男性)以及为他们说话的人。尽管我们偶尔会听到来自下层的不同声音,但是,构成人口大多数的农民,在绝大部分相关历史中基本是缄默不语的。然而,这种缄默并不是对主人的声音

---

1 参见保罗·卡特利奇:《希腊人》(第2版)(Paul Cartledge, *The Greeks*, Oxford: Oxford University Press, 2nd edn, 2002),它娴熟地阐明了我们政治和文化的自我理解,如何能够从既承认希腊人的历史特殊性又承认他们与我们之间的连续性中得益,从既承认他们的“他者性”又承认我们应归功于他们的东西中得益。

充耳不闻的理由。相反，主人的声音往往是最好的途径，让我们了解沉默的大多数、他们的愤懑不满，以及他们对统治和剥削自己的人发起的挑战。诚然，当我们能够直接听到反抗者的言辞时，我们能够学到更多。但是，即使无法找到这些言辞，对正典文本进行细致的、语境化的解读，也可以让我们了解许多事情：统治阶级期待其从属做什么，同时害怕他们做什么。

这本研究著作的前提是，不加批判地对待正典并理所当然地接受其统治地位，是错误的。无视正典文本中没有展现的历史特性和文化，一样不正确。但是，伪称没有什么正典之类的东西存在，或伪称统治阶级思想的统治不是一项主要的历史事实，仍是迷误。重要的是，承认这项事实确实有一段历史。除了其他含义，这意味着尝试理解这个正典传统产生和发展的条件，尝试理解塑造它的社会关系和斗争。没有这种历史的理解，我们就无法学习到经典作品可能至今仍为我们留下的任何普遍性教诲，但是，我们还没有资格对它们视若无睹，仿佛它们已经再没有什么东西向我们传授了一样。 27

# 第二章　古希腊城邦

## 政治学的发明

在戏剧《乞援女》中，欧里庇得斯在情节中插进了一场简短的政治争辩，这场争辩发生在一位来自专制的忒拜的传令官与传说中的雅典英雄忒修斯之间。忒拜人吹嘘他的城市由单独一人而非反复无常的群氓统治，后者是一大群贫穷而粗鄙的人，无法做出正确的政治判断，因为他们的所思所想总是离不开劳动。忒修斯以歌颂民主作为答复。他坚称，在一个真正自由的城市里，法律对所有人都适用，富人与穷人同样都可得到平等的正义，只要有有益的主张，任何人都有权利当着公众宣讲，一个自由公民的劳动不会被糟蹋，“一个人的辛劳只为了增加僭主的财富”。*

这个简短而生动的穿插，对于戏剧情节的进一步展开或许并无助益，但它准确地总结了雅典政治理论的紧要问题。它还告诉我们许多关于城邦和产生政治理论的社会条件的事情。忒修斯颂扬的自由概念，承载的是雅典人和其他希腊人的某些基本原则，他们认为这些原则只属于自己，界定着他们与众不同的国家的本质。表述自由的希腊词汇 eleutheria，甚至还有更受限制、更精英化的，在拉丁语中同时指涉个人与国家的 libertas，在近东或亚洲的

* 这段辩论参见《乞援女》，第 409—462 行。——译注

任何古代语言，如巴比伦语或古代汉语中都没有完全对应的词；希腊和罗马的“自由人”概念，也无法用这些语言转译。[1] 在希腊，这些概念反反复复出现在从历史著作到戏剧的一切事物中，构成雅典的决定性特征。 28

所以，当历史学家希罗多德为雅典人击败波斯给出解释时，他把他们的优长归因于他们已经摆脱了暴政的枷锁。他们生活在暴政压迫下的时候，“他们拱手而降，因为他们为一个主人工作……”。[2] 现在他们自由了，他们就成了“所有人中最优秀的”。类似地，在《波斯人》中，悲剧作家埃斯库罗斯告诉我们，相比波斯王薛西斯的臣民，成为一位雅典公民意味着没有主人，不是任何有朽者的仆人。

当然，可以把希腊人对“自由”的明确界定归因于动产奴隶制（chattel slavery）的盛行，后者必然要求在自由与奴役之间做出概念上和法律上泾渭分明的区分。奴隶制的发展，无疑廓清和强化了这种区分。但是，独属于古希腊人的自主与自足概念，其起源要归功于其他事物，而对奴役的不容让步的定义更多是这个概念的结果而非原因。

研究中世纪的卓越史学家罗德尼·希尔顿曾评论道：“对大领主不负有义务甚至无须遵从的自由人概念，是中世纪农民留给现代世界尽管无形却最重要的遗产之一。”[3] 如果说希尔顿把这个概念溯源到农民是正确的，那么，他没把它归功于古希腊人则肯定是错误的。不像其他地方的农民，希腊农民从地主或国家所有形式的奴役或进贡义务中解放出来了，正是这种解放造成了一种新的自由和自由人概念。这个概念日益与民主结合，结合得如此紧密，以至于像柏拉图（我们将看到，他认为所有从事必要劳动的人在法律或政治上就应该是依附性的）这样的反民主者力图通过将自由等同于放纵来推翻这个概念。同时，农民的解放消除了一种完整的依附程度光谱，剩下的是自由

---

1　参见芬利：《古代经济》（M.I. Finley, *The Ancient Economy*, Berkeley and Los Angeles: University of California Press, 1973），第 28 页。

2　希罗多德：《历史》［V. Herodotus, *The Persian Wars*, transl. George Rawlinson, New York: Modern Library (Random House), 1947］，乔治·罗林森译，第 5 卷，第 78 节。

3　罗德尼·希尔顿：《受缚者得解放：中世纪农民运动和 1381 年英格兰起义》（Rodney Hilton, *Bond Men Made Free: Medieval Peasant Movements and the English Rising of 1381*, London: Temple Smith, 1973），第 235 页。

与奴役的截然二分：前者是公民的属性，后者是任何公民都不会沦入的状态。

闲暇生活无疑是一种文化理想，然而希腊的自由概念，其核心是一种摆脱为他人工作的必要性的自由——不是**免于**劳动的自由而是劳动**的**自由。
29 这不仅适用于无主人的个人，而且适用于由一种公民团体统治、无须向其他国家进贡的城邦。这种自由概念对于自主劳动和自足性的强调，折射出这样一个国家的独特现实：其生产者是公民，公民共同体统合了占有阶级和生产阶级，消除了他们（无论作为主人与仆人，还是作为统治者与臣民）之间的支配和依附关系。这种在民主雅典发展最为充分的公民共同体，是希腊政治理论出现的决定性条件。

在上一章中我们概述了，城邦尤其是民主政体通过某些方式产生出一种新的思考形式，一种为了质询政治权利的基础而对批判理性的系统运用。我们还指出，这种思考方式扎根于一种新型实践，它较少涉及统治者与臣民之间的关系，更多涉及公民（他们被划分为不同阶级，但在公民身份上是一致的）之间的事务与冲突。在民主雅典，自我统治的公民共同体和政治实践，亦即在城邦（一种公民共同体）公共领域中的行为，达到鼎盛，这里也是古典希腊政治理论传统的摇篮。

## 民主的勃兴

亲属、家族、出身和血缘等传统原则逐渐消失，取而代之的是公民原则或政治原则，即公民身份观念的发展，以及城邦、政治法和公民认同的逐步提升，通过考察这些变化，可以描绘出民主的演进过程。换种说法，政治化过程与民主化过程携手并进，而最民主的城邦就是政治原则得到最完全发展的城邦。通常被视为雅典政治发展里程碑的历史事件，都可以从这些角度加以理解。在所有情况下，政治原则的强化，都同时意味着民众权力的提升和阶级间关系的重构。

考古学和对线形文字 B（希腊字母之前的文字）的破译，已经揭示出许多关于城邦出现前存在于希腊的国家的情况。正如我们已经提示的那样，它们类似于其他古代国家，尽管规模更小。位于其中心的官僚权力控制着土地和

劳动力，从附属的农民群体那里占有税收或贡赋。这种国家形式是如何消失
的，或者在它的终焉和城邦的兴起之间发生了什么，我们不得而知。对处在 30
城邦前夜的希腊社会的认识大多依赖荷马史诗，而荷马史诗肯定没有描写本应成为其主题的迈锡尼文明。他们引用一个较早时期的神话和传说来描述一个较晚时期的一种社会结构和各种社会价值。荷马诗歌或许并没有准确地描述任何曾存在于希腊的社会，但是，就大致轮廓而言，它们仍是最好的信息来源，让我们了解城邦之前的这个贵族社会，一个在诗人（们）缅怀它时已经行将就木的社会。史诗最起码让我们得以管窥那些被城邦所取代的社会和政治安排。

“荷马”社会的基本社会经济单位是 oikos，即家庭，尤其是贵族家庭。一位家主统治着它，而家主被亲属和家臣围绕，并由附庸者的劳动供养。这里几乎没有“公共”领域：责任和权利主要针对家庭、亲属和朋友；而诸如处置财产和惩治犯罪等各种社会职能，都由习惯性的亲缘规则决定，同时，价值不太大的司法权专属于家主。

甚至在史诗写作的年代，家庭和亲属纽带就在逐渐被不同的原则取代。在一个城市中心周围，存在着领土性质的纽带，同时，在主人与仆人或地主与农民的关系中，以及在地主的阶级联盟中，阶级的聚合与冲突在发挥作用。“荷马时代”的地主已经变成了有财产的贵族阶级，尽管他们彼此间经常存在充满恶意的对抗，但作为占有者的共同利益将他们捆绑在一起，而且，他们日渐脱离那些从事生产的同胞。

贵族阶级运用其非经济权力，特别是其司法职能来占有从属生产者的劳动。在这个方面，它与古代官僚制国家仍有某些共同之处，在后者那里，国家和国家官职是进行占有的主要工具。贵族地位甚至可能是古老官僚制国家及其国家控制的占有体系之残余。然而，关键的区别在于，在迈锡尼文明之后的希腊，实际上并没有国家和强大的统治机器来维持占有者支配生产者的权力。财产为个人和家庭所有，有财产的贵族阶级面对其下级时，势必不是作为一支组织严密的统治力量，而是作为一种这样的个人和家庭组成的十分松散的集合：他们常常陷于彼此间的激烈冲突中，而且他们较少凭借更高的权力而区别于其非贵族同胞，更多是凭借优裕财产和高贵出身。由于共同体

31 在军事上日益依赖农民阶级，他们同农民生产者的关系进一步复杂化。

等我们来到雅典民主演进过程中第一个有相对充足文献可查的时刻，梭伦改革，贵族和农民的冲突已经确切无疑地走上前台。亚里士多德在叙述梭伦改革时说那时所有穷人都是少数富人的农奴，尽管这肯定是夸大其词，然而，形形色色的依附形式无疑是非常普遍的。骚乱四处蔓延，贵族阶级无法凭借纯粹武力予以镇压。作为替代，人们寻求通过一种新的政治安排来解决农民与贵族之间的冲突。

无论梭伦的动机可能是什么，对我们而言关键问题在于，他**如何**设法安抚难以驾驭的农民阶级。他消除了各种使阿提卡农民遭受其贵族同胞剥削的依附形式。他废除债务奴隶，并且禁止以人身为担保的借贷——在拖欠债务情况下这会造成奴隶；他制定著名的"解负令"，借此取消了"六一农"(hektemoroi)身份，即自己的土地和部分劳动受地主束缚的农民。[1] 换言之，他消灭了各种以政治权力或人身依附为媒介的"超经济"占有方式。

这些改革的成果是使农民从依附状态和超经济剥削中得到解放，而以削弱亲属、出身和血缘等传统原则为代价换来的共同体的加强、政治权利的扩张以及个体公民地位的提高，使改革成果进一步扩大。公民仍被分为不同阶层，但是，工匠、农民与出身于高贵氏族的贵族之间的古老划分，不再具有政治上的重要性，并且会被建立在现有军事等级体系上的、更易测量的财富标准所替代。之前行使统治的战神山议事会仍然局限于两个最富有的等级，但第三个等级获许进入新的四百人议事会充当平衡力量。最穷的军事等级"日佣级"，第一次形式上被允许进入公民大会，它随着贵族议事会权力的式微而变
32 得日益重要。

梭伦还改革司法体系，创立了一个新的人民法庭，所有公民皆可进入。任何公民都可以把自己的讼案移交到这个法庭，使其不受贵族审判影响，这削弱了贵族的司法垄断。传统上，在按照古老的血亲复仇习俗，报复针对自己成员的犯罪方面，亲缘组织享有主动权。如今，每个公民都能以共同体任

1 "六一农"身份过去被理解为无法按时偿还抵押或借贷所造成的一个结果，但现在更普遍的看法认为它是一种确立已久的依附状态，这种状态下的农民，无论作为农奴还是附庸都受缚于地主。

何成员的名义控告任何其他人。犯罪现在被界定为针对公民共同体成员所犯下的罪，而不一定是针对家族成员；雅典人个体作为公民享有主动权，而公民共同体以公民法庭的形式握有审判权。

就这样，梭伦用各种方法削弱了贵族出身和血统、亲属关系和氏族的政治地位，同时强化了公民共同体。说他的这些改革是民主的，未免溢美；但它们确有削弱贵族阶级的效果，贵族阶级愈益被纳入公民共同体，并受制于城邦的司法权。无个人色彩的法律与公民身份原则正在凌驾国王或贵族的人治。贵族与农民及其他劳动公民之间新型的公民关系意味着，雅典人已经决然告别了统治者与生产者之间的古老划分。以城邦为形式的国家，不再是从直接生产者那里进行占有的主要工具，相反，它正变成保护公民生产者不受占有阶级侵犯的工具。

城邦还为贵族争斗创造了新的竞技场。梭伦改革当然没有终结贵族家族的影响力，也没有减少阶级内部斗争的猛烈程度。雅典将长期不断遭受贵族内斗的折磨，这种内斗甚至升级成事实上的内战，有时还伴随着斯巴达对某位或另一位竞争者的支持。但是，对于地主来说，仅在他们自己之间竞夺权力，正在变得更加困难。现在他们必须在公民共同体内展开竞争，而这意味着他们可以通过获取平民的支持来提升自己的位置。殊为吊诡的结果是，公民共同体和政治原则由于贵族斗争而得到进一步加强。梭伦之后的“僭主”，他们是谁，又代表谁，对此存在诸多争议。然而，最可信的解释是，他们是雅典贵族之间
这种竞争的一个产物，[1]并且他们政权的普遍趋向仍是强化城邦以抵制传统 33
原则，例如用国家性的货币、节日和祭祀（包括对城邦守护者雅典娜女神的祭祀）等方法，树立可被称为“国家性”忠诚的情感来对抗地方性忠诚。

末代僭主被斯巴达驱逐，随后进入公元前510—公元前508年斗争白热化时期。主要竞争者是伊萨哥拉斯和克里斯提尼，双方都代表贵族家族。当克里斯提尼（至少暂时地）取胜时，他发起了改革，而这些改革后来被视为民主的真正基石。在某种意义上，他的改革只是遵循了由梭伦和僭主们确立的逻辑。他在公元前508年（？）的改革，进一步削弱了传统的贵族权威，即他们

---

1 希腊词语“僭主”（tyrannos）并不必然指涉一个邪恶或独裁的统治者，而仅指一个未被合法确立的领导人或唯一统治者。

在自己地盘上支配邻居和更小农户的权力。像前任们一样，他完成这一点是凭借把城邦和整个公民共同体抬升到旧的权威形式和旧的忠诚之上，是通过使地方性、区域性的权力服从无所不包的城邦权威。

然而，对雅典的这一历史时刻而言，最不同寻常之处在于平民变成了政治斗争中的一个真正核心因素。现在，人民是一股有意识、能发声的政治力量。克里斯提尼并未创造这股力量，但他具备动员它为自己谋利的策略意识。无论他自身是一位真正的民主主义者，抑或仅仅是另一位寻求提高自己贵族家族地位的王孙公子，他向平民的求助是直接而明确的。希罗多德写道，当克里斯提尼发现自己处于伊萨哥拉斯下风时，他使平民成为自己的hetairoi——一个很难翻译的词，但有密友或伙伴之意。它还意味着联盟、朋友圈子或会社，即 hetaireiai，这构成雅典贵族的权力基础。[1] 换句话说，平民
34 已取代贵族的亲戚朋友成为政治权力的来源。当对手伊萨哥拉斯在克里米奥尼领导的斯巴达帮助下驱逐克里斯提尼时，人民起义了，他们作为一支凭借自己的力量、为捍卫自己的利益而行动起来的有意识的政治力量，开天辟地地闯入政治舞台。

无论他意在何为，克里斯提尼改革的结果是确立了一个制度框架，它此后将左右雅典民主，而自身只经历了一些微调。他取消了贵族统治的四个部族的政治职能，而它们原先是传统政治组织的基础，如在选举实施中；并且用十个建立在复合的、人为的地理标准基础上的新部族取而代之。通过这些做法，他改变了城邦的整个组织结构。更重要的是，他把部族细分为大体上（但也许并不总是）以既有村落为基础的“德谟”（demes），并使其成为民主的基础、它的基本选举单位和公民身份的实现场所。这种新划分突破了部族和阶

---

1　保罗·卡特利奇更喜欢把希罗多德的这段话翻译为，克里斯提尼“把（平民）变成自己的朋友”[hetairized (the demos) to himself]。他认为，作为历史学家而言，这种表述是有倾向性的，参见《民主的起源：一个讨论》（‘Democracy, Origins of: Contribution to a Debate’, in Kurt Raaflaub et al., *Origins of Democracy in Ancient Greece*, Berkeley and Los Angeles: University of California Press, 2007），载于库尔特·拉夫劳伯等：《古希腊民主的起源》，第 155—169 页。当然，克里斯提尼不可能像字面意思上那样，把平民全部纳入他的友盟（尽管他的确有一个）。希罗多德的这一表述把平民变成了贵族领袖的区区马前卒，结果是否认了其革命力量。卡特利奇认为，这段话表明，这位历史学家（或作为他这种说法的来源的贵族）在运用传统的贵族（因而也是反民主的）语言来描述和诋毁一场意识上的革命性转变，而这种转变已经在实践中引发了政治革命。

级纽带,并把地域提升到亲缘上,它建立并巩固了新的专属于城邦这一公民共同体的纽带和忠诚。

克里斯提尼还发起了其他重大改革,他采取一些举措平衡那些仍为贵族把持的机构——例如战神山议事会,在处置针对国家的犯罪和控制官员上,它仍旧享有司法垄断权。特别是,他赋予公民大会一种新的立法角色。然而,在授予人民权力方面,没有其他制度改革比得上德谟制度。正是在德谟中,真正诞生了农民—公民。民主政治滥觞于德谟,普通公民在这里处理最直接影响他们日常生活的、切近的和地方性的事务,而民主城邦的中心就构筑在这块基石上。在这里,从事生产的农民村落和从事占有的中央国家之间的传统壁垒几乎被完全打破了;生产阶级同国家的新型关系也扩展至其他劳动公民。

没什么能比下述事实更贴切地象征克里斯提尼改革的影响:自此以后,辨认雅典公民不再靠他们的父姓族名,而是靠他们的“德谟提昆”(demotikon),即他们的公民身份源于的“德谟”的名称。这种身份标识不出所料地受到贵族阶级抵制,他们固守对血统和高贵出身的认同。当然,贵族仍保住了权力和影响力,克里斯提尼可能有意,也可能无意确立真正的人民主权。但是,他的改革的确提升了人民的权力。克里斯提尼本人似乎把这种 35
新的政治秩序描述为 isonomia,字面意思是法律面前的平等,它不只与平等的公民权利有关,而且涉及各个政府机构之间的进一步平衡,即赋予公民大会一种比以往任何时候都更为积极的立法角色。只要战神山议事会在执行国家决定和问责官员上仍保持着主导地位,选举官员的平民就还没有得到完整的最高支配权,尽管如此,克里斯提尼赋予公民大会的新的立法角色已经是人民权力的重大提升。

克里斯提尼改革还产生了其他更加无形的影响。稍后我们将更多论及法、正义和平等概念的发展;但这里值得一提的是,希腊政治语汇中的一个意义深远的变化要归功于克里斯提尼,即 nomos 取代了传统的 thesmos,被用来命名成文法。[1] 这一变化的深远意义在于,thesmos 暗指从上面强加的法,而且有明显的宗教意味,而 nomos 这个词暗示着某种共有的东西,无论是牧场

1　马丁·奥斯特瓦尔德:《法与雅典民主的开端》(Martin Ostwald, *Nomos and the Beginnings of Athenian Democracy*, Oxford: Clarendon Press, 1969),第 55 页。

还是习俗，它意味着一种得到共同同意的法，臣服于它的人民自己把它视为一种有约束力的规范。在雅典，用 nomos 指代法令成了常见用法，因而，这里采用了“所有语言中最民主的表述‘法’的词”。[1]

## 这种民主是民主的吗？

克里斯提尼之后，随着战神山议事会逐渐失去其在政治案件上的专属司法权，随着人民陪审团开始扮演更加重要的角色（在伯里克利治下的公元前 450 年代，采用了支付出席津贴的措施），以及公民大会的不断增强（尽管直到公元前 390 年代末才引入出席津贴制度），人民权力亦蒸蒸日上。大部分我们可能会视为政治事务的事情，在雅典都是通过司法程序处理的，因此人民陪审团的权力尤为重要，亚里士多德（或通常被认为是《雅典政制》作者的任何人）把它描述成雅
36 典城邦三个最民主的特征之一。公元前 490 年马拉松战役中雅典对波斯的胜利，尤其是公元前 480 年萨拉米斯的海上胜利，为民主带来黄金时代，即一个民主自信的新时代。当历史学家修昔底德在数十年后描写最著名的民主领袖伯里克利时，他能够让伯里克利在闻名遐迩的《葬礼演说》中说出一段对民主热情洋溢的描述。尽管其文字充满了玫瑰色，但这篇演讲确实告诉我们雅典政治生活中的许多现实，甚至更多地告诉我们雅典政治生活中的渴望。

本身是一位贵族的伯里克利告诉我们，雅典之所以被称为一个民主政体是

> 因为它的政权在多数人而非少数人手中；在解决私人纷争时，所有人在法律面前都是平等的……一个人优先他人担任公职，不是因为他属于某个特殊阶级，而是因为他的个人才干；一个人只要对国家有所贡献，就绝不会因为贫穷而在政治上湮没无闻……我们雅典人自己决定公共问题，或至少力求充分理解它们，因为我们相信讨论并不是行动的阻碍，毋宁说行动前不进行讨论才是行动的阻碍。[2]

---

1　马丁·奥斯特瓦尔德：《法与雅典民主的开端》，第 160 页。

2　修昔底德：《伯罗奔尼撒战争史》（Thucydides, *The Peloponnesian War*, II.XXXVII.1 and XL.2—3, Loeb Classical Library translation）。

确实,全体公民都有资格参加的公民大会审议和决定一切公共问题,而法律案件通常在人民法庭上加以裁决。为公民大会设定议程的议事会,其成员现在每年从全体公民中抽签选出。尽管选举被视为带有寡头色彩的做法,它仍被用于某些职位,特别是要求专门技能的军事和财政职务。但是,总体而言,公职一般是为某一目的临时设立的,并未被当作专门化的职业;而且,许多官员都是抽签选出的。因此,在原则上,也很大程度在实践上,所有公民皆可参与政府的全部职能——执行、立法和司法。诚然,像伯里克利(他作为民选军事领袖在民主政体中具有显赫地位)这样的贵族仍享有巨大权势,同时富有和出身高贵的公民也许在公民大会中仍具有不成比例的影响。然而(正如柏拉图这样的反民主者 37
已经清楚表明的那样),我们不应低估人民权力在陪审团和公民大会中的日常地位,也不宜小觑抽签选举各种公职这类民主实践的重要意义。

但是,即使考虑到旷古未有且至今在许多方面仍无与伦比的雅典人民权力,我们仍要打断一下并询问,把雅典城邦称为一种民主制度,这是否,或在何种意义上是妥当的。毕竟,这是一个奴隶制发挥着重要作用的社会,而且妇女在这里没有任何政治权利。事实上,民主的演进增强了奴隶制的作用,又在某些方面降低了妇女的地位,特别是在财产的处置上。不可否认,保有财产的迫切需要与对妇女自由的限制有密切关系,也很难避免这样的结论:小农(雅典的农民—公民)的地位造成了极为强大的要求保护家庭财产的压力。更加显而易见的是,农民的解放,以及其不再被作为依附性劳动者使用,为把非希腊人变成奴隶创造了新的动力。因此,尽管在梭伦时期奴隶制相对不太重要,但在民主的黄金时代,据估计,阿提卡全部 31 万人中,奴隶多达 11 万,有 17.2 万人是自由公民及其家属(享有完全政治权利的公民约为 3 万人),还有 2.85 万人是自由但没有政治权利的外邦人或侨民。[1]

---

1　以上估算来自 A.W.戈姆和 R.J.霍珀的《(希腊)人口》(A.W.Gomme and R.J.Hopper, 'Population (Greek)', in the *Oxford Classical Dictionary*, 1970),载于《牛津古典词典》。我并不把这个估算当成定论。还有其他不同估算,有些给出了少得多的奴隶人口。就我们的目的而言,这里的关键在于:唯当关于雅典民主的论点能够直面很大数量的奴隶时,它才是有说服力的。对于奴隶在雅典经济中的地位,同样众说纷纭。此处并不处理这个问题,若有兴趣详细了解它,可参见艾伦·梅克辛斯·伍德:《农民—公民与奴隶:雅典民主的基础》(Ellen Meiksins Wood, *Peasant-Citizen and Slave: The Foundations of Athenian Democracy*, London: Verso, 1988),尤其是第二章和附录一。基本论点是奴隶制并未使雅典人从劳动中解放出来,公民团体中的大多数人仍靠工作谋生。

在且仅在希腊人所理解的这个术语（这是他们自己创造的术语）的意义上，雅典是一种民主制。它与平民的权力有关，而平民不仅是一个政治范畴，
38 还是一个社会范畴：贫穷而普通的人民。亚里士多德把民主定义为这样一种政制，在其中"自由出身而贫穷的人执掌政府，同时他们是多数"，它区别于寡头制，那里"富裕而出身优越的人执掌政府，同时他们是少数"。在这些定义中，社会标准（一边是贫困，另一边是财富和高贵出身）具有核心地位，最后甚至比人数标准更重要。民主是一种阶级统治，即穷人统治的形式，这样的民主观当然反映出其敌对者的观点，甚至可能是他们发明了这个具有侮辱意味的词。但是，民主的拥护者，乃至伯里克利这样的温和派，也把穷人的政治地位看作民主定义的基本。

民主的敌人憎恨它，归根结底是因为它把政治权力交给劳动人民和穷人。甚至可以说，正如在《乞援女》中它使忒修斯与忒拜传令官区别开那样，将民主派与反民主派区别开来的主要问题就是，劳动群众即"物质的"或卑下的阶级是否应当享有政治权利，这样的人是否有能力做出政治判断。这是一个反复出现的主题，它不仅在古希腊（那里它非常清楚地呈现在柏拉图哲学中）反复出现，而且在贯穿绝大部分西方历史的关于民主的争论中反复出现。

民主的批评者提出的问题，不仅是为糊口而工作的人是否有时间进行政治思考，还有这些受到工作谋生之必然性束缚的人是否有足够自由的心智和精神去做出政治判断。对雅典的民主派而言，回答当然是肯定的。在他们看来，民主的主要原则之一，正如我们在忒修斯演说中看到的，就是这种人做出政治判断和在公共集会上自我表达的能力和权利。雅典人还用一个词概括它：isegoria，不仅有我们在现代民主中所理解的言论自由之意，还意味着公开演讲的**平等**。实际上，这可能是从民主中诞生的最独特的概念，在我们的政治语汇中没有其对应物。我们所理解的言论自由与发言权的不受干涉有关。雅典人所理解的发言平等则与穷人和劳动者积极参与政治的理想有关。

只要比照下今天我们所理解的民主，就可以判断出雅典这种定义的重要性。尽管我们必须承认雅典民主的严重缺陷，但它也有我们的民主难望其项背之处。如抽签这样的程序，或直接民主：普通公民而不仅仅是代表在公民
39 大会和陪审团上做出决定，就让我们望尘莫及。然而，更重要的是民主对阶

级间关系的影响。确实,现代民主像古代民主一样,是一种在其中的人都是公民而不论地位或阶级的制度。在两者中,阶级都没有对公民身份造成(法律许可的)影响,但是,在现代民主中,反之亦然:公民身份对阶级不构成任何影响。在古希腊就不是也不可能是这样,在那里,政治权利对富人与穷人之间的关系造成了深刻影响。

我们已经接触到农民—公民,其政治权利有着更广泛影响。在大部分历史中,农民都是主要的生产阶级,他们状况的一个本质特点是他们有义务向掌握更高力量的人交出自己的部分劳动。作为所有者或佃户,农民占有土地;但他们必须以劳役、租金或税赋的形式向地主和国家转移剩余劳动力。而向他们索取这些的占有阶级之所以能够这样做,是因为他们不仅拥有土地,而且拥有动用强制性军事、政治和司法权力的特权。他们享有所谓“政治建构的财产权”。[1] 例如,封建欧洲领主的军事政治权力同时是向农民榨取剩余物的权力。如果封建领主和农奴在政治和司法上平等,那么按照定义,他们就不再是领主和农奴,也就不存在封建主义了。

这种关系,甚至(如存在于罗马的)庇护关系,都不存在于民主雅典。这确实造成了促使非希腊人奴隶化的影响。但是,记住这一点仍是重要的:雅典公民中的大多数人主要以农民或工匠的身份工作谋生,并且雅典的那种公民身份消除了所有层次的法律和政治上的依附状态,这些依附状态在整个历史中曾迫使直接生产者向其主人和统治者交出剩余劳动力。这并不是说,雅典的富人对穷人没有优势。尽管在雅典,富人与穷人之间的沟壑比在古罗马窄得多。问题在于政治权利的享有造成了巨大差别,因为它影响着富人如何 40
能够,甚至是否能够剥削穷人。

古代民主和现代民主的巨大差别就在这里。今天,存在一种占有体系,它并不依赖法律不平等或政治权利不平等。我们称之为资本主义。在这个体系中,占有阶级与生产阶级在法律面前可以是自由、平等的,他们的关系被

1　“政治建构的财产权”(politically constituted forms of property)这个术语最初是由罗伯特·布伦纳提出,他首次使用它(可能)是在下面这本书的后记中:《商人与革命:商业变革、政治冲突与伦敦的海外贸易者(1550—1653)》(Robert Brenner, *Merchants and Revolution: Commercial Change, Political Conflict, and London's Overseas Traders*, 1550—1653, Princeton: Princeton University Press, 1993),第 652 页。

设想成自由而平等的个体之间的契约协议，甚至普选权也是可能的，但它对资本家的经济权力不造成根本影响。资本主义中的剥削权力可以与自由主义民主共存，在剥削依赖于政治权利垄断的体系中，自由主义民主不可能成立。这之所以可能，原因在于资本主义已经创造出各种新的、纯**经济**的强制力：工人的无财产权，或者更确切地说，他们对生产资料，即劳动资料本身没有财产权，这迫使他们仅仅为了有机会使用劳动资料并获得生活资料而出卖劳动力换取工资；还有市场的强制力，市场调节经济并执行竞争和利润最大化的指令。

因此，在政治领域中，资本家和劳动者都可以享有民主权利，同时在一个独立的经济领域中，他们的关系不会发生彻底改变。实际上，只有在资本主义中，才**有**一个独立的经济领域以及它自己的规则，所以，只有在资本主义中，民主才**能**被限定在一个独立的政治领域当中。也只有在资本主义中，人类生活如此大的部分才会被置于民主问责鞭长莫及之处，而由市场指令和利润需求加以调节，这就是不只在工作场所，而且在所有地方都影响着生活一切方面的商品化。今天，在资本主义条件下，公民身份可能更具包容性，但它对普通公民的意义根本没有过去它对雅典农民和工匠的意义大，即使在缓和了市场指令作用的较为良性的资本主义形态中也是如此。雅典民主纵有许多重大缺点，但在这方面，它超越了我们的民主。

在另一个方面，雅典民主的缺陷并不亚于当今最强大的民主国家。对国内公民之间的公民自由和平等的承诺，并未扩展至与其他国家的关系。雅典越来越多地运用其与日俱增的权力向同盟城邦强加帝国霸权，这很大程度上
41 是为了向他们索取贡赋。雅典帝国无疑是由国内民主所塑造和限制的。帝国扩张不是由土地贵族的利益驱动的，而且，雅典人往往撤换掉附庸城邦里的当地寡头，代之以亲雅典的民主派。商业利益的确在起作用，但雅典帝国也不是一个商业项目。帝国的使命首先是通过控制海上的谷物进口航线，补偿国内农业的不足，确保粮食供应。这当然是项靡费惊人的工程，需要不断增长的贡赋收入以维持雅典海军；然而，位于民主下面的社会财产关系，使雅典人永远无法像罗马人那样建立一个领土帝国。我们将看到，罗马的农民士兵因长年服役而背井离乡，这使他们的地产易受贵族地主的侵占，而雅典的

军事冒险受到严格限制，限制来自农业周期，以及让自由的农民士兵卸甲归田的需要。他们的帝国目标或许受到了限制，但是，雅典人在追求自己目标时表现出的野蛮简直令人侧目；而且他们的民主文化中没有什么东西能消除这种野蛮。

在《伯罗奔尼撒战争史》的两个最著名段落中，雅典民主的这两副面孔得到了历史学家修昔底德的生动刻画。在伯里克利《葬礼演说》中，这位历史学家让这位伟大的民主领袖说出一席演讲，讴歌公民平等的优点及其他事物。伯里克利指出，在雅典，富人与穷人、强者与弱者之间的不平等因为法律和民主的公民身份而得到缓解。在《弥罗斯对话》中，雅典人与一个拒不接受纳贡盟国地位、负隅顽抗的城邦进行辩论，他们以不加掩饰的冷酷无情表达了帝国的原则："只要世界还转，正义就只是权力平等者之间的事情，而强者做他能够做的一切，弱者忍受他必须忍受的一切。"*

## 政治理论的演化

这里的政治理论被定义为，为了质询政治原则而进行的批判理性的系统性运用，它不仅提出政府形式好坏的问题，还探讨我们做出如此判断的根据。它寻问道德和政治标准的来源和理由这样最根本的问题。例如，正义标准是凭自然而存在的，抑或仅仅是人为约定？无论以上哪种情况，是什么（如果有的话）使它们具有约束力？统治者与臣民、主人与奴隶之间的差别是建立在 42
自然不平等之上吗，又或自然平等的人类因为人为的惯例和习俗而变得不平等？这些道德和政治问题，不可避免地提出了更根本的议题。实际上，诞生在古希腊的西方哲学传统，在很大程度上起源于具有政治性的争论。在雅典，政治争论开启了西方哲学家此后一直在探讨的各类哲学问题：不仅有关于好坏标准的伦理问题，还有关于自然和知识基础的问题、知识与道德的关系问题、人性问题、人类与自然秩序或神圣秩序的关系问题。

人们很容易把这些思考方式当作理所当然的，认为它们多少是自然地源

* 中译文参见《伯罗奔尼撒战争史》（下），谢德风译，商务印书馆，1960 年，第 466 页，有改动。——译注

自人类在应付其社会世界和自然世界的努力中所面对的人类境况和反复出现的问题。我们很少停下来思考,使以上述批判方式展开的思考成为可能的极其具体的历史前提条件,即智识和社会层面的历史前提条件。但是,现在有必要问一问,为了系统地提出有关好政府之基础、正义之标准或服从权威之义务的问题,我们必须做出何种智识上的假定;还有必要问一问,是什么样的社会条件造就了这些假定。

为了质疑既有的安排,至少必须对人类掌控自己环境的能力有一定信念,至少要对人类与不变的自然秩序的分离、社会王国与自然王国的分离有所意识。换言之,必须有一种**人类**历史的观念取代纯自然历史或超自然神话的观念,它认为,历史涉及的是人类解决人类问题的有意识努力;按照人类的自觉目标进行深思熟虑的变革是可能的;人类理性是一种有塑造力和创造性的原理,它在一定程度上能够超越自然必然性或神定命运的预先决定且不可改变的循环。这种对人在世界中位置的看法,往往与某种社会变革和社会流动的直接经验相联系,与实践上对自然的不变循环的某种远离相联系,它最有可能与城市文明,即一个充分发展的、在自然的循环与必然性之外的人类经验领域相伴而生。

这些条件出现在古代世界的所有"高等"文明中,并孕育出丰富多样的遗产。但是,没有哪里像在希腊那样,对人类能动性的强调占据了智识生活的
43 舞台中心。在这笔举世无双的遗产中,有两个最具特色的产物：希腊历史学家尤其是希罗多德和修昔底德所从事的历史学,以及这里准备讨论的政治理论。什么使希腊尤其是民主雅典区别于其他复杂文明？是占主导地位的秩序,特别是传统等级制在实践中受到挑战的程度;是关于社会安排的冲突或辩论成为平常的,甚至制度化的日常生活组成部分的程度。正是在这种情境下,为了塑造自己的环境,雅典人以新的、前所未有的方式来面对道德和政治责任。辩论是雅典城邦的运转原则,多数公民对保护它有着根深蒂固的兴趣。这就是因为在雅典,政治无关乎一种支配力量的统治,而在一定程度上关乎"大众"与"精英"关系的调节;国家的公共机构较少充当有产精英的统治工具,更多是一种对抗它的平衡砝码;普通人民扮演着政治行动者角色,而不单纯是统治对象。这种关系及它必然造成的紧张,构成了对国家进行反思的起点。

为了理解希腊政治理论如何肇兴,再一次将它放在荷马史诗的背景下予以思考是有益的。荷马史诗是表面上还未受挑战的贵族统治在其日薄西山的时刻进行的最后重要表达。当史诗被书写下来时,无论它是由荷马本人还是其他对一个口述传统进行记录的人写的,传统的传递文化知识和价值的方式已经力不胜任,要求其他话语形式的条件正在出现,这对书写提出了新的需要。就此而言,在希腊读写文化的发展中,荷马是一位两重意义上的过渡人物:他是一位明显仍浸淫于口述传统但其作品又以书写方式被记载下来的诗人;同时,他又是一位生活在一个垂死的贵族政体中的诗人,它的统治已危如累卵,无法再得到理所当然的服从,日益受到下层挑战的重重围困。或许书写史诗的行为,正是承认他们描述的社会秩序正在消亡(或与他们虚构出来的社会秩序近似的一种社会秩序正在消亡),正是承认以一种比口头传诵更长久的方式保存其原则的需要。但是,在下层阶级鲜现其中的史诗内容上,并没有迹象表明,贵族价值现在需要一种比英雄—贵族颂歌更为有力和系统的辩护。

表述“正义”的希腊词是 dikē,在这个概念上发生的事情是一个很能说明问题的例证。在荷马那里,没有真正的作为一种伦理规范的正义概念。dikē 44
在《奥德赛》中出现了几次,但主要是作为一个道德中立的术语,描述一种独特的行为或性情,或某种类似“固然之理”(the way of things)的东西。所以,比如说,尸体的“正义”是血肉与骨骼的分离,一条狗的“正义”是讨好主人,或者当一个奴隶的“正义”是畏惧主人时他就做得最好。有一两处用法略多几分规范性内涵。奥德赛在特洛伊战争后返回伊萨卡,尚未被认出的奥德赛来到他父亲拉厄耳忒斯那里,他正像一个农民或奴隶那样在葡萄园松土。奥德赛说他看起来更像是一位有王族血统的人,这种人的“正义”是沐浴用餐后睡在一张软床上。这仅仅涉及典型的贵族生活方式,但这里的“正义”也含“应有权利”之意。荷马在一个段落里说,诸神并不喜欢不义之举而尊重“正义”和正派的行为,也就是正道(the *right* way),此处最接近一种正义的道德规范。即使在此处,“正义”与其说是一种正义的伦理标准,不如说是一种正确和恰当的行为,尤其是真正贵族的行为,它与珀涅罗珀求婚者的粗野侵犯形成对比,他们确信她的丈夫奥德赛永远不会回来惩罚他们,因而破坏了所有礼数。

因此，荷马的用法理想化地描述了一个社会，在那里固然之理尚未受到严峻挑战。“正义”并没有表现为一种可以也应该审判既有秩序的正义标准。但是，一种十分不同的“正义”含义已经出现在赫西俄德的作品中，他即使不与荷马完全同时代也是非常临近的；而且，在这种情况下，这位诗人不为贵族而为农民说话，这当然意义重大。作为比奥西亚的一个“中”农，赫西俄德本人并不激进。然而，他的诗歌《工作与时日》不只是一份农业知识和道德劝诫的概要，而且是一首为勤苦农民的命运和贪婪地主对他们犯下的不义而鸣不平的长诗。在这种语境下，“正义”以坐在宙斯右边的一位女神形象出现。赫西俄德告诉我们，她注视并且审判“贪食礼物”或“私吞贿赂”的地主，他们运用自己的司法特权，凭借“歪曲的”判决剥削农民。赫西俄德警告，“正义”一定会让这些歪邪的地主得到报应。诗人当然不是在号召农民造反，但他所做的事情确实具有重大的概念意义。他正在提出一种脱离了贵族司法权的正
45 义概念，他们和他们的判决本身可以而且必须在这个标准下接受审判。这与荷马笔下袭故蹈常而不容置疑的贵族固然之理判若霄壤。

荷马与赫西俄德之间的差别，既是概念层面的，也是社会层面的，前者理想化了一个不容挑战的统治阶级，它的价值和裁决冒充着普遍规范，后者为一个分裂的共同体说话，它的社会规范和统治阶级权威被认为是冲突所指对象。诗歌在这里提出的议题将成为复杂和抽象辩论的主题，对于这种辩论而言，书写日益成为受到广泛欢迎的媒介。公元前 5 世纪到公元 4 世纪，尤其在民主雅典的哲学话语中，这些议题会结出果实。希腊人已经把一种体系化质询运用于自然秩序，而它会被扩展至道德规则和政治安排。荷马和赫西俄德诗歌中的 *dikē*，将转变为柏拉图在《理想国》中对正义或 dikaiosune 的精妙哲学思辨，因为民主的反对派（柏拉图是其中最明显的例子）已经无法依赖传统，并不得不在一个全新的基础上建立起自己对社会等级制的辩护。

## 民主的文化

为了弄清政治理论的议题在多大程度上浸淫于整个雅典文化当中，有必

要思考道德和政治问题是如何不仅出现在正规的哲学中,还出现在其他更为大众的文化形式尤其是戏剧中的。透过埃斯库罗斯、索福克勒斯和欧里庇得斯的戏剧,我们可以对政治哲学由以产生的氛围知之甚多。我们已经看到了,政治辩论如何插进欧里庇得斯的《乞援女》。在重要悲剧作家之首埃斯库罗斯那里,政治理论问题以更为精巧的方式被引入,它们对戏剧情节而言也更加不可或缺。在判断雅典所经历的变迁的重要性上,埃斯库罗斯适逢其时。他成长于一个僭政和战争的时代。在参战马拉松后,他目睹了民主之春的来临。尽管留有过去的经验,也受其传统的熏染,他却是新风潮的重要组成部分,在这种新风潮中,公民们不得不去面对普通人的道德和政治责任问题,他们已不再把自己仅仅当作诸神的玩物或贵族、国王的顺民。

他的经典三部曲《俄瑞斯忒亚》上演于公元前 458 年。此时正值民主领
袖厄菲阿尔特遭谋杀后不久,他曾剥夺战神山议事会的传统职能,只保留它 46
作为审判谋杀罪的法庭的角色。除了其他事情,埃斯库罗斯很可能在传达这样的信息:这个古老的贵族机构,尽管仍在民主制中扮演着一个角色,但已经被更为民主的机构正当地代替。三部曲的中心主题是两种冲突的正义概念之间的对峙,其形式表现为传统血亲复仇的无尽循环和按司法程序审判的新原则之间的角逐。前者代表着“命运”,即无法掌控的天命的报复;相反,后者代表着人的责任,它或许还代表着古老贵族的亲属和血缘原则的对立面,而这些原则对抗着一种民主的公民(政治)秩序中的司法程序。

阿尔戈斯国王阿伽门农被妻子克吕泰墨斯特拉谋杀,这为可能变成无尽循环的杀戮点燃了导火索,因为俄瑞斯忒斯遵循一条不言而喻的自然法,并通过杀死克吕泰墨斯特拉及其情人埃癸斯托斯,为其父之死复仇。无情的复仇法则意味着,被复仇神追赶的俄瑞斯忒斯,也必定同样成为血亲复仇的牺牲品,因此这个循环将不断往复。在复仇神与阿波罗的对垒中也存在着一种碰撞,一方是复仇神所代表的古老亲属原则,另一方是阿波罗信奉的家长—贵族权利,根据其要旨,在某种意义上,谋杀国王是一种犯罪而弑母则不是。解决方案出现在三部曲的末尾,按照雅典娜指示,建立了一个听取俄瑞斯忒斯案情的法庭,通过它的判决一劳永逸地了结此事。陪审团由公民陪审员而非诸神或贵族掌控。埃斯库罗斯仍会给诸神留一个位置,而恐惧也还会在法

律执行上发挥部分作用，因为复仇神（Furies）变成了更为善良的仁慈神（Eumenides）。这位悲剧作家也没有全盘否认老雅典的习俗与传统。但他毫不含糊地承认了旧秩序的强制和暴力原则被新的理性原则所取代的重要性，新的理性原则即法治和“神圣劝化”，这是城邦，尤其是由公民而不是国王或贵族统治的民主城邦及其公民政治原则确立的一种秩序。

另一出戏剧《被缚的普罗米修斯》，是否应归于埃斯库罗斯已存疑问，尽管在古代一般承认他是作者。无论它能否被解读为他观点的表达，如果我们将它讲述的普罗米修斯神话与这个故事的其他版本加以对比，就会对雅典的民主文化有很多了解。在赫西俄德那里出现的，大概是这个神话更传统的形式。普罗米修斯从宙斯那里盗火并作为礼物送给人类。愤怒中的宙斯威胁
47 会让人类为这个礼物付出代价。接着是潘多拉“盒子”的故事，那个器皿中装着宙斯曾威胁提及的“礼物”。潘多拉违背大伯普罗米修斯的建议，打开盒子，放出了所有恶，结束了一个地上的果实不劳可享，且人类免于劳动、悲伤和疾病的黄金时代，而且希望仍被关在里面。赫西俄德把这个故事与另一个讲述人类堕落各阶段的故事结合起来，在后一个故事里，人类曾经与诸神平等，而现在却是一个不停工作与悲叹的种族。对赫西俄德来说，这主要是一个关于生活和劳作之艰辛的故事。在埃斯库罗斯对这个普罗米修斯故事的重述中，它变成了颂扬人类技艺和其运用者的赞美诗，在索福克勒斯就同一主题讲述的其他版本那里，还有在智者普罗塔哥拉那里，也是如此。

这出戏剧是三部曲的第一部，也是仅存的一部，（伪托？）埃斯库罗斯笔下的普罗米修斯因其骄傲受到宙斯的残忍惩罚，他被表现成人类的恩人。他教授他们智力和体力上的技巧，这些可以使生活得以维续并变得更好，结束了他们最初被造出来时的悲惨、混乱状况。他还象征对自由与正义的爱，表达着对宙斯的专制统治和神使赫耳墨斯的奴颜媚骨的蔑视。像在《俄瑞斯忒亚》那里一样，在此，这位悲剧作家并没有否定诸神或传统，或许双方都有几分正确。但是，他讲述普罗米修斯故事的方式，其重要性是毋庸置疑的。在他的版本中，人类的技艺、技巧和手艺并不标志着人类的堕落，相反象征着他们的最大礼物。当我们把这种对技艺的观点与斯巴达（那里唯一允许公民从事的“技艺”就是战争）的做法对照时，不仅如此，当我们把它与柏拉图对这个

神话的重述对照:他的一个论证旨在把这些普通的人类技艺的从事者,即劳动阶级排除出专门化的政治“技艺”,在这种语境下,劳动再次被表现成一种堕落的象征,一经对照,它的全部政治意义就变得一览无余了。

正如埃斯库罗斯的戏剧那样,在索福克勒斯的《安提戈涅》中,也存在对立道德原则的悲剧性冲突,双方也都有道理。已故统治者俄狄浦斯的儿子、安提戈涅的兄弟埃特奥克勒斯和波吕涅克斯在战斗中击杀彼此。忒拜的新国王克瑞翁下令:对于为自己城邦而战的埃特奥克勒斯,要用隆重的军事礼节予以厚葬,而与忒拜人作对的波吕涅克斯则不得下葬。安提戈涅坚持要埋葬她叛国的兄长,她认为这虽违逆统治者的命令,却符合不朽的不成文法。

这出戏剧有时被描述成个人良心与国家之间的一场冲突,但更多时候,
它被准确地描述成两种“法”(nomos)的概念之间的对抗,安提戈涅代表着永 48
恒的不成文法,其形式是传统的、习惯性和宗教性的亲属义务,而克瑞翁则为一种新政治秩序的法律代言。这还是两种冲突的忠诚或 philia(我们的“友爱”概念可以不太充分地表述这个词)之间的对峙:一方是血缘和私人友爱的纽带,另一方是公民共同体即城邦的公共要求,它的法律被认为应该指向共同善。

索福克勒斯断然倾向哪方尚不得知。我们确实对安提戈涅抱有巨大同情,对顽固的克瑞翁则没那么同情。然而,安提戈涅和克瑞翁这两位对抗者,都表现出了过度的、不妥协的骄傲,也都为这种骄傲咽下苦果。同样,在这里,悲剧作家对“不成文法”的尊重有目共睹,但他也强调人法和公民秩序的重要性。尽管索福克勒斯不偏不倚,仍可以清楚看出,克瑞翁的主要罪错不是他坚持公民法的至高性,而是他把自己的专断命令当成了法,因此恰恰违背了公民秩序的真正原则。

在与其子海蒙的一段对话中,克瑞翁宣判对安提戈涅的惩罚,称她的不服从行为本身就是错误的。海蒙相信只有当这个行为本身也不光彩时,它才是错误的,他还说忒拜人民并不认为它不光彩。“打何时起,”克瑞翁反驳,“我竟要听命于忒拜人民? ……我是王,只对自己负责”——这多少使人联想到埃斯库罗斯《波斯人》中的薛西斯。“一个人的国家?”海蒙问道:“那是什么样的国家?”国王说:“难道所有国家不是属于它的统治者?”他儿子回答的是:

“若在一座无人荒岛上，你本可成为一位卓越的国王。”*

在情节中插入的一段歌里，歌队赞美人类技艺和法治，这是技艺得以成功运用的不可或缺的条件。从这个插曲中，我们可以推断出，索福克勒斯把公民秩序及其法律视为人类的一种巨大好处，是他们进步和强大的源泉。但是，他也非常警惕让城邦成为最终的、绝对的标准而抛弃一切传统的危险。公民秩序的主要好处之一是，以温和手法与说服方式管理人类交往成为可能。理想地说，城邦或许是一个可以调和不同伦理标准的场所。但有一点可以肯定，在一种民主政体中，通过讨论和说服而非强制来解决问题的可能性
49 是最大的，在这里，一个人的判断无法仅仅凭借更高的权力而胜出。

在歌中还能发现另一处表明索福克勒斯忠于雅典民主的迹象。在世上的所有奇迹中，他写道，没有比人更为神奇的。使人卓尔不群的是各式人类技艺：从农业、航海到演说、治国。正如埃斯库罗斯的《被缚的普罗米修斯》一样，在这段插入的诗中，人类社会建立在实践技艺之上；索福克勒斯还在此总结了民主的核心价值观：不仅有人类行动和责任的中心地位，还有合法的公民秩序的重要性，以及技艺，即从最高雅的文学创作到最艰辛的体力劳动的价值。人类行动的中心地位、公民政治原则的重要性以及技艺的价值，在这些主题的交织中，我们可以找到希腊政治理论的本质，发现民主派和那些试图推翻民主原则以挑战他们的人斗争的领域。

## 民主与哲学：智者

埃斯库罗斯和索福克勒斯的戏剧，预兆着作为传统的社会组织原则对立面的公民共同体、公民身份和法治的兴起。它们折射出民主及其新的法律、公平和正义观念的演进，折射出一种新的对人类力量和创造性的信心，以及对包括政治技艺在内的实践技艺、技术和手艺的颂扬。但是，他们的悲剧也彰显出民主城邦的内在紧张，以及它不可避免会提出的关于政治规范、道德价值和善恶观念的性质和起源的问题。

---

* 参见索福克勒斯：《安提戈涅》，第730—740行。——译注

剧作家在为一种社会讲话,这个社会当然并未摒弃不成文和永恒的法,普遍的行为原则,或对家人、朋友和诸神的义务这些观念。但是,在这个社会中,普遍而永恒的价值这种观念是容许质疑的,没有什么会被当成天经地义。民主的经验使某些问题不可避免:永恒法与人定法、自然法与实在法之间是什么关系?固然可以启灵于某些受神感召的立法者(斯巴达人这样做了,而雅典人则没有),并以此架起两者的关联,但我们该如何解释各有特殊法律的不同共同体之间的差异?民主政治滋生了这样的观点:一个人的意见与另一个人的一样好,这时会发生什么?这又会对普遍和永恒的法或正义概念产生什么影响?它们是否只是人为的约定,建立在权宜、人的方便、凡人的一致意见和说服艺术上?如果是这样,为什么我们不能随心所欲地改变它们,或者 50
不遵守它们?

自公元前5世纪中叶起,首先是所谓的智者,之后是一些以哲学家自称的人,逐渐以更为体系化的形式提出了这些问题。一种自然哲学传统,即对自然和物质世界的系统思索已经存在;在自然哲学家中,也有些人已经把自己的思考延伸至人与社会,如伟大的原子论者德谟克利特,他终身致力于科学和道德反思。但是,使人性、社会、政治安排成为哲学质询的主要课题,这是智者的功劳。

智者是收取酬劳的教师和写手,他们从一个城邦辗转到另一个城邦,教授富家子弟。他们在雅典的兴盛,归功于人们对教育的急切而有增无已的兴趣,尤其是对民主制下法庭和公民大会中所需要的技巧,即修辞术和雄辩术的兴趣。雅典因其文化和政治活力而吸引了希腊其他地方的优异教师:喀俄斯的普罗狄库斯,一位语言学者;厄利斯的希皮阿斯,拥有百科全书式的兴趣;莱昂提尼的高尔吉亚,才智超群的修辞学家,他不是作为专业教师而是作为外交官来到雅典;最重要的还有,最早和最伟大的智者阿布德拉的普罗塔哥拉,他是伯里克利的朋友和顾问,我们稍后要详加讨论。其他智者有:色拉叙马霍斯,我们将在思考柏拉图的《理想国》时与他照面;第二代智者如吕科弗隆,他的贡献是阐述了一种社会契约观念,柏拉图的舅父克里底亚斯,他也出现在自己外甥的对话录中;或许是虚构人物的卡里克利斯,柏拉图用他来代表激进智者的观点,即正义是最强者的权利;所谓的"无名的杨布里奇",他反对激进智者，认为权力来源于共同体的同意；安提丰，或许是第一位论证所有人（无论希腊人还是“野蛮人”）自然平等的思想家；较晚的阿尔基达马，他坚持人的自然自由。

我们不应当被这群智识人不讨人喜欢的肖像所误导，这些肖像主要是阿里斯托芬和柏拉图描绘的，在他们看来，智者象征着雅典的堕落与腐化。只通过这些批评者，而不了解智者写作时所处的历史时刻，是无法对智者的形象做出判断的。在民主的这个阶段，甚至伯里克利这样的民主派贵族，也正在被像克里昂这种富裕但“出身平民”的新人替代。不足为奇，在柏拉图的贵
51 族圈子里滋长着不满和怀念美好过去的气氛。不幸的是，极少数贵族的怏怏不平之声，自此以后左右了对雅典民主的看法，创造了一个难以撼动的雅典衰落神话。

贵族的不满着实产生了更严重的后果，它们给民主留下了不可磨灭的烙印。出现了两次寡头革命：公元前 411 年的短暂插曲[*]；更关键的是公元前 404 年的政变，在斯巴达的帮助下建立起三十人（三十僭主）的血腥统治。在一支驻守雅典卫城的 700 人斯巴达部队支持下，三十僭主屠杀和放逐了一大批雅典人。数千人背井离乡，保留完全公民权利的只剩 3 000 人，这大致是全体公民的百分之十。然而，当民主于次年恢复时，在处置寡头反对派上却表现出令人惊叹的克制，它在斯巴达的授意下颁布大赦令，阻止了对寡头及其拥护者的政治迫害。而且，尽管一系列灾变终结了黄金时代，公元前 4 世纪仍是民主的最稳固时期，它在穷人甚至富人中都得到广泛支持。这还是一个雅典的文化繁荣发展并真正成为伯里克利先前所谓“全希腊学校”的时代。对于民主制度来说，不存在其他更严重的内部威胁，只是在这个世纪的最后 25 年，当雅典在马其顿人面前实际上丧失了所有独立性时，它才走到了终点。

民主后期是一个道德沦丧的年代，这种想法在很大程度上是阶级偏见的产物。诚然，那时存在一些严峻问题，尤其是经济方面的；雅典人也为伯罗奔尼撒战争付出了沉重代价，更不用说还有瘟疫灾害。但是，民主衰颓的神话

---

* 公元前 411 年，寡头派发动政变，废除民主制，代之以“四百人政府”，次年民主制恢复。——译注

更多与标志着古老贵族衰落的社会变迁有关。与这些社会变迁相伴的是领导阶层和风格上发生的政治变迁,这是一种新的民众政治,它使民主初期克里斯提尼所采用的策略臻于成熟,那时他把人民变成了自己的“挚友”。批评者把这些变化描述成粗俗鄙陋、物质主义、不问道德的利己主义以及领着无知平民步入歧途的“煽动性”诡计的胜利。修昔底德、阿里斯托芬和亚里士多德,这些各不相同的人都对克里昂这样的领袖进行过攻击,然而,最让人讶异的是,这些攻击不约而同地表现为对风格而非实质的反对。例如,对亚里士多德而言,最坏的抱怨无非是克里昂的粗野举止,他在公民大会中的大喊大叫,他脱下斗篷演讲的方式,而其他人一举一动都彬彬有礼。 52

对阿里斯托芬和柏拉图这样的批评者来说,智者就是这种所谓的道德沦丧在智识上的表现,他们被说成是传统价值式微的象征。他们被描绘成这样一个城邦的缩影:在那里,甚至年轻贵族都对祖上的高尚道德准则弃若敝屣,所有对错标准都见弃于人,即便知道两者区别的人也舍对投错。按批评者的解释,智者所娴熟的修辞策略,以及讼师的“每一问题都有正反两面”的抗辩原则,不过是一种“使坏事看起来不那么坏”的方法。智者中的确有些无原则的机会主义者,但也有对希腊文化和源于它的传统做出重大和创新性贡献的思想家。即便他们的观念是通过残篇断简或二手记载(特别是常怀敌意的柏拉图的对话录)为我们所知的,也足以使我们有正当理由宣称:智者,尤其是普罗塔哥拉实际上创制了政治理论,并为西方哲学设定了大体议程。

智者在哲学观点上的差异之大,并不亚于他们在政治主张上的差异。大致而言,他们的共同点是专注于区别 physis(自然)和 nomos(法律、习俗或约定)。法律、习俗、伦理原则和社会政治安排,都不再被理所当然地视为某种不变的自然秩序的组成部分,成文法与不成文法的关系也成为一个鲜活的实践议题,在这种氛围下,nomos 和 physis 的对立成为核心的智识问题。从下述事实中,这个议题的直接政治力量得到戏剧性说明:随着民主的恢复,官员被禁止援引“不成文法”,这是一种现在具有强烈的反民主联想的观念。

智者基本上同意,自然存在的事物与凭习俗、约定或法律而存在的事物存在本质区别。但是,争议之处在于,究竟是自然的方式更好,还是“约定”的方式更好;进而言之,自然的方式是什么。无论哪种情况,他们的论点都可以被调动来捍卫或反对民主。某些支持寡头制的人可以主张,统治者与被统治者之间存在一种自然的区分,这种自然等级应当体现在政治安排当中。另一些捍卫民主的人则会宣称,这种截然的划分并非凭自然而存在,人是自然平等的;创立一种人为的等级制、一种凭“约定”产生而违背“自然”的等级制,是错误的。但是,其他排列也是可能的: 民主派可以声称,由“约定”创造的一种
53 政治平等,有利于舒缓自然不平等并让人们生活和谐。或者也可以主张,尽管人们在自然中彼此相似,但社会生活要求分化即劳动分工,以及由此而来的某种因“约定”产生的不平等。

如果智者可以是寡头派,也可以是民主派,那么,使这些问题尖锐凸显的就是民主自身。在公民平等的语境下,看似不证自明的观察,如修昔底德在《米洛斯对话》中写的“强者做他能够做的一切,弱者忍受他必须忍受的一切”,都无法再被简单地奉为天经地义,人们开始以前所未有的方式对它进行讨论。现在这个问题实际上(至少)有两个方面。公民平等与“自然”不平等,即强弱的不平等在实践上的并存,产生了大有裨益的理论张力,在修昔底德的历史里,在哲学里,都可以发现这种张力的表现。

柏拉图想让我们相信智者从事的智识活动与他本人和苏格拉底从事的真正的“哲学”或爱智慧(它的创造通常被归功于苏格拉底)的区别,但区别两者并非这么容易。苏格拉底确实不是收取酬劳的教师,尽管他经常可以依靠几乎清一色富裕而出身高贵的朋友和助手,例如他最伟大的学生、贵族柏拉图,从他们那里获得慷慨赠予。但是,苏格拉底和柏拉图都在与智者一样的领域中从事他们的哲学事业。“哲学家”也主要关切人性、社会、知识和道德,他们也以自己的方式从 nomos 和 physis,凭法律或约定而存在的事物和凭自然而存在的事物之间的区分入手。当然,他们以智者未曾有过的方式把这种区分转变成了对真正知识的哲学探究。与易于走向道德相对主义或多元主义且从未远离经验现实领域的智者不同,苏格拉底和柏拉图关心着一种不同的“自然”,一种更深或更高的现实,它是真正知识的对象。在他们尤其是柏拉图看来,经验世界不过是一个表象世界,是不完美的习俗智慧的对象,而习俗智慧最多是(或多或少)正确的**意见**,但不是真正的知识。哲学家们在求知

和说服之间做出界分，暗示智者像讼师一样，真正兴趣不是求索真理，而只是提出论据并说服别人相信。例如，柏拉图关于统治者与被统治者之间区别的看法就建立在这种知识等级上，而不是建立在对野蛮力量或高贵出身的简单测量上，但即使如此，我们仍可以看到哲学家与那些反对民主的智者的关联， 54
后者反对民主的理由是它创造了一种人为平等来挑战自然等级。特别是，我们可以看到，智者，尤其是支持民主的智者，又以普罗塔哥拉为甚，提出了哲学家感到必须予以回答的问题。

## 苏格拉底和普罗塔哥拉

苏格拉底或许是在之后的世纪中得到最高尊荣的古雅典人，同时也是在许多方面都最为神秘的人物。他没有将自己的任何观点付诸笔端，我们不得不依靠其学生——主要是柏拉图，但也有色诺芬对他观点的记叙。尽管柏拉图笔下的苏格拉底和色诺芬笔下的苏格拉底之间的差别往往被过分夸大，但是，这两位相差甚远的见证人——哲学家和更为脚踏实地而没有哲学玄想的将军，在描述他们的老师时无疑都掺杂着各自的某些倾向。“真正的”、“历史上的”苏格拉底是什么样；柏拉图哲学在多大程度上是对苏格拉底教诲的延伸或对他的明显背离；尤其是苏格拉底对民主持什么态度，在这些问题上都存在着激烈争论。

苏格拉底的审判与死亡本身就提出了重大问题。评注者似乎全都同意，这个死亡判决是一种严重的不正义，然而关于民主，它告诉了我们什么，却众说纷纭。一方面，有些人只看到了一种压迫性的民主对一个有良心的人犯下的不正义，这个人是有勇气的知识分子楷模，他追随自己的理性赴汤蹈火，而罔顾所有反对与威胁。另一方面，有些评注者看到的不只是一种不正义，还有一个饱受风霜的民主政体，它刚经受了一次反民主制政变带来的寡头恐怖和大屠杀时期；在苏格拉底身上，他们看到的不仅是一位有勇气、有原则的哲学家，还是一个其朋友、伙伴和学生都位列寡头领导的人，当民主派逃离城邦时，这个人却在雅典、在其寡头朋友当中尽享安全，所有迹象都表明他们确信他的支持。

这里不去详述所有这些争论。[1] 我们仅限于讨论关于苏格拉底、他的生
55 活与工作的几个争议较少的事实，进而分析那些对政治理论发展产生了最举足轻重影响的观念。关于他的生活，我们可以肯定的是，他是阿罗佩克区的雅典公民，索福隆尼库斯与法伊娜里特之子，出生于公元前 470 年左右；在伯罗奔尼撒战争中，他很可能作为重装步兵（这个职业要求有钱武装自己和供养侍从）参与了几次军事战役；公元前 406 年，他作为委员会成员参与了对将军们的审判；公元前 399 年，他受到审判并被判死刑。几乎没有证据支持他父亲是个雕塑家或石匠（他可能像伊索克拉底和克里昂的父亲一样，雇有作为工匠的奴隶）而母亲是个产婆的说法，苏格拉底曾继承父业的说法更无从谈起。有一些证据表明，尽管他肯定算不上最富有的人，但也过着舒适的生活。无论如何，他的朋友和伙伴几乎清一色地家境优裕、出身高贵；至于他常常在雅典的道路、市集上与工匠进行哲学对谈的画面，则不可尽信。

寡头政变和三十僭主执政时期，苏格拉底作为 3 000 位特权公民之一安然地待在雅典。民主恢复后，有人提出了一项针对他的指控：不正式承认雅典的神、引入新神和败坏青年。很有可能，这些控告至少部分更明显更具有政治性的指控的替代物，而后者因大赦令被取消。无论如何，由于他与民主的敌人交往，雅典人无疑带着怀疑的目光打量这位哲学家。这无损于他的尊严与勇气；他拒绝在朋友的帮助下逃亡，主要理由是他必须尊重自己城邦的法律，这也证明了他原则坚定地信奉法治。在这个方面，他与自己的许多寡头朋友有着云泥之别。但是，他的勇气、尊严和对原则的忠诚，并没有使他成为民主的支持者。

接下来的问题是，他的交往圈子所引发的猜疑，是否有我们所了解的他的观念的支持。这里，我们依然举步维艰。多少可以肯定的是，他采用了一

---

1 关于这些分歧的详尽讨论，参见艾伦·梅克辛斯·伍德和尼尔·伍德：《阶级意识形态和古代政治理论：社会语境中的苏格拉底、柏拉图和亚里士多德》（Ellen Meiksins Wood and Neal Wood, *Class Ideology and Ancient Political Theory: Socrates, Plato, and Aristotle in Social Context*, Los Angeles and Berkeley: University of California Press, 1978），第三章；艾伦·梅克辛斯·伍德和尼尔·伍德：《苏格拉底与民主：答复格里高利·沃拉斯托斯》（Wood and Wood, 'Socrates and Democracy: A Reply to Gregory Vlastos', *Political Theory*, Vol.14, No.1, February 1986），第 55—82 页。

种特殊的质询方法：与一个或更多对话者进行对话，他从一个极其一般的问题开始，这个问题有关知识的性质或美德、正义这类概念的含义，然后用一系列精心设计的问题和回答来枚举各式各样特殊的“正义的”或“有美德的”行
为；接着，他以自己独具一格的反讽，找出对话者定义中的不一致和矛盾。他 56
一贯自认无知，没有能力教授，但很明显，通过在“有美德的”或“正义的”行为的特殊例子中寻找共同特性，他试图寻找一种“真正”的美德或正义定义，它不是一种对经验世界中特殊行为的经验描述，而是一种表达基础、普遍和绝对的美德或正义原理的定义。哲学训练的要旨是提升灵魂或 psyche，即肉体应当服从的、人性中不朽和神圣的部分。运用到政治上，哲学之鹄的是实现城邦的更高道德目的。

就其本身而言，无论苏格拉底的方法，还是与之相联系的绝对知识概念，都不具有任何必然的政治意涵。但是，苏格拉底最著名的悖论，即“美德就是知识”，总的看来是问题较大的。表面上看，这个原则不过意味着，人不道德地行为是出于无知，而绝不是自愿为之。而且，作为一种对现实的描述，无论我们对它怎么想，它至少看起来用意良善，对那些做下似乎不受惩罚的错事的人表露出宽容和人道。苏格拉底道德教诲中令人钦佩的首要原则，即最好忍受不义而不是与之抗争，其中也没有什么政治意涵。但是，美德与知识的等同不那么简单，它有着深远影响，尤其有政治的和反民主的意涵。把这一等同与他归于国家的道德目的结合起来，实际上就排除了民主，甚至把“民主知识”变成了一种矛盾修饰法。

在同智者普罗塔哥拉的对质中，苏格拉底公式的意涵变得最为明显，柏拉图的对话录《普罗塔哥拉》描述了这场对质。如果我们可以信赖柏拉图对这位智者观点的重构，那么，普罗塔哥拉似乎为民主提供了一种系统论证，而它基于的知识、美德和城邦目的的观念与苏格拉底的相反对。我们从柏拉图的描述和留存极少的智者著作残篇中得知，普罗塔哥拉是一个不可知论者，主张我们无法真正知道神是否存在；我们只能依靠人的判断；既然不存在某位超越人类判断的真理的仲裁者，我们就不能设想存在任何关于真伪或对错的绝对标准。人类，更确切地说，每一个体必定是最终的评判者，这个观念被
极好地总结为他那家喻户晓的格言：“人是万物的尺度，是存在之物存在的尺 57

度，也是不存在之物不存在的尺度。”

这些观念的意义足够重大。在柏拉图的《普罗塔哥拉》里，苏格拉底同普罗塔哥拉之间有一场讨论，它实际上为柏拉图成熟期的全部哲学著作和由此产生的智识传统设好了议程。这部对话已经不再被普遍认为是柏拉图的最早著作之一，但仍被描述成他最后的“苏格拉底”对话，之后他就开始开辟自己的道路，更精心、更独立于老师地发展自己的观念。《普罗塔哥拉》开启了这位哲学家将用余下的著述生涯予以回答的那些问题，而且，这些问题会通过他决定整个西方哲学的发展方向。

这部对话最引人注目的是，其中心问题是一个政治问题。苏格拉底给普罗塔哥拉摆出一个难题：像其他同行一样，这位智者想要教授政治的技艺，他承诺把人变成好公民。苏格拉底认为，这必定意味着，作为好公民的品性，美德是可教的。然而，雅典的政治实践表明并非如此。当雅典人在公民大会中决定建筑或造船工程此类事宜时，他们唤来精通专门手艺的行家里手，即建筑师或船舶设计师，而不考虑外行人的观点，无论他们多么富有或高贵。在被认为是技术性的事务（它们涉及某种可以而且必须由专家教授的手艺或技能）中，人们通常就是这样行事的。但是，当公民大会讨论某些与城邦统治有关的问题时，雅典人的行为就变得极其不同：

> ……站起来向他们提建议的人可以是建筑师，也可以是铁匠、鞋匠、商人、船主，无论他们富有还是贫穷，出身高贵还是普通。没有人会像反对我刚才提及的那些人一样反对他们，说他们没有技能素质，不能作为老师指点任何人，却企图给出建议。其中原委必定在于，他们并不认为这是一个可以教授的课题。[1]

通过引出另一个关于普罗米修斯的故事，普罗塔哥拉给出了一个微妙而吸引人的回答。他表明雅典人“在政治事务上接受铁匠和鞋匠的建议，这样
58 做是合理的”。[2] 他说，主张美德可教，与假设公民美德或做出政治判断的能

1 《普罗塔哥拉》，319c—d，格思里（W.K.C. Guthrie）译。

2 《普罗塔哥拉》，324d。

力是一种普遍的才能，属于所有成年公民而不论其地位或财富，这两者之间并不抵牾。他的论点与其说是对自己作为一位政治技艺教师所做的辩护，不如说是对雅典民主实践的辩护，它坚称普通人、劳动公民做出政治判断的能力。

尽管在希罗多德的《历史》（第3卷第80节）中，就有一个对民主的简要辩护，但普罗塔哥拉的发言是古希腊留存下来唯一的对民主的实质性和系统性论证。的确，我们只能依靠柏拉图来获悉智者的观点，而且无从知晓这里有多少是普罗塔哥拉真正说过的。但是，相比柏拉图对其他智者的抨击，普罗塔哥拉是作为一位和蔼可亲又才智过人的人物出现的，而苏格拉底比起自己在柏拉图对话录中通常展示的形象则略显逊色。无论这些是否是普罗塔哥拉的真实观点，它们确实表达了一种连贯的民主观，而柏拉图耗尽余生力图反驳它。自此以后，他的大部分哲学，包括认识论都在试图证明，美德是一种罕见且崇高的品性，政治技艺是一种只能由被选中的极少数人操持的专门手艺，因为它需要一种特殊而高深的哲学知识。

柏拉图是否认为，人类当中的自然不平等自身就大到足以为统治者与被统治者的划分提供证明，这不是很清楚。但可以明确的是，他相信存在一种绝对和普遍的知识等级，它必须被反映到城邦的组织结构中。无论人类的先天品性和获取知识的自然禀赋如何，在现实世界里，大多数人都不可能获得做出明智政治判断所需要的那种哲学知识。特别是，普通而必需的手艺的运用者，即普罗塔哥拉说的鞋匠和铁匠在政治上是无能的，不仅因为他们缺乏时间和闲暇学习哲学知识，更因为他们受到劳动和物质需要的奴役，生活在“杂多之物当中”。真正的知识要求人从表象和必需的世界中解脱出来。

普罗塔哥拉首先通过一个寓言展开论证。他讲述道，人类起初并不像其他动物那样有装备自己的工具。普罗米修斯发现他们“无衣无鞋，没有床，也
没有武装”。[1] 于是他把火和诸般技艺作为礼物送给他们。他们现在有办法 59
谋生，却无法从他们得到的技艺中获益，因为他们缺乏政治智慧。他们有了语言，有了盖房、制衣、做鞋的工具，在床上睡，从大地上取食。但是，他们不

1　《普罗塔哥拉》，321d。

能共同生活并为相互利益而通力合作，他们散居各地并被野兽吞食。宙斯命他的使者赫耳墨斯把对他人的尊重和正义感这两种品性带给人类，以在他们当中创造一种友爱和团结的纽带，这样他们就可以在文明的共同体中一起生活。赫耳墨斯问宙斯，这些品性应该只分配给少数人——其理由是一个训练有素的行家就足以满足众多外行人，正如一个医生就足以照料众多未受训练的人那样，还是应该同等地分配给所有人？宙斯的答复是所有人都应有份，因为如果只有少数人拥有这些美德，城邦或文明生活就永远无法存在。

普罗塔哥拉的寓言所蕴含的国家目的观念，一开始就与苏格拉底的分道扬镳。城邦的存在不是为了实现某种更高的道德目的，而是服务于普通人类的利益，为人类过上比较和平、舒适的生活提供条件。这个寓言意在表明，除非使人们有资格享有公民身份的公民美德是一种普遍的（男性的?）品性，否则政治社会就无法存续，而没有政治社会，人类就无法从他们唯一与众不同的礼物——技艺和技能中获益。之后他继续展示，美德如何既是一种普遍的品性，又必须也能够被教授，此处的论证从寓言转向了可被称为人类学的方法。

他说，这些必要的品性并不是自然或机运赋予的特性。它们需要教导与学习。然而所有人都能得到这样的教导。在一个文明的共同体，尤其是一个城邦中生活的每个人，从出生起就被置于传授公民美德的学习过程中：在家庭，在学校，通过训诫与惩罚，最重要的是通过城邦的习俗与法律，即 nomoi。在一个值得注意的段落中，普罗塔哥拉坚称，没有一个理性的人惩罚犯罪仅仅是为了对犯罪进行报复，犯罪无论如何都是无法挽回的。因为我们相信公民美德可教，所以惩罚着眼的不是过去而是未来，它或是为了阻止某人重蹈
60 覆辙，或是为了以儆效尤。

普罗塔哥拉称，如果国家要存在，就没有人可以在公民美德方面当外行人，而且任何文明的共同体都有方法确保其成员能够获致必需的美德。在一个文明和人道的共同体中，有法庭、法治以及教育，它就是公民美德的学校；而共同体的习俗和法律就是最好的老师。公民美德既是可教的又是普遍的，在这方面它很像我们的母语，后者是在日常生活的寻常事务中被教授

和学习的。像普罗塔哥拉自己这样主张教授美德的智者，只是在完善这个持续和普遍的过程，而且，一个人即使没得到智者的专门指导，也可以拥有好公民的品性。这里的目的仍旧不是为了捍卫专业教师的应有权利，而首先是为了将美德和文明生活寄托于“法”，尤其是一个民主的共同体产生的“法”。

普罗塔哥拉对美德之普遍性的强调，固然对于他为民主的辩护至关重要。但同样重要的还有他的过程观念，通过这种过程，道德和政治知识得以传授。美德当然是可教的，但学习方式与其说是做学问，不如说是做学徒。在所谓的“传统”社会中，做学徒不只是一种学习技术技能的途径。它还是使共同体的价值得以代代传承的方法。普罗塔哥拉所讲的学习过程，可以最恰当不过地被描述为一种机制，公民共同体通过它来传递其集体智慧，其惯例、价值和期望。

解释苏格拉底的论点就没这么容易了。在对话伊始，他显然暗示美德不可教，而在对话结尾，他却戏谑地总结说，他和普罗塔哥拉在这个问题上似乎相互调换了态度。但是，他多少有点不诚实。要知道，并不是他本人一开始提出美德不可教且实际上是一种普遍品性的观点。他带着十足的反讽口吻说，雅典人自己表现得好像事实就是如此。他论点的实质并不是美德不可教或不需要教，而是认为同时声称美德可教和它是一种普遍品性，这是自相矛盾的。

问题当然在于，苏格拉底和普罗塔哥拉一开始就有着不同的知识概念。尽管苏格拉底在这里并未铺陈一种系统的论证，但他肯定是按照这个方向前进的：把美德（享受政治权利的条件）等同于哲学智慧，即关于一种普遍、绝对
的善的知识。正如我们看到的那样，普罗塔哥拉则在谈论一种不同的、更为 61
平凡的知识，它是一种更为平凡的政治美德的条件，服务于更为平凡的城邦目的。在整个讨论中，他关于美德及其获得方式的见解自始未变。苏格拉底所戏谑地展现出的普罗塔哥拉论点中的矛盾，仅仅是他拒绝把美德等同于哲学智慧。苏格拉底也是一以贯之的；他自己并未切实回答关于政治美德的问题，但他已经暗示了一个将由柏拉图加以完善的答案，这个答案实际上否定了雅典的民主实践：美德可以而且必须被教授（尽管柏拉图明确表示，对至善

的终极感知不是某种可以直接教授的东西，而是在经历老师的悉心引导后，作为一种近乎神秘的启示而发生）；即使美德可教可学，它也是一种稀有罕见而高度专业的知识，一种只有少数人能获得的知识。对话的尾声诱人地暗示对美德的讨论会留待另一场合。实际上，柏拉图将穷尽大半生来讨论它。

苏格拉底诉诸并借以反对普罗塔哥拉的原则（在这个阶段仍是试探性和不系统的）是美德即知识；它是哲学知识，是对众多特殊善的表象背后的唯一善的知识。这种知识让它的运用者不仅能展现这种或那种特殊的普通美德，而且可以把握根本的、无所不包的作为单一实体的美德原理，从这个美德原理中，派生出所有与各种美德联系的品性，尤其在《政治家》和《理想国》中，美德即知识的原则成为柏拉图攻击民主的基础。在柏拉图笔下，它意味着，替换普罗塔哥拉的在学习共同体价值观和规范上的道德和政治学徒法，代之以一种更高的、作为哲学知识的美德概念。这种哲学知识不是对共同体习俗与价值观陈陈相因的吸收，而是一个通向更高的普遍和绝对真理的特权入口，对于仍受缚于表象和物质必需世界的多数人而言，它是遥不可及的。

因此，苏格拉底摆出的政治问题，开启了关于知识和道德之性质的更大问题。正如普罗塔哥拉阐释的，认识论和道德上的相对主义具有并且倾向于具有民主意涵。柏拉图用一种新的普遍主义反对普罗塔哥拉的相对主义，以此回应这种政治挑战。在民主制度中，在公共审议和辩论的氛围中，没有占
62 统治地位的思想，没有个体或社会团体能够凭其不容置疑的优势地位而宣称自己价值的普遍性并将其强加于人。要质疑鞋匠和铁匠们的习俗智慧及他们参加公共演说和审议的能力，唯一有效的方式是亮出某种更高形式知识的王牌，打败习俗智慧，它不是关于平凡的经验现实的知识，而是关于绝对而普遍的真理的知识。

柏拉图式的普遍主义是一种非常特殊的普遍主义，而且说到底，或许只有与这种哲学普遍主义相联系时，才可以把普罗塔哥拉的观念称之为道德相对主义。普罗塔哥拉确实拒绝了这样的观念：存在着只有通过哲学才能接近的更高道德真理，但他用一种可被称为实践普遍主义的观念取而代之，它根植于一种有关人性和人类福祉之条件的观念。他的论点预设了一种信念：不

仅人们大体上有能力做出政治判断，他们的福祉取决于对一种公民秩序的参与，而且他们有资格享受公民生活的好处。确实，他认为在不同的时间地点中，在人类境况的无限多样性中，幸福的具体要求会有所变化，社会价值也会因之不同。但是，根本的人性基底仍是相同的，并且人类福祉的确提供了一种普遍的道德标准，据此可以判断社会政治安排，或评估彼此对立的意见的相对价值，其理由不是某些比其他**更真**，而是某些**更好**，正如柏拉图对话录《泰阿泰德》中的普罗塔哥拉所阐述的那样。

在上述方面，普罗塔哥拉与柏拉图无论在政治还是哲学上都相隔天渊。他们之间的分歧，可归根于他们对民主大相径庭的态度。尽管如此，他们在某个方面却是从同一起点出发的，并且他们都同样地立足于民主。柏拉图也吸收了民主雅典的寻常经验，他援引工匠的伦理规范——"技艺"，来诉诸劳动公民熟悉的经验和价值，并根据实践技艺的类比建构起自己关于政治美德和正义的定义，以此在自己的阵地上对质支持民主的论点。只是在此时，强调的重点不再是普遍性抑或习俗知识有机的代际传递，而是专业化、专门知识和排他性。最好的鞋是由训练有素而娴熟内行的鞋匠制造的，同样，政治技艺也该由专门研究它的人来运用。公民大会里不需要鞋匠和铁匠。国家
中正义的本质就是这个原则：鞋匠就该老老实实补鞋*。只有不必为谋生而 63
工作——无论是务农、做工还是经商——的少数人，才具备统治所要求的品性。

因此，尽管出于相反的意图，但普罗塔哥拉和柏拉图都把"技艺"，即劳动公民的实践技艺的文化价值置于自己政治论点的中心。整个西方哲学传统的后续部分大多源于这个起点。不仅西方**政治**哲学的起源要归因于这场就鞋匠和铁匠的政治角色问题引发的冲突。对于柏拉图而言，统治者和劳动者、劳心者和劳力者、治人且食于人者和食人且治于人者之间的划分，不仅仅是政治的基本原则。统治者与生产者之间的劳动分工，是《理想国》中正义的本质，也是柏拉图知识理论的本质。感觉世界和理智世界之间，以及它们相应的认知形式之间彻底的、等级森严的对立，根植于柏拉图的社会劳动分工

* the cobbler should stick to his last，双关语，延伸意是"各安本分"，正对应柏拉图的正义定义。——译注

(生产者被排除在政治之外)的类比。[1]

## 柏拉图:《理想国》

在《普罗塔哥拉》之后,柏拉图再没有与支持民主的论点直接对质。他当然继续着与智者的辩论,而且,他对他们的每一次攻击,在某种意义上都是对民主的攻击。因为,即使当他们反民主时,他也仍将其视为民主的产物或表达(在某种意义上他们的确是),理由是他们反映并催化着一个城邦的道德和智识堕落,在这个城邦里,任何一个人的意见都和其他人的一样好。例如,在
64 《高尔吉亚》中,他试图让我们理解,无涉道德、没有原则的卡里克利斯及他主张的"正义就是最强者的权利",正是民主观念的逻辑结果,即使当这种强权即公理的观念被用来支持寡头制时也是如此。柏拉图继续进行着反民主的论证,却从不直接参加一场对它有利的严肃争论,然而,普罗塔哥拉仍是他主要的,尽管是匿名的对手。

正如我们所见,普罗塔哥拉把实践技艺当作社会的基础。位于柏拉图政治理论中心的是"从技艺角度的论证",其意图是使普罗塔哥拉的原则自己反对自己。他用构成雅典民主文化如此重要一部分的工匠伦理规范来反对民主。只有当我们思考这个论证与雅典贵族文化及其在那个历史时刻中的倾向的关系时,才能理解它对于柏拉图的全部意义。

柏拉图生于公元前 427 年,双亲都属于雅典最显要的家庭,或许不属于最富裕之列(当然他的财富并非微不足道)但肯定厕身门第最高贵之列。毋庸置疑,他的伙伴当中普遍存在着反民主情感,而他的近亲正是那场确立了三

---

1　有人指出这种对立是希腊思想最与众不同的特点,它为此后的西方哲学设定了议程。例如,参见谢和耐:《中国与希腊的社会史与观念演变：公元前 6 世纪—公元前 2 世纪》(Jacques Gernet, 'Social History and the Evolution of Ideas in China and Greece from the Sixth to the Second Century BC'),载于让—皮埃尔·韦尔南:《古希腊的神话与社会》(Jean-Pierre Vernant, *Myth and Society in Ancient Greece*, transl. Janet Lloyd, Sussex: Harvester Press, 1980)。感觉世界与理智世界的对立乃西方独有,这种提法或许是误导性的。但自柏拉图起,西方哲学传统中确实存在着独特的对立理解它们关系的观念,而这很大程度上要归因于他的论点所立足的反民主信念。在此,柏拉图所描绘的这种认识论划分与统治者和被统治者的划分之间的联系是关键的;一位视统治者与生产者的划分为天经地义的哲学家(例如孟子),没有那么强烈的必要去强调这两个世界及其相应认知形式的对立。

十僭主统治的寡头政变的领导者。如果我们可以采信《第七书信》,他本人年轻时曾胸怀政治抱负,并殷切希望通过寡头派革命再造雅典。[1] 但值得称道的是,他无法接受亲戚朋友所立政权的暴行,拒绝像曾经期望的那样加入他们。当三十僭主被推翻后,他的政治抱负短暂重生过,只在民主恢复后才再次熄灭。柏拉图褒扬卷土重来的民主派的温和节制,他们一般都带着伟大的克制对待其敌人,这与寡头派的血腥暴行形成鲜明对比;尽管经历了苏格拉底的审判与死亡,这点也一直铭刻在他的判断中。然而,在他看来,恢复后的民主制是雅典道德腐化的征兆,这里"不再按照我们祖上的方式和制度来统治",这里"法律和习俗的整个构架以令人惶恐的速度每况愈下"。[2]

苏格拉底死后,柏拉图踏上了一场开拓之旅,不仅弘扬自己的教育,还在
西西里叙拉古的宫廷中出谋划策。在狄奥尼修斯一世和后继者狄奥尼修斯 65
二世统治时期,柏拉图两访叙拉古,狄奥尼修斯二世与这位哲学家反目。约公元前 385 年,柏拉图在城墙一英里外创立阿卡德米学园,教授数学、天文学、音乐与哲学(包括自然哲学和政治哲学)。他自己的政治雄心再未死灰复燃,而且,考虑到他的朋友们,它无论如何也不可能成功。但是,阿卡德米学园的政治意图是昭然若揭的。其学生,雅典和外邦的富家子接受柏拉图式政治学的教育,并作为顾问被输送给整个地中海世界的统治者和城邦。

在雅典国内,愤愤不平的贵族正在退出政治,柏拉图的哲学事业正是在这种不满和逃离的氛围中发展起来的。即使在公元前 3 世纪末,也仍有贵族领袖,著名的如利库尔戈斯,但政治已不再像往昔那样是受青睐的职业。当高贵而有教养的人转身背对城邦时,这个大众政治和贵族疏离并举的历史时刻自身就为柏拉图提出了一个哲学问题:思想和行动的分离。他以重新统一它们为己任。他所认为的智慧,在本质上与实践尤其是与政治有关。如果把他的哲学任务从他觉察到的政治问题中抽离出来,我们就没法理解他如何构思自己的哲学任务。他的哲学规划从未脱离雅典的政治现实,而他对绝对、普遍真理的寻求也从未与再造雅典的任务分离。不能将柏拉图简单等同于雅典政治中贵族—寡头派的意识形态理论家,也不能将他的哲学美德观念化

1　《书信》的真实性是有争议的,尽管更多人会承认《第七书信》是柏拉图本人作品。
2　参见《第七书信》,325d—e。

约为贵族文化的价值观。但是，他的政治哲学无疑表明，他所希望的道德和政治革新如欲实现，就需要调和贵族与政治。这也不是用一种政治形式取代另一种的简单问题。思想与行动的分离，有其极为特殊的社会条件，而重新统一它们需要一场社会转变。

我们看到，民主与公民政治原则是并驾齐驱演进的；贵族对政治的疏离正是那个历史进程的顶点。同时，雅典城邦作为主导的联合原则的确立，公民共同体及其法律，还有新的公民身份认同，都意味着与贵族统治对立的民众权力的加强。在雅典，与贵族的统治原则和等级制针锋相对，公民身份、城
66 邦的司法权和“法”的统治都趋向某种平等。柏拉图的任务是为贵族夺回城邦。这需要打破政治与民主的联结，并使等级制而非平等成为城邦的本质。换言之，城邦必须取代等级制的“家庭”（oikos），即荷马史诗中的贵族家庭，成为贵族的天然领土。所以，柏拉图必须设计出一种城邦观念，在其中，基本的政治关系不再是公民之间的互动，而又一次变成统治者与臣民乃至统治者与生产者之间的划分。他还需要殚心竭虑地构思一种正义概念，它将挫败“正义”与“法律面前人人平等”这两个观念在民主中日趋紧密的结盟。在他的伟大经典《理想国》中，柏拉图建构出一种“正义”（dikaiosune）概念，它被等同于不平等和统治者与生产者之间的社会劳动分工。

对话伊始，苏格拉底与对话者交流了三种传统正义概念：第一，诚实生意人的简单道德，他基本的正当行为准则是讲真话、毋欺他人、有债必还；第二，传统的扶友损敌准则；第三，正义由最强者利益界定的洞见。柏拉图以苏格拉底的身份迅速打发了第一个，理由是像归还所借之物这种特殊行动，在某些场合下可能是好的和正义的，在另一些场合下则不是。玻勒马霍斯应对的办法是，首先提出正义是给每个人应得的东西。但这当然会引发谁应得到什么的问题，而柏拉图在这里就已经引出了将成为他整个论点核心的技艺类比：对某人应得到什么的判断，类似于某种专门技艺即 technē 的运用者就特定场合下什么是好手法做出的专业判断；这需要掌握关于这门技艺蕴含的用途、要实现的目的的知识。正如医生、建筑工或鞋匠必定具备关于与自己技艺相匹配的目的和手段的特殊知识，同样，一个人只有知道生活的真正目的及如何达到它，才能过上一种好的、正义的生活。玻勒马霍斯随后具体提出，

正义意味着对朋友为善而给敌人以伤害。这依然被发现有欠缺，因为，比如说，损害本身是好人的敌人就不可能是正义的。玻勒马霍斯被迫让步说，他的意思是，我们应当对好的朋友为善，而给坏的敌人以伤害。然而，这只是让他容易遭受这样的反对：伤害他人肯定不可能是正义的，尤其是因为我们能对他们做出的唯一真实伤害就是使他们变得比本来更坏。使某人变得不如原来好，这怎么能是正义的？所以，我们必须继续找出正义的根本原理，它独 67
立于任何具体例子，并使我们能以一个适用于所有情况的普遍标准判断所有特殊行动。

与色拉叙马霍斯的论辩，以及他的正义即强者利益的定义，是最富启发和意义的。他开门见山地道出一个描述性的观察：在任何既定的情况下，强者或统治部分的利益都会被定义成正义的。起先这不是一种道德判断。在这个阶段，色拉叙马霍斯是在表达一种人类学的洞见，这是我们从一位严肃的智者那里可以预期得到的洞见，甚至普罗塔哥拉也有可能同意它。这是一个有关传统的道德基础的简单命题，还有如下的进一步观察：无论如何，统治集团的思想总是倾向于成为社会中占统治地位的思想。但柏拉图为这位智者埋下陷阱，使哲学家自己不仅能够调用和阐述技艺类比，而且能把智者的合理洞见变成一种招致反对的道德无涉性。

对于色拉叙马霍斯的独到观察，苏格拉底回应的方式是，反驳说统治者可能会在自己的利益上犯错，并引导这位智者做出结论：一位统治者唯有在不犯错的时候才算是统治者，这个结论很容易导向统治是一种专门技艺的主张。色拉叙马霍斯改变了他的立场，放弃了他的纯粹经验观察，并大胆主张“强权即真理”这一道德原则。正如柏拉图对话录的典型方式那样，苏格拉底的对话者被方便地推向了一个并不必然紧随其最初前提的结论。没有合乎逻辑的理由来解释，为什么色拉叙马霍斯的人类学洞见与强权即真理的道德判断更为合拍，而不是与普罗塔哥拉的原则，即正义类似最大多数人的最大好处更为合拍。但是，作为自己对正义进行探究的前奏，柏拉图的策略与其说是与智者的有益洞见短兵相接，不如说是通过某种牵连罪，暗中挖空了普罗塔哥拉哪怕理由充分的论点的基础，同时确立起统治是一种专门技艺的原则。他接着提出，正义是灵魂的一种特定美德，它使灵魂能够最有效地履行自己的特定职能，这种职能就是过好生活。柏拉图在这里还确立了一个将被证明对他的论点至关重要的原则：在真正的好生活不可或缺的灵魂的诸种基本职能中，唯有灵魂才能履行的职能是“慎思或掌管和控制”这类行为。我们开始明白，正义与理性控制下各职能之间的一种恰当平衡有关。

68 令人惊讶的是，在追寻正义定义的过程中，柏拉图从未讨论过一种表达民主原则的概念。例如，他从未直面一种称正义与平等有关、称正义与法律有关的论点。甚至不如说，除了《理想国》中讨论的第一个定义——被他蜻蜓点水一般地打发了，他是在与对古老的贵族伦理具有根本性的那些传统原则辩论。这里，正如统治者与臣民的划分一样，朋友与敌人的划分有一种特殊含义，它源于这样一种社会：贵族权力根植于其友盟网络中，而统治阶级的价值必然会成为一种普遍标准。柏拉图挑战这些原则，但并不是因为他站在民主价值一方，而是因为他确信，传统的贵族原则在民主中过于脆弱。在民主雅典，主要的政治舞台不是友盟而是城邦；可以被看作最强者或统治部分的，也不是贵族而是平民。需要一种新的贵族伦理，它较少依赖习俗与传统，更多是普遍主义和绝对的，而且它立足于城邦。

因此，柏拉图着手以一种对不平等的**哲学**辩护来替代寡头派的习俗智慧。一位著名的古典学者甚至认为，柏拉图的理念学说“直接承袭”自古老贵族的英雄模范伦理，如荷马史诗中那种。但是，当柏拉图本人界定理念时，古老贵族准则中如此重要的“范型”或供模仿的典范，现在转换成了：“存在领域中确立的原型。”[1] 他的论点依赖于把正义置入绝对理念的领域中，这是唯有哲学理性才能接近的终极现实，超越了日常生活的领域——表象与“杂多之物”的世界。

这篇对话宣称的目标是，寻找一种不单单是习俗性的，不单单涉及表象、涉及赏与罚的正义概念。任务是探索一种绝对和普遍的正义理念，它是某种本身就好的东西。苏格拉底说，尽管他希望辨明正义之人的品性，然而，首先

---

1 沃纳·耶格尔：《教化：希腊文化的理念》（Werner Jaeger, *Paideia: The Ideals of Greek Culture*, New York: Oxford University Press, 2nd edn, 1945），第1卷，第34页。理念的定义出现在《泰阿泰德》，176—e。

从国家这个更大的模型中寻求正义更为容易。一些评注者认为,这表明《理想国》本质上不是一部政治学著作,柏拉图在此虚构的国家只是通过类比来界定灵魂的正义的手段。但是,随着论证的深入,逐渐水落石出的是,这位哲 69
学家在展现政治学的某些基本原则,它们绝不屈居灵魂的类比之下,反而后者常常服务于它们。

苏格拉底提议在想象中追踪一个国家的产生,及其从一种简单形式到一种更为繁荣的奢侈社会的发展,这样我们就可以观察正义进入这幅图画的时间点。在这番想象的重构中,铺设的第一个基本原则是,国家建立在劳动分工的基础上。这意味着,国家不单纯是一种约定的产物,而是建立在人类相互依赖的自然原理之上:任何单个人都无法履行生存所必需的所有职能,而各种天生能力又使不同的人适合不同的职业。当苏格拉底建立他想象的国家时,他逐渐表明,正义将与这种劳动分工有关,将与各组成部分的恰当平衡有关。

在此,我们需要留意这个事实:社会劳动分工中没有什么东西本身会使它固有地成为等级制的。然而,柏拉图却需要一种等级制的劳动分工,在其中,某些部分支配或统治其他部分,他还把这种等级制原则确立为自己论证中或许最重要的一步。明白这点,我们才能真正领会个人灵魂与国家之间的类比的作用。

我们或许可以揣测,某位典型的雅典公民应该会驳斥治人者和注定治于人者之间有一种自然划分的观念。他将不惜代价地反对把这种观念应用于他本人或其他雅典人。但是,他可能比较愿意接受下述原则:一个健康的灵魂,一个更有助于过一种道德上好生活的灵魂,是一个理性在当中命令"较低"欲望的灵魂。我们无须假定,两个部分构成的灵魂这种观念是雅典的习俗智慧,但至少这样一种原则并不违背民主文化的基本价值,而且这位公民或许可以毫无困难地体会理性与欲望之间的区分。唯有当对类比的类比项之一达成基本同意时,它才能成为一种有说服力的论证方法,这个可以通过类比,被扩展以支持一个更具争议的命题。对一位雅典听众来说,柏拉图论点中的政治原则无疑是有争议的,而且用它去支持其他据称类似的命题是无效的。不管这位哲学家如何告诉我们他的主旨是阐明灵魂的性质和正义的

个人，如果我们明白他论证的目的是利用一种较少受争议的灵魂观念，来为
70 一种饱受争议的政治原则辩护，那么，他的策略就更在情理之中。无论如何，不管苏格拉底告诉我们论证顺序是怎样，在着手重构国家之前，他已经引入了支配的、理性的灵魂部分与较低的欲望之间某种平衡的观念，而且当他继续论证时就随意利用这个类比。

值得注意的还有，为了迈出论证的关键一步，即确立统治者与被统治者的自然划分，柏拉图诉诸仅有两个部分的灵魂，即“较好的”部分和“较坏的”部分或理性和欲望，尽管随后他将提出一种三部分组成的灵魂。三分的灵魂在柏拉图著作中只是偶尔出现，在设计一种三分的国家（或者更确切地说是由一个统治阶级履行两种不同职能的两分的国家）上，它自有更为特殊的政治意图。但是，统治者与被统治者这种更基本的划分是由两分的灵魂支持的。在另一部主要政治著作《法篇》中，他再次只规定了“自然的最高统治者”即理性与激情、欲望或灵魂的低级职能之间的划分；即使在《理想国》中，至高的理性与低下部分的划分仍是根本的划分，正像统治者与生产者的划分是国家中的主要划分一样。三分的灵魂（其中“血气”部分在理想情况下会辅佐慎思的理性）只是为了让他描述一个统治阶级的两种不同职能，即慎思的职能和军事的职能，它们对立于农民阶级和其他实践技艺运用者的“较低”职能。在他论证的每一步骤，在灵魂与国家类比的每一方面，论证的方向都是一清二楚的：灵魂学说服务于国家理论。

当柏拉图枚举好灵魂的诸品性时，他还详述了与统治阶级般配的诸品性和必能使人甘于政治服从的诸特性。关于他对适合统治的灵魂品性，即“哲学本性”的描述，特别引人注目的是哲学美德与更传统的贵族特质相符的程度。在柏拉图的学说中，不可能把道德品质与社会地位分开，这很像英语中的“贵族”概念同时意味着一种道德属性与一种社会地位；而且，像其他批评民主的贵族一样，这位哲学家把风度和举止当作某种更深层的道德美德的体现而赋予极大重要性。更进一步，哲学本性的实现有赖一种有闲的贵族生活状态，他们能占有他人劳动，无须从事生产性工作。

71 这里，柏拉图的论点因几个理由而显得重要。它意味着，在决定那些把人类划分成统治者与被统治者的灵魂品性上，社会条件比先天差异更关键。

当然，人们生而具有不同能力——这又成为劳动分工为什么是一种自然原理的理由。但是，他们的差异并不足以解释统治者与被统治者之间辽远而永恒的分界。即使是“金”或“银”灵魂与“铁”或“铜”灵魂，最终也主要是由社会决定的。凭自然而有资格统治的少数人和必须接受统治的人，他们之间不可逾越的鸿沟乃基于生活状况中更为深刻的差异，是生活状况的差异把特权阶级与工匠、商人和农民这些受缚于物质必需世界的劳动者分隔开来。每种生活状况都有其特定美德，即最适于履行其恰当角色最适合的品性。但是，从事基础而卑下行业的多数人，根本无法超越与他们地位对应的美德，而且很快就可以发现，这些阶级的最高美德就是自愿顺从比他们更优秀的人。真正的美德要求从“杂多之物”中解放出来。尽管如此，真正美德的实现条件不单纯是个人所处的社会环境。一个由低下欲望统治的城邦（也就是一个由“物质”阶级统治的城邦）将不可避免地腐化最出色的灵魂。只有在这样一个城邦中才能实现德性灵魂的生活：它允许必要的社会条件繁荣发达，并让作为灵魂更高部分人格化身的统治者来统治。至少，它需要一个哲学王，他体现了必需的美德，并依照自己的哲学智慧绝对地统治城邦而不受法律约束。

当柏拉图继续描述城邦堕落的各阶段时，他确认了美德对社会条件的依赖。堕落的分水岭是次好形式即荣誉政体（这是一个类似斯巴达的武士国家，受荣誉之爱驱动）的衰亡，以及它被受金钱之爱驱动的寡头政体所替代。寡头政体不单纯是由富人统治的，更具体地说，它是由拥有可转让财产的人统治的，他们不是土地贵族而是有钱人；荣誉政体向寡头政体的转变，标志着灵魂低下部分统治的开端，因为“血气”部分让位于卑下的欲望。柏拉图道德学说中灵魂品性与社会条件的紧密联系，已经再清楚不过了。在塑造城邦的道德气质上，占主导地位的财产形式甚至是决定性的。从贵族世袭财产到货币财富的转变，划出了一道关键的分界线：一边是一个统治阶级（在荣誉政体中是战士阶级）“绝不从事任何形式的商业、农业或手工业”的社会，另一边是 72
一个领导部分通过营生来积敛财富的社会。

在《理想国》的理想城邦里，统治阶级完全没有财产而从属阶级显然有，但我们不能因为这个事实而误解了这篇对话中弥漫的贵族价值。谈论柏拉图的“共产主义”（涉及公有财产以及与之联系的妻儿共有）则更是误导。在柏拉图的财产观中，对他而言重要的是，统治者属于一个能够依靠他人劳动生活并且不受物质必需（这是对纯粹智力活动的最根本干扰）束缚的集团。在现实世界中，最接近他理想（一个“绝不从事任何形式的商业、农业或手工业”的统治阶级）的是世袭地主阶级，它凭借自己很大程度上固定的、不可转让的财产而获得保障，支配他人劳动，也永远不用屈尊去做铜臭熏天的商业买卖。在《法篇》中，柏拉图将阐明这个理想与“次好”城邦之间的这种联系。

同样明显的是，当柏拉图指责“坏的教养”败坏了有前途的个人时，他心中所想的，并非不正常的家庭生活或贫乏的教育所造成的不良影响，而归根结底是暴民的腐化影响。这里，柏拉图再次让普罗塔哥拉自相反对。他采纳了这位智者的观点，即共同体而非任何个体指导者是最好的老师，最有能力传递其价值观并发扬其最赏识的品质。但是，当普罗塔哥拉把民主城邦及其习俗和法律当作美德的最可靠来源时，柏拉图却将其视为恶习的温床。平民只能具有一种特定于卑下地位的相对美德，但其腐化作用是更为绝对的。重物质的（爱利的）群众的恶习，不仅是其本身特定的阶级属性，而且是其他阶级的腐化源头，在《高尔吉亚》中柏拉图告诉我们，它甚至腐蚀了最伟大的领袖伯里克利。

因此，真正美德和“哲学本性”的拥有，既取决于个人的社会地位，又取决于城邦整体的品性，尤其是统治者的社会性格。柏拉图对美德的社会条件赋予的重要性，必定不可避免地影响到我们如何理解他的知识理论和哲学实践。很明显，对柏拉图来说，苏格拉底将真正的知识等同于美德，它不仅要求
73 认识论层面的从表象的物质世界中解放，而且要求社会层面的从日常生活的物质必需中解放。我们已经知道，免于物质必需束缚的自由，是对那些实践政治或治国的“统治技艺”的人提出的一项要求；而且，当柏拉图解释获取真正知识的过程时，他清楚表明，统治技艺的必要资格是对“人之善”的知识，人之善就是人的真正目的或者说 telos，它不仅仅是快乐、权力或物质财富，更是作为理性存在者的人之本质的实现。换句话说，柏拉图为他的统治阶级所要求的社会条件，也是真正知识的最低条件。

当柏拉图列出哲学教育的规划时，对于获取关于至善的知识而言，免于物质必需束缚的自由开始显得不仅是这个过程的先决条件，而且是其必不可

少的步骤。柏拉图教育的目标是把学生引向对善本身的知识，即至善的终极理念或形式，作为单一、不变的本质超越善的所有特定实例的知识。在他看来，这要求理解一种更大的宇宙秩序，它是一种更高理性的表现。柏拉图从未向我们提供至善的定义，因为对它的领悟是一种启示，甚至是一种神秘的体验。但是，当柏拉图列举处于上升序列中的各种认知形式及其专门对象时，他很详细地说明了能把学生带向启示时刻的过程。表象世界与理智世界之间横亘着一道根本界线，而它们每一方都被再分为低级和高级形式：最贴近表象的认知形式是想象，其对象是影像，其上是信念或意见，关涉的是可见之物。在沉思数学对象的过程中，我们跨过界线，进入理智世界，我们从那里提升至理智或对形式的知识。这最终把我们带到至善的门口。

教育过程是一个使灵魂脱离"杂多之物"和单纯表象的循序渐进过程。身体与灵魂免于物质必需束缚的自由，和认知的等级同样重要地构成这个进程的一部分。从日常的物质必需中的实践解放，是灵魂从表象世界中获得认识论解放的首要和基本环节。

## 《政治家》与《法篇》

我们会回到柏拉图在《理想国》中展示的知识理论，以便思考我们对他的整个哲学体系（不仅有他的政治哲学还有他的认识论）的判断，如何或是否应
该受到其物质前提和意识形态意涵的影响。目前，我们要简要思考他的另外 74
两部重要政治学著作《政治家》和《法篇》，这有助于澄清渗透在他的哲学规划中的政治预设。

把从《理想国》到《政治家》再到《法篇》的发展仅仅视为从理想中下降的两个阶段，这会是误导性的。《法篇》明确呈现了一种"次好城邦"，《政治家》为后来的著作带来一场概念转变，这些当然都是确凿无疑的。但重要的是承认，这三部对话都表达着柏拉图从不同视角阐述的同一些根本原则。毫无疑问，《理想国》对哲学原理而不是贵族政治表现出更大忠诚，它也着实反映了他对尝试确立一种雅典寡头制的幻灭感。在《法篇》中，柏拉图会详尽阐述一种政制，其统治较少依赖哲学智慧，更多依赖精心设计以尽可能模仿哲学统

治之要旨的制度和法律。尽管这个城邦至多是理念的模仿品，适应于物质生活和社会生活的严峻现实，但在某种意义上，它甚至比《理想国》更具革命性。如果说《理想国》是一种思想实验，无意成为一种理想城邦的模型，而是以诗歌或隐喻风格表达的对某些基本原则的主张，那么，《法篇》尽管可能是乌托邦的，却把这些原则变成了一纸制度蓝图。它谋划对柏拉图那个时代雅典的政治和社会关系来一场彻底转变，向雅典政治实践及其社会基础中一切根本性的东西，乃至最基本的财产和劳动状况来一场彻底告别。《法篇》的城邦比《理想国》的理想国家更清楚地表明了柏拉图的政治信念。至于《政治家》，尽管它不是为一种理想政制或哪怕次好政制准备的蓝图，却阐明了《理想国》中引入的政治原则并发展了它们，为《法篇》的革命奠定了基础。

说到底，《政治家》精心构造的是一种在《理想国》中就已扮演重要角色的，从技艺角度展开的论证；它重新定义了会在《法篇》中被赋予具体形式的法治。实际上，它在哲学的统治与一种哲学的法治之间架起了桥梁。第一个前提仍然是，政治是一种专门技艺，要求精深的专门知识，尽管柏拉图在这里比在《理想国》中更多强调了治国术与更常见的技艺之间的差别，以便凸显政
75 治技艺与普通行当之间的不相容性。一如既往，重点是强调专业性和专门技艺的排他性，或许最关键的要点是，真正的专家必须完全自由地实践他的技艺。这个原则使政治家免除了对法律的服从，为重新定义法治做好了铺垫。

但是，柏拉图首先要为政治家技艺寻找最好的类比。他一开始提出，政治技艺与家政技艺本质是一样的。几乎无须提醒我们，在柏拉图时代的雅典，把城邦当作扩大的“家庭”，以及关于后者的等级结构所暗示的一切，具有怎样的意义；柏拉图把政治家与家主甚至奴隶主等同，这尤其充满挑衅意味。然而，这还不足以描述政治技艺的特征，因此柏拉图要向更远处冒险。这里，他引入了宇宙循环的神话，我们在讨论普罗米修斯故事的时候已经碰到过它。与这位哲学家同时代的人类生活在宙斯时代，处于宇宙循环的底部，充满痛苦与辛劳，也失去了神的指导或帮助，这与克洛诺斯时代形成鲜明对比，那时人类牧群由神圣牧者统治并养育。这预示着政治家与牧者之间类比的可能性；但是，尽管柏拉图承认两者的近似，却不能斩钉截铁地接受这个类比。它的优势当然在于强调政治技艺关乎统治而非公民身份，但是，出于即将变

得清楚的理由，他不愿意承认政治技艺与牧羊技艺一样，必然包含着对其对象身体的养育。

柏拉图发现，最近似治国术的技艺是编织。编织技艺拣选合适的材料，丢弃其他的，把大量不同的线编成色彩斑斓却浑然一体的织物。政治技艺之所以像编织，乃因为它的目标是把不同类型的人编成一种社会织物。政治家指导材料的拣选和丢弃，并用人性的经纬线织出国家织物。他必须把真正属于国家织物的线织在一起，同时让其他部分，即并非主要却对国家存在来说必要的部分“簇拥着”它。柏拉图区分了编织技艺本身和其他辅助技艺：那些“次于”编织却也是整个过程一部分的技艺，如梳毛与纺线，还有纯粹“协助的”技艺，它们并不属于编织过程，仅仅生产梭机之类的必要工具。类似地，在政治领域中也存在着次级和协助的技艺。特别是，那些运用协助技艺的人不得染指政治的统治技艺。我们最终发现，这些被排除出政治的技艺，涵盖 76
了一切生产共同体的物质必需品，即包括食物、工具、衣服、住所、交通和其他用于维持生存和健康、提供消遣或保护的物质资料的行业。公元前 367 年，柏拉图的《政治家》正在成形，而亚里士多德在此时加入阿卡德米学园，他之后在城邦的“部分”与“条件”之间做出了具有类似政治效果的区分：前者参与政治，而后者仅仅创造使政治成为可能的条件。

在确立了统治技艺的性质和目的后，柏拉图就能够相应地重新定义法治。他的第一个前提是，法，至少民主雅典中通常所理解的法与技艺互不相容。“法”与“技艺”是对立的，因为法的统治限制着工匠技艺的自由发挥，还因为外行实际上在号令专家。比如，不应由对医疗技艺一无所知的人来告诉医生该干什么。医生应该按照他们知识和技能的最佳指导，自由地对每种情况做出创造性回应。雅典人所理解的法治违背了这种技艺原则，并且捆住了统治他们的人的手脚。对于领导者和被领导者而言，“法”都是一种阻碍；而且（正如我们之前在思考 nomos 和 thesmos 两种截然不同的法律概念之间的对比时所认识到的）它是人民在决定他们的共同生活上的地位（非专家地位）的一种表现。

但是，柏拉图找到了一种方法，可以通过重新界定法的职能使其重新为己所用。在他的新定义里，法治应模仿而不是阻碍政治技艺。它的目标应当是创造和维持某种社会织物，不是为了把公民平等的要素引入城邦，相反是为了体现不平等，尤其是为了使实践政治技艺的人和仅仅通过服务城邦需求来“协助”它的人之间的等级关系固定下来。

柏拉图接着对政体进行分类，他仍采取了一人统治、少数统治和多数统治的传统划分，但他把每种分为守法的形式和不守法的形式。正如一人统治可以是守法的君主制或不守法的僭主制，少数统治也可以采取贵族制或寡头制的形式，其区别不在于一种是由“最优秀者”统治而另一种仅仅由有钱人统治，而在于一种是有钱人守法地统治而另一种则不是。这里，柏拉图给了民
77 主一次很勉强的认可，他说，在坏的政体中，不守法的民主形式是最可忍受的，不是因为它比其他的更有美德，而仅仅因为它更软弱，做出的伤害也更小。然而，最能表明真实意图的地方是，他说，在守法的政体中，民主制是最坏的，离政治技艺及其目标最远。

在《法篇》中，柏拉图将这些原则付诸实施，他巨细无遗地描绘了一个由一整套旨在模仿政治技艺的法律体系统治的城邦。就像《政治家》使我们预计到的那样，在这里，法治被认为是一种方法，它通过合法地固化人的类型划分来严格地组织社会行为。其主要目标是，把城邦居民永远地分进预先决定的社会地位或阶级甚至种姓（castes）中，以禁止他们之间的任何混杂，尤其是要分隔那些适合享有公民身份的人，和那些所从事的职业会败坏灵魂并使其从事者失去政治参与资格的人。通过在免于必要劳动的地主与要完成所有必要劳动的无地劳动者之间确立一种泾渭分明且由法律规定的区分，这一步将得到完成。土地将被细心地分配给预想的公民，而且完全不可转让。通过这种方式产生的地主阶级将可以使用他人的劳动，并因此有资格获得公民身份。尽管公民阶层既包含（动产）收入中等的人，也包含财富可观的人，但柏拉图实际上恢复了一种等级制土地贵族的统治，不同之处仅在于，现在其主要舞台是城邦而非“家庭”。剩下的无地居民，从奴隶和农业劳动者到工匠和商人，将没有政治权利。实际上，在依赖性和奴性方面，所有进行必要劳动的人与奴隶将难分伯仲。

柏拉图完全是处心积虑要颠覆雅典政制，他煞费苦心地将其民主原则替换成对立的贵族标准，这一点很快就图穷匕见。他甚至通过这样的方式来表

明自己的意图：表面上采纳某些雅典制度，如梭伦对财富等级的划分和克里斯提尼按部族的人口划分，并使它们顺应自己的反民主用心。例如，梭伦划分的各等级变得不再是为甚至最贫穷的等级赋予政治身份的方法，而是对他们的被排除状态的一种强化。新的分类仅仅将统治阶级按照其动产财富细分为四个部分，其余人口都被完全忽略了。

设计这种用法律固化的阶级结构，是为了使城邦较少依赖明智统治者的判断。把好的与坏的分开，就能尽量减少机运的作用空间，防范美德因高贵 78
与卑贱的混杂而受到玷污。尽管哲学的大部分工作将提前由一套严格的法律体系来完成，但在城邦的日常生活中，哲学仍将扮演主要角色。实际上，没有什么能比柏拉图对监督法律的夜间议事会（Nocturnal Council）的说明更能表明其哲学的政治意图。它与柏拉图的阿卡德米学园惊人地相似，参与哲学研究并重视数学、天文学和神学，然而，这个议事会显然是一个政治机构，在统治中具有核心地位，就像改革前的雅典战神山议事会。它可以像一个最高法院那样负责解释法律，像一个常设的制宪会议那样在必要时修改它们，它是公职人员的学校，还是一个道德监察官；作为法律的监护者，它的主要职能是保护严格的阶级体系，这个阶级体系对柏拉图而言就是合法性的本质。比起《理想国》，在《法篇》中更难以回避柏拉图哲学体系的政治意涵。

## 哲学与意识形态

现在，让我们回到《理想国》和下述问题：如果我们承认，柏拉图所设想的知识与美德具有鲜明而强烈的意识形态含义，我们应如何判断柏拉图的哲学体系？就我们对政治理论的把握而言，在西方哲学发展的这个奠基时刻，思考这个与柏拉图有关的问题，或许也将烛照我们的整个历史学事业以及一种“社会史”的内涵。

即使把《理想国》解释成首先是一场对个人灵魂的讨论，是一部关于知识获取的对话，而不是一部本质上政治性的著作，我们也无法对柏拉图设想的真正知识所要求的社会条件视而不见。即使城邦只是为了类比而出现，也并未减少这个事实的重要性：他是在这些条件中界定知识的。柏拉图的哲学理念论最终被证明是极其唯物主义的：真正的知识，即对于理念或形式的知识，有着非常具体的物质条件。物质上的人身自由，再一次成为真正知识的一个不可或缺条件，这不仅因为对于终极至善的知识而言，引向它的教育过程是漫长而艰辛的，要求闲暇时间，更因为一种从事必要劳动的生活会败坏灵魂，并使其不适合哲学事业。“苦役的生活已经扭曲和残害了他们的灵魂，正如其久坐的职业已经损毁了他们的身体”，[1]这些人若僭越地追求哲学，必然会
79 使哲学受到亵渎。

对我们理解柏拉图的哲学规划而言，所有这些意味着什么？如果我们承认其社会和政治含义，甚至其意识形态动机，是否就不得不贬抑他的哲学？即使我们承认其反民主用意，是否仍有可能（例如）从《理想国》中获得认识论和道德上的深刻洞见？以这样或那样的方式，这些问题成为我们与每一位也参与着政治的伟大思想家（西方正典中的所有政治理论家都是如此）相遇时不可避免地要面对的问题。

简单的回答是，无论对他们的意识形态倾向多么不同意，也不能迫使或允许我们无视他们观念的理论价值或悬置我们的智识判断。一种观念的历史性，甚至其党派性，并不妨碍它的超越自己时空或超出其创始者政治观点的重大意义和累累硕果。这里所欲进行的一种语境解读，其目标不是凭借这些观念的意识形态源头或意图来败坏或认可它们，而是通过辨认理论家面对的突出问题，以及这些问题从哪些角度受到辩驳，来更好地理解它们。这种解读的另一个优点是，使我们能够与自己未经检验的假设保持一段批判的距离。承认这些观念的历史性，不是我们对它们进行评估的终点，但这肯定是一个有益的起点。为了把握哲学家们的回答，我们需要理解他们所处理的问题，这些问题是历史地形成的，尽管理论家可能很大程度上在寻找一个普遍的答案。

普遍性观念自身也有一个意义变化的历史，这些意义扎根于特定的社会条件并浸淫于意识形态之中。例如，柏拉图的普遍真理观念与启蒙运动的普遍主义就相去万里；而哲学实质的分殊不仅根源于不同的历史条件，还根源

---

1 《理想国》，495d—e。

于相异的社会和政治动机。典型希腊的对普遍真理和哲学理性的认识，成长于一种独特的社会和政治经验之中。当柏拉图处理他之前的思想家已经提出的关于普遍真理的存在，以及是否或如何能认识它们的问题时，这些问题不只是作为哲学问题，也作为实践问题、政治问题而把自己摆到了他面前。我们无须坚持柏拉图的动机纯然是政治性的，以此来确认其理性和普遍真理 80
的观念以何种方式从他与民主政治的交锋中产生。他非常清楚自己哲学的实践意图，还有政治在实现好生活（这是哲学探究的标的）上的核心地位。所以，对他而言，理性与真理问题直接和本质地是政治性的。

在民主文化中，真理的本性以及人接近它的门径，有一种特殊含义，民主文化赋予人类理性一种在决定人类命运、审判权威，乃至创造权威上前所未有的地位。柏拉图的哲学使命，不仅是由他与毕达哥拉斯或巴门尼德等思想家的论战所推动的，也是由他与民主政治、它的权威观念，以及它对无论来源何处的所有意见的一视同仁的对质所推动的。尽管他的解决方法直接反对民主的理性与真理观念，却仍是典型希腊式的。他并未否认理性的力量。甚至可以说，理性作为更高的普遍真理的向导，变得更为有力了。但是，他重新界定了它的专门对象，并通过这种做法实际上把真正的理性置于芸芸众生不可企及之处。尽管他有反民主动机，然而，谁能否认，他对民主文化的斗争是大有裨益的，谁又能否认，他关于知识性质的论辩，不可估量地受到了寻找一种超越短暂无常的经验现实的真理这种努力的推动？

尽管带有强烈感情的介入常会压倒批判能力，但这也是人类创造力的最可靠源泉，若我们以承认这一点为起点，就不会误入歧途。从艺术到科学与哲学，很难想到任何对人类文化的持久贡献，不是被某种激情推动的。在政治理论这个实例里，似乎很有理由认为相关的介入是政治性的；也许是一种尽管有限定的对社会正义的强烈情感，或者甚至是某些不那么高尚的情感，如对失去权力的恐惧，或保卫某个阶级利益的动力。如果我们仅仅指出，甚至在哲学家们外表上最抽象、最中立、最普遍主义的观念里也隐藏着政治信念，这对他们并不公平。但是，如果我们认定，任何宣称自己是中立或普遍主义的观念都不会同时服务于党派利益，并以此来逃避这个问题，也同样对他们有失公允。

81 同时，我们还应认识到观念与语境之间关系的复杂性。即使我们想主要按政治标准来判断柏拉图的哲学，也必须认识到它与雅典民主之间纠缠不清的联系。尽管（或者更准确地说，因为）他对希腊理性主义的阐释和他的特定种类的普遍主义，都是从刻意反对盛行的民主文化中产生，然而（所以），他的哲学进路是同等地由民主和他本人的贵族倾向所决定的。

## 亚里士多德

有人（最著名的是塞缪尔·泰勒·柯勒律治）说过："一个人注定要么是柏拉图主义者，要么是亚里士多德主义者。"这个观察可能更多指涉气质而非哲学，但他们在哲学风格上也确实存在差异。在某些方面，这两位哲学家看起来着实代表着对立的两极：柏拉图的抽象理念论，对亚里士多德的唯物主义或至少是他对物质世界的持久兴趣；柏拉图的苏格拉底式"对话"方法，对亚里士多德的"技术"进路；柏拉图眼望天空与纯粹的、无形体的形式，寻求用天文学和数学把握的知识，对亚里士多德脚踏生命体和非生命体所属的物理世界，即物理学和生物学的世界；柏拉图对绝对、永恒、普遍真理之优先地位的坚持，对亚里士多德对运动和变化的专注，他对习俗意见的同情理解和他的实用主义；柏拉图强调美德即知识，对亚里士多德降低门槛，承认普通和非哲学的美德、优雅举止与中庸之道。从一种略有不同的角度看，更脚踏实地的亚里士多德看起来是位更为中立的学者，一位冷静的逻辑学家和有科学家气质的人，对柏拉图的写作风格表明了他的艺术家脾性，同时他的政治情感表现在从认识论开始的每一个哲学层面。

无论我们怎么看待他们，这两位哲学家都显示出了鲜明的对比。我们随后会至少简要地思考下某些对比，但或许有必要首先确认他们对本书所提倡的政治理论的社会史可能提出的挑战。我们会主张，无论还有其他什么东西使这两位哲学巨匠区别开来，他们的社会价值观与政治信念从任何方面看实际都是一样的。他们都站在贵族价值观的立场上反对雅典民主。这样，我们
82 岂不是很难反驳下述论点：如果对这些伟大的政治思想家来说，政治与哲学之间的联系如同我们所说的那样紧密，那么同样的政治信念和社会意识形态

会产生本质上相同的哲学？或者，如果政治或社会观点与哲学之间的联系是如此易变、如此缺乏所谓的预测价值，难道我们就没有资格质疑这种社会—历史路径的有用性？

到目前为止，这里所主张的观点并不会为一种过分简化的解读，即对政治理论的语境分析所要求或承诺之物的解读而辩护，哪怕这种简化解读非常重视理论家的政治社会倾向。但是，或许仍有必要强调几点。显而易见，任何意识形态都可以用形形色色的理论策略予以维护，但这并非关键问题。毋宁说问题在于，对于真正伟大和创造性的理论家而言，历史语境和政治信念并不是作为现成的答案，而是作为复杂的问题呈现在他们面前。一种历史性和政治性的经典解读肯定无法预测思想家的理论解决方案。它只能烛照理论家试图给出一种解答的问题，以历史具体的形式被提出和争论的问题，以此在事后阐释这些解决方案，而这肯定是大有裨益的。

同时，一样显而易见的是，无论在时空上多么接近，没有两个语境是相同的，更不用说气质、个人经历、家庭背景和教育的差异。柏拉图是雅典公民，而亚里士多德是雅典的外邦人，来自马其顿斯塔吉拉的侨民。就此而言，柏拉图的哲学已经属于亚里士多德构思自己观念的历史语境。还有政治时刻上的一个关键区别，柏拉图的著述是在伯里克利民主的黄金时代之后，但也是贵族衰落的时刻，相形之下，亚里士多德的语境是马其顿霸权时期，当他思考城邦时，这一点完全呈现在他脑海中。马其顿对希腊的征服，实际上标志着城邦作为一种独立政治形式的终结，但亚里士多德在帝国环伺中看到了其新的可能性。在一种放肆的民主看起来已经取得胜利的时候，柏拉图的贵族权威主义是渺无希望的和怀旧的，但是，仅隔几年后，亚里士多德就可以想象一种比雅典民主更合适的政治体制，它会由马其顿的驻军加以照看和强制实行。

亚里士多德生于公元前 384 年，名门之子。他的父亲是马其顿国王阿敏
塔斯三世的御医。这位哲学家很可能在王室中受抚养，并开始了与小他两岁 83
的王子的终生友谊，王子后来成为希腊的征服者腓力二世。亚里士多德成长的政治环境（斯塔吉拉的寡头制和马其顿的部落王国）非常不同于民主雅典；而亚里士多德首次接触雅典民主是通过反民主的媒介，即柏拉图的阿卡德米学园。为了躲避随阿敏塔斯之死而来的血腥宫廷斗争，他于公元前 367 年到

这里学习。他似乎一直当着教师，直到柏拉图逝世的前一年，即公元前 348 年，他大概因为雅典的反马其顿情绪日益高涨而被迫逃亡。虽然证据不足，但据传闻，他在公元前 343 年或前 342 年至前 340 年担当腓力之子，即未来的亚历山大大帝的家庭教师。他很可能还承担了腓力交付的其他任务，如在最终征服希腊（公元前 338 年）前与各个城邦进行谈判。

这位哲学家于公元前 335 年重返雅典，那是在腓力遇刺和亚历山大镇压各种叛乱（其中包括雅典的一次）之后。此时，亚里士多德是作为马其顿统治集团的一员到来，并得到了当地贵族—寡头派的支持。他生活在好友和庇护人安提帕特的保护下，后者是亚历山大的希腊独裁总督。在之后的 12 年里，这位哲学家在雅典生活和教学。著名的吕克昂学园，严格来说是他的朋友和学生泰奥弗拉斯托斯创立的，但它本质上是亚里士多德的智识创造，正如阿卡德米学园于柏拉图一样。亚历山大死时，亚里士多德不得不再次离开雅典。翌年，作为财产远比柏拉图多的有钱人，他逝于卡尔基斯，其遗嘱执行人是安提帕特。几年后，雅典的新统治者法勒隆的德米特里奥斯，亲马其顿的贵族—寡头派中的雅典人，泰奥弗拉斯托斯的学生，或许还是亚里士多德的学生，他本人似乎曾在吕克昂学园讲学，是一个有点像哲学王的人物，按照亚里士多德及其哲学后继者的精神发起了政治改革。

因此，亚里士多德可能比柏拉图更直接地介入了他那个时代的政治。尽管他从未直接参与日常政治活动，但他肯定更接近权力。然而，他的介入以相当不同的形式在其哲学中表现出来。我们已经见识了，柏拉图如何攻击民主文化的真正基础；他如何用自己的认识论和美德即知识的原则，试图把为民主辩护的知识与美德概念连根拔起。他那唯有哲学智慧能够接近的绝对
84 与普遍形式的更高现实，意欲替换作为习俗意见对象的流变世界，一个不存在比普通公民的寻常美德更高之善的世界。亚里士多德质疑柏拉图关于真理和认识过程的观念，拒绝把形式概念作为一种独立现实，同时赋予习俗道德和实践智慧很高价值，它们不需要某种特殊的哲学洞察也可以得到。在这方面，他看起来更靠近普罗塔哥拉。当然，在反对智者那种认识论和道德相对主义上，他与柏拉图并无二致。但是，他严厉批评柏拉图未能正视变化与运动的现实，认为柏拉图式的形式理论尤其于事无补。依亚里士多德的见

解，尽管事物的自然状态是停止，且万物都朝向静止状态，但世界也处在持续不断的运动中。在他看来，迫切需要一种能够解决变化与运动问题的知识形式；而柏拉图不变的形式似乎脱离了特殊事物与感觉经验的变化世界而独立存在，这种形式理论对那种知识全无助益。

对亚里士多德而言，每种都是质料与形式的复合体，尽管在概念上有所区别，但质料与形式总是同时存在，且必须放在一起研究。他同意柏拉图的观点，即通过变化得以持存的形式是知识的专门对象，并且我们可以区分开普遍的形式与具体的特殊事物。但对亚里士多德来说，这意味着，知识的主要目标不是放弃自然世界，去寻求一种更高的、不变的现实，而是在一个变化的世界中发现永恒不变的自然**秩序**。与其逃离特殊事物的世界去冥思普遍的形式，不如从特殊到普遍，通过研究特殊事物，研究我们栖居其中而且最了解的变化世界来探究普遍性，以此获得知识。这种知识观不仅重视观察到的事实，而且重视普遍持有的意见，在这方面，它同柏拉图把经验事实、意见和知识、真理对立起来的观点有着根本不同。既然那种对立观处于柏拉图道德和政治哲学的中心，尤其是处于他对民主的挑战的中心，那么，我们似乎可以期待从亚里士多德的伦理学和政治理论中看到相应的不同。

像柏拉图一样，亚里士多德否认对错标准仅仅是习俗约定，但他认为，我们无法发现严格绝对的法则。不存在唯一的至善形式，没有放之四海皆准的唯一定义，即使有，那种能够把握它的知识也无法帮助理解日常生活中我们接触到的特殊的善。那种知识无法把一个人变成更好的工匠或医生；它也无 85
法确保一种道德上的好生活。道德更多与习惯养成而非哲学学习有关。亚里士多德确实区分了理智美德和伦理美德或品行美德；他还区分了两种理智美德，即理论智慧与实践智慧，并在此基础上把冥思或“理论”作为最高美德。但是，伦理学如医学一样是实践学科，而不是理论学科，其宗旨是行动，而不仅仅是理解。在对善进行规定时，我们只能从经验中给定的事物及其一切混乱和不确定性着手，并尝试着达至某种合乎理性的普遍判断。这意味着，我们必须考虑习俗意见，并尽可能多地吸纳时兴的道德。当然，引导我们走向好生活的实践智慧，既是一种理智的品质，又是一种实践的品质；最好、最完整的的生活，也就是人之真正本性的完满，不仅包括身体的善，还包括灵魂的善，即冥思的生活、理性的生活。但是，道德美德并不是柏拉图意义上的知识。它是某种更接近于柏拉图会称之为正确意见的东西。

亚里士多德的美德，其最一般、最普遍特点是固守每种品性的中间。每种实践、每种性情都有其过与不及；道德上的好人就是自始至终表现出中庸性情的人，而（亚里士多德这里的论证有某种循环）具有实践智慧的人将会规定什么是中庸。他的道德原则更像是普遍的经验法则，而不是抽象的绝对。然而，他就有美德之人所具有的品性告诉我们的一切，已经足以表明美德与贵族是多么密不可分。最重要的四种伦理美德，即慷慨、恢宏、野心与其阙如之间某种难以命名的中庸，还有“美德之冠”：伟大灵魂或高尚心灵，这些都是富贵人才能获得的品性。按照定义来看，灵魂伟大的人尤其是一个贵族，后者的品性包括（正当的）优越感、骄傲、自信，甚至傲慢。他之所以能够关心“伟大崇高之事”，是因为他（像柏拉图的哲学本性一样）从与工作谋生联系在一起的琐碎而鄙俗的事务中解放了出来。在仿佛出自贵族举止手册的一个段落中，这位哲学家写道，“一个心灵高尚的人”

> 有正当理由轻视他人，因为他对他们的看法是正确的，但普通人这样做
> 86 就不合情理……他会向有地位、有财富的人显示自己的优越，却不对财力中等的人摆派头。因为优于前者是困难和值得骄傲的，而优于后者易如反掌。此外，在贵人中显示自己的尊贵并不会有失体面，但在低下阶级中这样做，就会像对残疾人展示自己强壮的人一样粗鄙。他不会追求普通人重视的东西……除了朋友外，他不会迎合别人，因为这样做是奴性的。这就是为什么……所有阿谀者都是奴性的，而所有低下阶级的人都是阿谀者……他更愿意拥有美丽而珍贵的物件，而不是有利可图、有用的物件，因为前者更能标示他的自足。[1]

这位哲学家随后罗列了气派的要素——步态平缓、语调低沉、讲话深思熟虑、不急不躁，这些都是灵魂伟大之人的标志。读者可能会记得，在《雅典

1 《尼各马可伦理学》，1124b5—1125a16，马丁·奥斯特瓦尔德（Martin Ostwald）译。

政制》中,亚里士多德(如果确为其作者的话)挑明,缺少这种优雅气派是民主派领袖克里昂的主要不足。看起来,粗野是一种严重的道德缺陷。

## 亚里士多德的《政治学》

亚里士多德所敬重的道德习俗,显然更多与贵族准则而非民众道德有关。但事实仍然是,他远比柏拉图更愿意将习俗意见纳入考虑,不仅有贵族的习俗意见,甚至还有“中间”一类人当中的习俗意见。这一点反映在他的政治学中,但这不是说,他对民主的态度和对贵族寡头制的偏爱没有柏拉图那么露骨,而是说他提出了柏拉图从未认真面对的一些问题,部分原因可能是这位年轻些的哲学家更希望看到他的原则付诸实践。正如在科学与形而上学的研究路径中,亚里士多德牢牢把握住变化与运动的物质世界,而不是立刻就盯准超越凡俗现实的世界,同样,在政治理论中,他也并不仅仅寻觅理想国家,而是探究实际存在的城邦的运动和动乱之根源,并给出矫正的建议。

根据统治者的数目,亚里士多德枚举了几种不同的城邦形式:君主制、贵
族制和共和制,以及它们的变态:僭主制、寡头制和民主制。与这种分类伴随 87
的还有另一种分类,即不同权威形式之间的区分:专制的、家政的、帝王的和政治的,这个分类在他本人的政治理论中作用较小,但我们在后续章节中将看到,它在中世纪哲学中会占据更突出的地位。当他试图辨识内乱的主要原因时,他主要关切希腊国家的两种主要类型,即民主制和寡头制,他不仅用某种抽象理念来判断它们,而且考察了需要何种防护措施减少引发冲突和政治失序或内乱的压力,以此维续每种实际存在的形式。

为了理解亚里士多德建构自己政治理论的眺望点,我们可以参照本章较前和第一章中所讨论的内容来思考它,即城邦尤其是雅典城邦的独特发展,以及它就一般层面的社会秩序维护和特殊层面的有产阶级地位所提出的十分特殊的问题。由特定的社会条件所提出的历史具体的问题,如何为哲学设定议程并塑造某个观念体系赖以建构的模版,这就是一个鲜活的例证。

城邦有两个基本且相关的特点尤为突出:在一个联合了地主和农民及其

他生产阶级的公民共同体中，统治者与生产者之间不存在明确分野；缺少一个强大的国家机器代表有产阶级维护秩序、维持他们对生产者的支配。在其他前资本主义社会中，占有者要么直接被组织进国家，如古代的官僚制王国；要么有能力依靠国家权力维持自己的统治地位并镇压从属生产者的动乱。还存在其他情况，特别是在封建西方，那里的统治阶级一度缺少强大的中央国家实行管理。但是，即使一个强大的军事化统治阶级，也无法一劳永逸地消弭动乱威胁。封建领主的燃眉之急是创建统一权力，以保护自己，以冲抵阶级内部冲突的离心力；封建主义的“分割化主权”让位于国家的中央集权进程。尽管现代欧洲国家的标志性特征是君主与有产阶级之间的紧张，但它仍是保护财产和阶级统治最好的可行办法，并因此得到了欧洲统治阶级不情愿的程度不一的接受。

如我们所见，在古希腊，一个组织松散的有产阶级从未拥有这样一种国
88 家供其支配。在前资本主义历史中，城邦是一种凤毛麟角甚至举世无双的情况：那里的有产阶级因为各种历史原因，不具备维持自己的财产权和占有权力所需要的军事优势和政治优势。相反，荷马时期之后的地主被迫通过各种政治妥协来维持社会秩序和保护自己的财产。梭伦和克里斯提尼的改革展示了，在不存在一种明确的阶级统治的情况下，在一个占有者与生产者作为个人和阶级、作为地主和农民，而主要不是作为统治者和臣民而直接面对彼此的公民秩序中，古代阿提卡独特的阶级关系如何得到管控。无须假定这些改革者被对民主的同情所驱策，我们也可以认识到，古代城邦的社会权力配置如何迫使他们与平民妥协，如果想维持公民秩序的话，确切而言，如果富贵人想保住自己地位的话。

可以将亚里士多德的政治理论置于这一绵长的政治传统中。正如现代早期的欧洲政治理论是由地主、农民和君主国之间的三重关系所塑造，亚里士多德的理论也同样在回应城邦及其殊为特别的社会权力配置所抛出的特定问题。他清楚表明，自己与柏拉图一样，对统治者与生产者之间的明确界限情有独钟。但是，当涉及实际存在的社会秩序及其独特的阶级结构时，他感到有必要像雅典传说中的改革者们那样，思考何种政治妥协能够从危及城邦生存的社会冲突中挽救城邦。如果我们谨记，他关于现实世界中可能的政

治秩序的概念中总是充斥着统治与生产最好分离的信念，我们就能更好地理解他。在他明显青眼有加的国家中，如埃及或希腊的克里特，都存在类似的划分，例如军人阶级和农民阶级的分离；而在他的理想城邦蓝图（稍后我们会回来讨论）中，他提出的正是这种划分。[1] 但是，在应对理想在其中得以可能的现实时，他在这个原则上做了妥协，同时一直对它念兹在兹。

其后，亚里士多德指出，在两种主要的城邦政体形式里，内乱的一般原因是不平等，具体而言是富贵者与平民之间的冲突，近来尤其如此。这些社会 89
冲突在政治上表现为不同的正义概念，一种民主性的概念要求平等，而一种寡头性的概念坚持不平等，或者换种说法，这是两种对立的平等概念："数量的"平等和"比例的"平等，或数学的平等和几何的平等。这位哲学家认为，在相互平等的人之间的确应该奉行政治平等，而不平等的人也应有不平等的政治权利。但是，无论民主派的概念，还是寡头派的概念，都是不完整的，因为它们忽视了平等与不平等的真正标准，即品性，在真正的正义里，是这些品性正当地规定了每人应得之物。民主派一方假定所有出身自由的人是平等的，而寡头派一方把财富作为不平等的尺度。但是，真正的正义要求，政治权利与官职应当根据人们对于实现国家根本目的所做的贡献而相应地有所不同。那个目的不是单纯地活着、物质繁荣或安全保障。尽管国家确实服务于这些目的，但它的根本目的是真正好的生活。所以，在真正的正义里，荣誉和官职应当按照公民美德原则分配，而与财富或自由出身无关。然而，尽管寡头派和民主派的概念都是不完整的，但寡头派信奉的比例平等是不完整的正义概念里最好的，它更趋近于完整形式，而作为数量平等的民主派的正义概念无疑是最坏的。

既然富人与穷人将一直存在，在民主制和寡头制中就总会存在相互冲突的正义概念；因此，必须找到方法控制由这种无法逃避的现实滋生的冲突。在各种寡头制中，还存在着寡头统治阶级内部冲突所提出的问题。同时，正如我们所见，富人和出身高贵者有得天独厚的条件追求好生活，而那些身体和灵魂都受缚于工作之必需的人对此可望而不可即。这意味着，对亚里士多

1　《政治学》，1328a—b。

德来说，两种情况下的根本目标都是，用高贵富裕的少数人的自然优势及其在任何类型的国家中的关键地位来保护甚至增强他们。平息内乱的举措绝不可超出维护稳定所必须的最低要求。他给出的一般处方是寡头原则与民主原则的一种审慎混合，其形式依环境而有所不同。为了避免内乱，或许需要向民主让步，但这个设想仍明显是偏向寡头的，因为在寡头贵族中至少还
90 会找到一些有美德之人。

“可实现的最好”城邦，也就是“共和制”[polity，politeia 的英语写法，这里亚里士多德在一种比通常翻译为“政制”(constitution)的一般术语更为狭窄的意义上使用它]，它正好是这样一种混合，在其中尽管存在一些民主因素，但寡头原则的实际优先性是一目了然的。财产成为一种获取积极公民身份的资格，甚至在公民大会成员身份上也是如此；财产不多的独立农民可以被吸纳，他们还可以作为重装步兵构成战斗要素，这是共和制的砥柱，而普通的商贩、工匠和雇佣劳动者则没有资格。当亚里士多德描述民主制和寡头制的最好形式时，最终表明它们非常像共和制；而且，即使在民主制中，财产中等的可靠公民、中间的独立农民的地位也会受到限制，亚里士多德说，因为这种人“没有大量财产，忙于营生；并……因此没有时间参加公民大会”，[1]这再好不过，因为政府实际上会被集中掌握在高贵者和富裕者手中。

在《政治学》编号通常为7、8的两卷中，在理想城邦的不完整蓝图里，这位哲学家的政治价值最一览无余地表露出来。这个理想城邦与共和制之间，更确切地说，与寡头制或民主制的最好形式之间有一些重要的相似之处。但是，一些根本原则得到了更清楚的阐明。特别是，这个草案建立在一个根本前提上：

> 像在其他自然复合物中一样，在国家中(存在着“条件”与“部分”的区别)：条件为整体之存在所必需，却不是它所服务的整个体系的有机组成部分。由此得出的显而易见结论是，我们不能把对一个国家或其他形

1 《政治学》，1218b。

> 成一个整体的联合而言必不可少的要素，当成这个国家或这类联合的“部分”。[1]

在柏拉图的《政治家》中，我们曾邂逅类似的原则，他在治国技艺与其他从属的——“次级”和“协助”的——技艺之间进行区分，这使所有为城邦日常需要而工作的人被排除在公民身份之外。亚里士多德的理想城邦，也同样把这些 91
人归入城邦之必要“条件”的范围，而非其必不可少“部分”。他声称“国家是平等人的联合，也仅是平等人的联合”，然而，现在他明确表明，即使在一个理想国家里，平等的相关标准也说到底是一种社会标准：他似乎暗示，我们必须总是假设，那些从事必要工作的人无法对城邦根本的、更高的目的做出贡献。这个推定必定总是有利于那些其物质条件和社会地位使他们适合追求好生活的人，无论他们实际上是否实现了好生活或对它有所贡献；他们是城邦的必不可少部分：

> 由这些原则可以明确得出，一个具有理想政制的国家（这个国家的成员是绝对正义之人，而非依据某些特殊标准才成立的正义之人）不可让其公民操持工匠或商贩的营生，这是卑贱且有碍善德的。也不可让他们躬耕田垄：无论对善德的成长还是对政治活动的追求而言，闲暇都是一种必需。[2]

当然，有些必要职能不在上述政治排斥之列：统治职能本身，即军事的和审议的职能。这些职能在某些时候是分离的，仅仅因为年轻人该从事战斗，而审议最好留给更有经验的公民——老人。但是，它们共同构成统治权之行使，且必须由有产者来履行，绝不允许从事其他必要技艺的人染指。农民、工匠和短工也不许担任祭司。国家应当划分成各阶级，农民阶级与军人阶级尤其应该分清界限。实际上，所有耕作都应由奴隶或农奴完成，由非希腊人完

1 《政治学》，1328a。
2 《政治学》，1328b—1329a。

成更好。

纵然亚里士多德对柏拉图的政治理论有百般指责，他自己的理想国家与柏拉图的“次好”城邦之间的相似性应该已然大白于天下。这种相似性绝非偶然。它们的亲缘关系甚至表现在一些具体建议中，如亚里士多德提出，每位公民应当有两块土地，一块靠近市中心，另一块在边郊，这和其他措施一样是他从柏拉图《法篇》中直接借用的。这个城邦，对亚里士多德而言可能是无法实现的理想，而在柏拉图看来不过是“次好”，但这并未告诉我们，他们在反
92 对民主或信奉贵族原则上究竟有何不同。它更多告诉我们的是，他们每一个给自己设定的任务的不同，以及他们每一个在思考城邦时所处的极为特定的历史时刻的不同。甚至亚里士多德对其先师的批评，也往往是由他们共享的价值推动的，提出这些批评的原因是，柏拉图的一些提议，例如他在《理想国》中对财产的看法或对妻儿共有的想法，会危及而不是促进这两位哲学家都想实现的目标。这些提议不仅无法施行，而且易于淡化人们的区别，降低自足性，而这两者乃城邦之根本。

## 《政治学》与自然

我们还必须思考，亚里士多德的反民主情愫（尽管在论及现实世界时显得较为克制）如何贯穿于他最根本的观念，甚至贯穿于他最具分析性或描述性的“科学”之中。在《政治学》开头，正如他在别处研究其他自然现象那样，他列出一些基本定义，并运用“分析—溯源”方法来研究政治学。在这里，他的政治倾向已表露无遗，而当我们从《政治学》转向非政治学著作（其哲学和科学方法在这里得到发展）时，也很难回避渗透其中的政治预设。

在《政治学》开篇，亚里士多德界定了各种基本的人类联合形式，其中城邦为最高形式。与人性的不同方面相对应，每种形式都有自己的特定目的（telos）。最基本的形式是家庭，它解决生理必需，即日复一日的生命需要。之后到来的是家庭的联合：村落，它为物质必需的满足贡献力量，但也解决某些超越日常需要的事情，在某种意义上，它是通往城邦这一最高形式的桥梁。城邦，尽管也涵盖了前两者的功能并有所增加，其独有目的却是人之本性的

实现。在它由其他自然联合发展而来的意义上,它是自然的;但更重要的是,在它是人之发展的完满实现的意义上,它是自然的。“人自然地是一个城邦动物”,一种愿意在城邦中生活的动物,因为只有在城邦中,他才能实现自己作为一个理性和道德存在者的目的。

在与家庭的联系和对比中,城邦的本性得以界定。家庭以三种主要关系为特征:主人与奴隶、丈夫与妻子、家长与孩子。它在本质上是等级制和父权
制的,其特征是根本的不平等。这位哲学家一开始就摆出了自己的自然不平 93
等理论,其前提是存在一种在整个自然中运行的统治与服从原则,并且灵魂统治着身体。在这方面,他同意柏拉图知识论和宇宙论中根本性的二元论。亚里士多德接着说,尽管奴隶、女人和孩子具有灵魂的不同部分,他们却是以不同的方式具有这些部分的。女人具有慎思的能力,但不是以完整形式;对孩子来说,它也是不成熟的。因此,他们自然地从属于家里的男人。但是,也有些男人身体孔武有力,而其理智只是能遵从他人理性的命令的水平。由此可知,一些人自然适于统治,而另一些人自然适于被统治;一些人自然是自由的,而另一些人是自然奴隶。既然主人是理性的存在者,那么,奴隶的从属状态对各方而言都是正义和有利的。

在用自然不平等为奴隶制辩护上,亚里士多德超过了大多数希腊人,甚至超过了罗马人。古人试图用另一种通常纯粹实用的理由为奴隶制辩护,但基于个体或种族之间固有差异的自然奴隶制观念,似乎从未被广泛接受。这位哲学家的辩护,其独特性当然显而易见,但注意到这点也很重要:对他来说,当不存在这类固有不平等时,统治者与被统治者之间的自然划分也照样有效。即便等级制原则不对应人与人之间自然天生的不平等,它仍是自然的。他的政治理论实际上需要一种统治者与被统治者之间的自然等级制原则,它不仅适用于主人与奴隶的关系,或者进而男人与女人、成人与孩子的关系,还适用于贵族与平民、闲暇的少数与劳作的多数的关系。为了扩展这种等级制原则的范围,亚里士多德像柏拉图一样,不仅仅依靠人们之间固有的根本差异来为适于统治的人与应该被统治的人之间的严格分野辩护。即使没有这些实质性的固有不平等,被劳动生活束缚于必需的人(这样的人必定总是存在)也不可能具备统治所要求的那些灵魂品性。

诚然，亚里士多德明确区分了奴隶和自由手艺人，理由是他们的受奴役程度不同，手艺人更少受缚于主人；奴隶自然就是奴隶，但手艺人并非自然成为这样。但是，这位哲学家由此得出的结论仅仅是，主人有义务让奴隶培育
94 力所能及的有限善德，对自由人则不负有这种义务。这最终表明，在确立亚里士多德的政治原则上，自由手艺人与奴隶之间的差别没有他们各自状况的相似重要，特别是他们在供给生活必需品这种功能上的相似。在某种意义上，“物质的”一类人与那些其生活条件使他们适于统治的人之间的分野，并不比自然主人与自然奴隶之间的分野更少奠基于自然。

为糊口而劳碌的人们，无论是从事农业、商业还是手工业，都缺乏实现人之本性所需要的闲暇和精神自由。他们受必需奴役，这使他们在有助于实现国家的根本目标、国家的自然目的的人与仅仅服务其基本需要的人之间的分野中处于低劣一方，尽管亚里士多德承认，在实践上有时必须对自由出身的“物质”人做出政治妥协。对比家庭而言，城邦是且仅是自由人的联合；然而，家庭中确立的等级制原则，对城邦中各种关系的界定也是关键的。平等与不平等的标准（在亚里士多德看来它与政治权利分配相应）产生于家庭中确立的必需原则与自由原则的区分。

家庭还以另一种方式为政治权利设定了条件。在讨论家庭时，亚里士多德给出了自己对财产及财产获取技艺的看法，在界定合适的统治阶级的特征上，这些事物具有根本性。严格说来，家政技艺关涉对生活和逸乐必需之物的使用而非获取。但家政技艺自身必定涉及获取，或者更准确地说，涉及对获取过程的监管。因而我们必须区分“自然”的获取形式与不自然的获取形式，前者与获得和保管家庭所需之物有关，而后者的目标是生钱，是贩卖获利。确实存在一些正当的交换形式，通过它们，家庭可以从他人那里获得不为自己生产的东西，甚至可能有所获益。然而，因为其目标不是金钱收益，它们在某种意义上属于家政的外延，或者，无论如何，它们代表着一种更为自然的牟利形式、获取技艺。不自然的牟利，即主要为敛财而交换，所涉及的是获取金
95 钱，而与幸福或“真正的财富”无关，这种交换正日渐风靡。

亚里士多德在此处做出的一种区分，会在许多世纪后结出理论果实，并很好地阐释了一种由其特定历史语境乃至由特殊社会价值观塑造的观念，如

何能够远远超越自己的时间、地点和意识形态。“所有财物,”他说,“都有两种可能的用法……一种用法于财物是恰当的和独有的;另一种则不是。”[1]举例言之,一双鞋可以穿在脚上,也可以用来交易获利。再具体些说,为使用而生产和为交换获利而生产之间存在区别。为自己使用而生产一双鞋,或仅为必要的金钱或食物而拿它交换,这是一回事,为了牟利而生产一双鞋,这就是另一回事了;而且,这两种生产形式会产生大不相同的结果。一种与目标有限的获取相连,而另一种在原则上是无限度的。卡尔·马克思将出于截然不同的目的而发展这个区别,但对亚里士多德而言,它的基本作用是确立自己城邦观念中充斥的贵族原则。

随着论证展开而水落石出的是,这位哲学家的政治倾向甚至体现在他最基本和外表中立的定义中。即使当他发展自己关于各种联合的定义并用分析—溯源法研究它们时,我们也能对恰如其分地组成城邦的“平等人”形成一幅画面。他们首先是父权制家庭的头领,进行监管但不事劳作,而奴隶做必要工作。既然真正自然的获取形式是从土地和动物上获取,政治阶级就理所当然他是地主阶级;而且,如欲真正实现城邦的目的,他们的财产需足够殷实,能够使自己从工作需要中解放出来。他们的财产也不应通过充满铜臭的商业手段获得。膏粱子弟的世袭财产无疑是最干净的财产。那些操弄“不自然的”牟利方法、从事贩卖或如高利贷这样的其他生钱方式的人,还有参与必要劳动的人,尽管对政治领域的维续可能是重要的,但都不真正属于政治领域。在不同的环境中,亚里士多德会对这些原则做出不同程度的妥协,但这个事实并不使这些原则在辨明亚里士多德社会价值观和政治倾向上的重要性有任何失色,即使在最实用主义的提议中,他的社会价值观和政治倾向也发挥着作用。

要把他的非政治理论与政治学分开更是困难重重。正如我们所见,《政 96
治学》的论点是深思熟虑地从某些基本原则出发的,而这些基本原则源自他的一般性自然理论。亚里士多德研究自然的目的是为了解释,在一个万物倾向于静止的自然世界中,何以存在持续的运动这一反常。他试图发现变化过

1　《政治学》,1257a。

程中始终如一的秩序原理。对他的解释而言，有两个主题是根本的：一是目的观念，或者说每个过程趋向的目的观念，二是自然秩序的固有等级。

当谈及人造物体的目的或“终极因”时，我们指的是创造它们的工匠有意识、自觉的目的。但是，即使在自然界——那里不存在有意的目的，不存在从外面控制自然变化的神性理智（这里亚里士多德再一次倾向于和柏拉图不同，后者有时似乎在暗示一种神性理智），我们仍可以谈论这样的“终极因”。在自然界，目的内在于物体自身，内在于最终状态——自然的成长和发展过程“为了实现”的最终状态，如橡树是橡子的目的；而每种不成熟的物体或动物，包括人类孩子，都潜在地是其成熟时会成为（或应成为）的东西。此外，这些过程尽管并非有意为之，却不是随意的，而是有序和规则的。如果事情走错方向，有可能产生不同的结果，但自然中的每一事物、每一存在只有唯一一个真正的目的。当亚里士多德发展有关人的目的和实现它所必需的政治条件的观念时，他如何把这个原理应用于自己的政治理论已经显而易见。更加显而易见的是他第二个原理的政治用途：自然中无处不存在一个统治部分和一个被统治部分。亚里士多德坚称，自然秩序普遍是等级制的，万事万物所朝向的静止状态趋向于形成一个巨大的存在之链，在其中，每种自然存在者从最高到最低各得其所。城邦必须按自己的方式反映这种自然等级制。

自然“科学”与政治学何者在先，或者更准确地说，何者有压倒性力量，这或许很难断定。这位医生之子无疑很早就表现出了伴随终生的科学兴趣，特别是对生物学的兴趣，这些也无疑在不断塑造着他在每一种领域中的思索。但是，也有可能亚里士多德的自然观念受到了他对社会政治等级的偏好影响。无论如何，这里的问题不是我们能否厘清亚里士多德思想或任何其他复
97 杂难懂之人的思想中盘根错节的因果顺序。如果说在他的哲学中，贵族原则既统治自然秩序，也统治政治秩序，这就足以让我们承认，无论在科学思考还是在政治思考中，他试图回答的问题都既是自然环境向他提出的，也是社会
98 环境向他提出的。

# 第三章　从城邦到帝国

## 从亚里士多德到亚历山大

普鲁塔克在对亚历山大大帝及其功业的一段记载中写道，亚里士多德建议他的这位学生对希腊人和野蛮人区别对待，要作为领袖或盟主对待前者，而对待后者时要表现成一个主人、一个专制者。普鲁塔克说，亚历山大正好背道而驰。他拒绝把人划分成希腊人朋友和野蛮人敌人，他只区分好人与坏人，而不论其出身。有人说，亚历山大实际上创制了“世界城邦”的观念，它在斯多亚派哲学中得到了理论表达，它用一个普世的人类共同体取代了城邦，并通过强调人类的平等和兄弟情谊来对抗城邦的特殊主义。

无论亚里士多德建言亚历山大的故事是否真实可信，它的确与这位哲学家在《政治学》中描述的一种不同统治类型的区分遥相呼应。

> 有种统治是主人（对奴隶）行使的……但是（除了统治者对处于奴隶地位的人行使的统治以外）也有种对同统治者出身相仿并同样自由的人行使的统治。这种统治我们称之为政治统治；对于这种统治（不像第一种统治），统治者必须先从被统治与服从学起——正如一个人要学习成

> 为骑兵指挥官,就先要在另一位指挥官帐下服务。[1]

随后,亚里士多德通过对比两种统治方式阐明了这一区别:“一种是按统治者的利益统治;另一种是按照被统治者的利益统治。前者我们谓之‘专制统治’
99 (即对奴隶的统治),后者我们称为‘自由人统治’。”[2] 主人对奴隶的统治,“尽管这里确实存在使自然主人与自然奴隶统一起来的共同利益,但主要是按照主人的利益行使,只顺带顾及奴隶的利益,要维持统治本身,必须确保奴隶存活”。[3] 这里他引入了另一种类别：家政,即对妻子、孩子及整个家庭的统治,它“要么按被统治者的利益行使,要么为了统治者和被统治者的某种共同利益而行使”。[4]

这位哲学家的上述区分,并不排除一个城邦中统治者与被统治者的一种专制统治关系;或者说并不排除这样一个城邦,它由一个公民共同体而不是单个统治者来统治,但公民与非公民的关系或可比拟一个专制统治者与其臣民的关系。亚里士多德希望保留城邦的公民理想、它的自由和平等原则,同时赋予建立在统治者与被统治者之间一种自然划分上的旧统治原则以新生命。公民之间的政治关系是平等人之间的关系,但公民共同体与其外的人之间仍存在一种根本的不平等。公民身份的题中之义是轮番统治与被统治,并且理想而言,是每一个公民都有统治与被统治的能力,只在这个意义上,统治概念才适用于公民生活。但是,一种更为严格和稳固的划分,被保留在城邦的“部分”与“条件”之间的关系中,被保留在真正的公民与所有从属者之间的关系中,从属者的目的是为统治者的利益服务,正如奴隶的目的是为主人服务。

如果亚历山大真的拒绝了老师的提议,他这样做也绝不是因为他反对这种统治原则：统治者与被统治者之间横亘着一条永久的深沟巨壑,或臣民的职责是服侍他们的帝王主人。无须提醒读者,他是一位残酷无情的征服者,

1 《政治学》,1277b。
2 同上,1333a。
3 同上,1278b。
4 同上,1278b。

一个在其父腓力奠定的基础上建立了一个辽阔帝国并自称具有神性的绝对统治者。很难说他的帝王野心和政策预示着一种人类平等和兄弟情谊的学说。就算关于亚历山大看似人道主义的观点的记载真实不妄，若只根据浮光掠影来判断它们，而不考虑它们在他的帝国计划中发挥的意识形态功能或修辞功能，也将是荒诞不经的。或许他心中所想的与亚里士多德在《政治学》中暗示的相差无几：[1]如果希腊人能够形成一个单一的政体（统一的国家），他
们将统治世界。 100

像亚里士多德那样露骨地挑明专制统治的性质及其服务于统治者利益的目标，当然不是在其受害者面前为它辩护的最有效方法。但是，强调全人类的平等和兄弟情谊，一般来说不是最显而易见的证明一些人对另一些人的屈服（无论是以君主制的形式还是以帝国霸权的形式）为正当的方法。如果亚历山大确实采纳了这种矛盾的策略，那么，他这样做是因为在希腊世界中，它有一种特殊的宣传价值。它能够唤起希腊政治生活中根深蒂固的原则：他们对自由和平等的信奉。亚历山大，特别还有他的处于权力斗争中的继承者们，都启灵于自由、自治甚至民主，以寻求潜在臣民的支持，他们许诺这些潜在臣民有权在自己的法律和祖辈的神下生活，免于纳贡，也不派帝国驻军。但是，如果说这代表着诉诸自主城邦的更古老的特殊主义价值，那么，亚历山大的（假定的）世界城邦观念则意在把这些旧的政治原则和忠诚从城邦转移到无所不包的帝国，同时剥夺其政治舞台上的公民身份，用一个世界共同体中的消极成员身份取代积极公民身份。如果亚历山大确实以世界主义的方式思考，那么，在目标上，他的用处也多半是意识形态性的，旨在描述一个帝国，甚至是这个帝国的尽管不完全成功的政治压制的尝试，并为之辩护。

无论其意识形态意图何在，世界主义观念的确表达了一种历史现实。不仅城邦被帝国（即使不是“世界秩序”，也肯定是地理范围大得多的单位）所取代，而且亚历山大确立的帝国是由马其顿统治下千差万别的人口组成。尽管亚历山大征服之前希腊文化已经在地中海世界广泛传播，但他有意利用使臣民希腊化的策略作为一种霸权工具。不仅在对差异的强制压抑中，而且在对

---

1　《政治学》，1327。

不同族群融合通婚的鼓励中，在无国界的宗教崇拜代替特殊主义的部落崇拜和民间崇拜而出现的过程中，归根到底，在希腊语言和文化的一体化主宰中，都能不时发现世界主义原则的表达。帝国各城市间日益增多的商业关系，也是对世界主义观念推波助澜的主要因素。新道路扩大了运输和交往，一种得到更广泛承认的货币被确立，希腊语变成从马萨利亚（今马赛）到印度边境的
101 主要商业语言。

然而，希腊化的世界主义一般意味着地方精英的希腊化。马其顿和希腊人口，加上讲希腊语的地方精英，往往仍旧与为他们提供劳动力的臣民分隔；下层阶级就算会说希腊语（或至少是简化的通俗形式，它将成为《新约》的语言），也无缘接触希腊文化的荣光。罗马帝国中也运行着类似机制，它在公元前30年已经将曾经的“希腊化”世界一半纳入囊中。罗马的帝国统治也同样依靠文化转化和罗马化的地方贵族的效忠。正如亚历山大把他的帝国统治定义成世界主义的，世界城邦观念也将被转化成“普世的”罗马帝国，最重要的是被转化成基督教“普世的”（catholic 的字面意思）教会。

这种经由地方贵族这一中介的帝国统治方式，使亚历山大和他之后的罗马人无须一个庞大的帝制政府就能够统治一个幅员辽阔的帝国。在这方面，希腊化帝国和罗马帝国都与其他伟大的帝国文明，例如与中国形成鲜明对照，后者的帝制政府通过远为庞大的帝国官僚队伍更直接地控制其臣民。这也意味着，在某种意义上，“世界主义”帝国确实至少保留或复活了希腊城邦的形式。可靠的城市会被许可一定程度的地方自治；而且，亚历山大在各处领地上建立的城市（常常称其为亚历山大里亚，例如埃及那个最闻名遐迩的中心）都被允许一定的自治并被允许使用自己的法律，尽管它们都明确臣服于他的帝国统治。

亚历山大死后，帝国分裂成马其顿或安提柯王国、塞琉西王国和埃及王国。在后继各王国的权力斗争中，国王通过地方自治实体中介统治的观念，发挥着尤为重要的作用。[1] 至少，城邦诸种古老的自由，即它们的自由和自治

---

1 参见埃里克·S. 格鲁恩：《希腊化世界和罗马的到来》（Eric S. Gruen, *The Hellenistic World and the Coming of Rome*, Berkeley and Los Angeles: University of California Press, 1984），第1卷，尤见第四章。

服务于一个有用的宣传目的,尽管存在这样的情况:在某个帝国对手的帮助下,支持"民主"的力量推翻了寡头统治,例如安提帕特确立的寡头统治。现实与修辞或许并不相符,但古老的希腊城邦文化乃至民主文化是如此根深蒂固,以至于任何帝国意识形态若不乞灵于它都难以为继。自此以后,即使只 102
是以修辞的形式,这种策略会继续得到运用,它会成为君主们与各城市维持友好关系的手段,成为战争的借口,或者成为表述强权对弱权支配关系的外交辞令的形式。[1]

一般追溯到亚历山大时期至公元前 2 世纪晚期的"希腊化"时期,虽然有其"世界主义",却是一个政治和社会危机时期。亚历山大的征服和他死后出现的权力斗争,加剧了希腊世界已经存在的社会政治不稳定性。穷人生活每况愈下,失地者数目节节攀升,这激起了重分土地和废除债务的要求,引燃了社会冲突,甚至一场社会革命,它被描述为"希腊化时期希腊最伟大的历史进程之一"。[2] 这种社会动荡不可避免地表现在政治动乱中,表现在民主派和寡头派的冲突中,后继各王国鼓动着这些无时不在的社会政治对立,并试图安排或促成一些友好政权,以此在亚历山大的领土上争夺影响力,这使社会动荡愈演愈烈。斯巴达殊为吊诡,它仍是一个生气勃勃而独立的城邦,却又是一场大名鼎鼎的革命的爆发地,这场革命发生在公元前 3 世纪亚基斯四世和克里昂米尼三世治下,它实行土地改革,取消债务,并以极端的平等概念为基础扩大公民身份。革命的影响惊动了希腊各城邦的所有有产阶级。他们对国内社会动荡和改革的恐惧甚于对马其顿统治的恐惧,他们与马其顿人结盟,斯巴达最终被击败。四处弥漫的社会动荡和它在有产阶级中引起的恐惧,构成了希腊化时期思想家展开其哲学规划时所面对的背景。

---

1　参见埃里克·S. 格鲁恩:《希腊化世界和罗马的到来》,第 156 页。

2　A. 福克斯:《希腊化时代希腊的社会革命》(A. Fuks, 'Social Revolution in Greece in the Hellenistic Age', La Parola del Passato 111, 1966),第 441 页,转引自安德鲁·厄斯金:《希腊化的斯多亚派:政治思想和行动》(Andrew Erskine, *The Hellenistic Stoa: Political Though and Action*, Ithaca: Cornell University Press, 1990),第 36 页。

## 希腊化哲学：伊壁鸠鲁派和斯多亚派

希腊化哲学仍深深受惠于其希腊往昔，但它的根基已经发生了根本改变。不仅雅典的文化中心地位被亚历山大里亚和珀加蒙及其大图书馆所替
103 代，而且哲学不得不使自己适应一种新的帝国现实。如果还有可能谈论这个时期的政治理论的话，那它的主要对象也不再是柏拉图和亚里士多德的城邦。

希腊化的世界城邦当然以城邦为前提，不仅在纯粹词源学的意义上如此，而且在下述意义上也如此：世界主义观念吸收和改造了源自城邦生活的基本主题，例如法、自由、自治、公民身份和公民共同体的原则，乃至民主的法律面前人人平等概念。甚至可以说，如果亚历山大、他的继承者们或生活在他们统治下的人们会有任何系统的"帝国"观念，帝制"国家"的基本观念在其中也无立足之地。希腊化时期的统治者不得不与之打交道的基本国家观念，是古老的作为一个公民共同体的城邦概念。帝国的修辞，在一定程度上甚至还有帝国的现实，在两方之间摇摆：一方是作为一种各城邦集合的帝国观念，每个城邦至少被允许名义上的自治并按自己的特殊法律统治；另一方是作为一个普世城邦的世界城邦及其大写的"法"的观念。

希腊化时期确实产生了王权理论，这尤其是为了使亚历山大后继的三个王国合法化；君主制观念不可避免地被召唤来扮演比其在自由城邦时代中更为重要的角色，即便只是为了支持个别统治者的王朝合法性。君主制在后古典时代希腊政治理论中的重要性也不过尔尔，但反映了城邦和公民共同体的式微。这造就了一种论述理想王权的作品，这种作品在古典希腊文化中是难觅其踪的，它吸收了波斯、埃及、美索不达米亚的观念，还有远至荷马时代的希腊传统，以及一种把国王奉若神明的取向。

然而，至少在它们不得不面对城邦及其公民政治原则的文化和意识形态遗产的意义上，希腊化时期的各种王权概念一直与城邦藕断丝连。因此，比如说，希腊化时期王权理论孕育的最重要观念之一是国王乃"活的法律"（nomos empsychos，拉丁语为 lex animata），它将经由罗马帝国的《优士丁尼法典》传给中世纪西方。国王是"活的法律"的观念与柏拉图在《政治家》中对法

的重新定义几乎如出一辙,它同城邦关联的方式也与后者大同小异。如我们所见,他主张,雅典传统意义上的法与治国的技艺、技术相对立;他还阐发了一种新的法治概念,它会模仿而不是阻碍政治技艺。柏拉图把法治与公民共同 104
体剥离,并将它人格化为君主式的政治家,他必须代表共同体自由地运用他的技艺,不受某种由外行公民组成的自治共同体约束,从而重新占据了法的概念。绝对统治让民主城邦中的公民传统反戈相向,从而取代了它们。

从城邦到帝国的转变,还产生了其他在哲学上影响更为深远的回应。随着公民身份和能动性让位于与此不同的社会世界中的存在方式,哲学家们,例如伊壁鸠鲁派和斯多亚派就开始较少关注政治秩序,而更多关注个人在宇宙中的位置。确实,时而可以听到这种说法:某种个人主义代表着希腊化哲学对其希腊前辈的最大背离。尽管这个判断忽视了希腊化学说中人类联合的地位,但这些哲学家确实以他们前辈未曾有过的方式进行内省。

同时,即使这种转向内在的个人也仍然根源于城邦。斯多亚派哲学和伊壁鸠鲁派哲学都以各自不同的方式,回应着城邦生活以特殊力量提出的问题。在前章中我们指出,构成城邦特征的冲突与争论,创造日常生活条件和社会安排的直接经验,对主导的政治关系和价值观的不断挑战,这些意味着要以前所未有的方式和程度面对人类能动性和责任问题。公民意识既对人类能动性的潜能信心在握,也对与之相伴的不确定、危险和责任感到焦虑不安。斯多亚派和伊壁鸠鲁派哲学的独特品格,似乎源于一种对自主和自决带来的快乐与惊怕的正视,这也就是公民意识,只不过现在城邦不存在了。说希腊化哲学中的个人是积极公民内向化的一种形式,可能言过其实;但这种内省灵魂的活力肯定带有公民积极行动的烙印。

虽然如此,这个时期的特征确实依然是一种不再以城邦为主要阵地的人类能动性和人类行动之各种可能性的概念。多少可以把斯多亚主义和伊壁鸠鲁主义解读为对城邦衰落或对普遍的不确定性和动荡时局的非政治性回应。确切无疑,由于城邦让位于帝国,哲学反思的主要舞台转移了。公民行 105
动和审议协商的领域缩减了,关注点转向了作为一极的私人个体(伊壁鸠鲁主义中最为明显,以及作为另一极的世界城邦的普世秩序特别是斯多亚派设想的那种)。在斯多亚主义,特别是它后来的罗马形式中,确有公民职责和积极政治行动的一席之地，但是，这两个主要的希腊化学派都没有把人的幸福安顿在城邦之中，而是寄托于个体的内在力量中。在伊壁鸠鲁主义那里，遁离政治的转向一清二楚。斯多亚派的情况较为复杂，我们会简要地探讨它的复杂性（同时要始终记住，他们乃至任何希腊化时期哲学家的著作，留下来的都寥寥无几）。

公元前341年，伊壁鸠鲁出生于萨摩斯，其父母是雅典人。亚历山大死后，雅典移民被帝国摄政帕迪卡斯逐出萨摩斯，那时他应该极其直接地体验到马其顿征服的影响。伊壁鸠鲁最后于公元前306年定居雅典，并在那里创立一个学派，由此诞生的一种哲学传统保持了近6个世纪的流行与影响。他的著作仅以残篇形式存留下来，或见诸其追随者的论述。尚存最重要的伊壁鸠鲁派经典是卢克莱修（其生平我们知之甚少）的长诗《物性论》，它成书较晚，写于公元前1世纪的罗马共和国。

对于伊壁鸠鲁及其追随者而言，最高的善，甚至生活的目的就是快乐（尽管其含义不是通常归于“享乐主义者”的那种道德无涉的快乐主义）与避免痛苦。最重要的是，幸福需要宁静，而宁静随着恐惧，特别是对死亡和来世的恐惧的消失而到来。如果说伊壁鸠鲁哲学及其自然观念中有唯一一个压倒一切的目标，那就是驱除此类恐惧，这要求人们从宗教中解放。这涉及一种对自然进程的解释，它不需要神圣或超自然力量的介入，依靠的是一种原子组成的物体的概念，以及一种对人类灵魂的解释，这种灵魂是从肉体生成的感觉这个角度而言的，而这些感觉大体上是知识的正确来源。这种唯物主义的结果是无须畏惧死亡，因为死亡意味着一切灰飞烟灭。在历史上的任何时候，都没有任何其他地方像卢克莱修的《物性论》那样雄辩地揭示了这个主题。但是，伊壁鸠鲁主义的唯物主义倾向和它对此生诸善（既有物质上的，更有智识上的）的明确专注，并未以一种通过自治城邦而实现的人类自决观念
106 加以表达。它的核心主题不是公民的生活，而是个人的经验和伦理；个体之间的最高关系不是公民纽带，而是私人友爱。

同时，尽管从城邦到帝国的转变创造了撤出政治的强大动力，我们仍需谨记，希腊化哲学家们写作所针对的背景是战争和社会动荡，特别是在各城邦中，阶级之间或民主派与寡头派之间的冲突被卷入帝国的权力斗争中。社

会动荡与政治不稳定，确实促成了一种为了在培育自己花园中寻得安慰而进行的研究，但它们也对秩序、等级、统治与服从问题赋予了一种新的紧迫性。按照与他们的伟大前辈柏拉图和亚里士多德截然不同甚至常常有意相反的方式，斯多亚派哲学家们对这些问题一一做出了回应。

斯多亚主义的创立归功于西提姆的芝诺（公元前 333 年—前 264 年）。但创立以后它经历了各种显著的变化，一般可划分为三个时期：早期、中期和晚期（或罗马斯多亚）。早期的只剩断简残篇；只有晚期，即罗马帝国阶段留有完整的著作，如塞涅卡（公元前 4 年—公元 65 年）、爱比克泰德（约 55 年—135 年）和皇帝马可·奥勒留（121 年—180 年）的著作，它们主要探讨伦理学。只有从只言片语中，或从晚后思想家的重构中，我们才能拼合起早期斯多亚派的认识论和宇宙论观念近乎连贯的画面。我们有一定把握说，当希腊化时代转至罗马帝国时，斯多亚哲学发生了重大转变，而且哲学家们开始回应罗马精英的需求。一场重要的转变无疑发生在芝诺和中期斯多亚派，即潘尼提乌斯（公元前 185/180 年—110/108 年）和波西多尼乌斯（公元前 151 年—前 135 年）之间的某段时期，后两人尽管生于希腊，却在罗马度日，与罗马精英关系甚密并且支持罗马帝国的统治。

同伊壁鸠鲁主义一样，斯多亚主义首先关心的是伦理学和个人幸福。被我们与“禁欲主义”联系在一起的自制甚至自我泯灭，消除导致人类苦难的激情的渴望，以及对灵魂的内在善的强调，这些似乎都在为完全撤出政治生活做论证。尽管在斯多亚主义道德哲学中至少在其某些形式中，公民生活扮演着一个重要角色，但斯多亚的世界主义，以及它针对所有社会和政治特殊性所强调的普遍人类纽带，看起来确有一种非政治的荷载。然而，也可以理直气壮地对斯多亚派关涉的东西做一种更为政治性的解读——虽然他们的学 107
说可以与范围非常广泛的各种政治态度相容。

在早期斯多亚主义那里，已知的最重要政治学著作是芝诺的《国家篇》，只是在他的批评者和继承者所遗评论的基础上，这部著作才得以再现。芝诺生于塞浦路斯的西提姆，是一位商人之子，他自己以前似乎也是商人，直到后来师从犬儒派哲学家克拉底。他创立了自己的学派：斯多亚，名字来自 Stoa Poikile，即作为他讲授地点的雅典画廊。他的《国家篇》描述了一个理想城邦，它没有现实城邦中为人熟悉的制度和机构，如法院、学校、寺庙、财产和货币，全仗有美德的个人之间的和谐关系维系其凝聚力。一方面，它被当成一种幼稚的离经叛道，描述了一个完全想象的，甚至可能玩笑般的理想，无须认真对待。另一方面，它被解释成一种成熟的、激进的对当时社会和政治现实的批判，它从理想国家中驱除了所有折磨着既有国家的不正义和冲突之源，它不仅把居民限定为有智慧、有美德的人，而且，与柏拉图的《理想国》针锋相对，它消除了所有现存不平等的来源：统治与顺从。

无论芝诺在这部政治对话中有何意图，我们都需要就斯多亚派的认识论、心理学和宇宙论提出一些更为基本的问题。而且，尽管他们的政治意涵并非自明，我们仍会试图梳理出它们。斯多亚派学说的核心是逻各斯概念，它是一个神圣宇宙秩序中的普遍理性，物质自然中的动力原理。宇宙完全是浑然一体。与柏拉图式的感觉世界与理智世界、理性与非理性、身体与理智的二元论形成鲜明对照，在斯多亚哲学，至少在其原初形式中，不存在心与物的划分。精神漫布于物质事物中，因为宇宙是由宇宙理性的动力原理——逻各斯统一起来，逻各斯既使宇宙运动，又使它合为一体。人类理性分享了这个普遍的逻各斯。它实际上是具有宇宙逻各斯或神圣逻各斯的理性。从认识论而言，这意味着，直接贴近现实的人类感觉和直觉是知识的可靠基础，而非最多是区区意见的有缺陷来源，区别于唯有理性能接近的真正知识。这还意味着，既然斯多亚心理学中没有心—身的分离，斯多亚哲学就与首要的柏拉图式划分，即统治部分与被统治部分之间的划分赖以建立的原则彻底决
108 裂了。

这种斯多亚一元论的伦理意涵尽管并非完全清晰明确，却更为意义重大。所有生物和无生命物体都从属于理性的宇宙秩序，但只有人具有理解它的理性禀赋。同时，出于同样的理由，斯多亚主义认为人有能力违背逻各斯而行动，也就是以一种不够理性的方式行动。在此意义上，他们有选择或丢弃美德的自由。如果人像动物一样，仅仅无意识或非理性地按照自然法则行动，就谈不上人的美德。但是，按照定义来讲，真正理性的（因此也有美德的）人只依据普遍的自然原理生活，依据神圣的宇宙秩序校正个体灵魂的人。

一种适用于全人类的自然法的说法，以及一个普遍的人类共同体的观

念,可以以不同方式来理解,并产生不同的道德或政治意涵。一个服从一种普遍法则的普世共同体,这种观念可以被理解成对普遍同情心的劝勉,但也可以支持无情的道德严苛性;它可以强烈赞成平等主义原则,但如我们所见,也可以被用来为帝国辩护。一种先验的自然平等把一个共同的逻各斯归属于所有人,这种观念可以被用来支持社会和政治的平等,甚至女性的平等,以及对奴隶制的否定。但是,它也可以成为接受物质世界中不平等的托词,同时把平等归入某个更高领域,这个领域不会影响现存的社会和政治等级。我们将看到,在罗马,例如在西塞罗政治理论中,斯多亚思潮无疑就产生了这样的结果。它还会找到融入基督教的途径。

像斯多亚派自己那样思考他们的哲学渊源,我们或许能够对斯多亚派学说的政治意涵获得更深刻的洞见。这要求我们更远地回溯希腊哲学史,甚至跨出柏拉图和亚里士多德的古典时代。在拒绝柏拉图和亚里士多德的二元论时,斯多亚派意欲回到前苏格拉底哲学家,特别是赫拉克利特(公元前535—前475年)。赫拉克利特是已知的第一个赋予逻各斯这个词一种形而上学含义的思想家,这个词用途广泛,可以意指从说出或写下的话语,到思想或意见、尺度、比例、事情的真相、对某物的解释、正确的理性等一切东西。他还被认为是已知的第一个在哲学上用宇宙一词来指称世界秩序的人。记载他 109
思想的残篇仍是有争议的,而且评注者对这个问题无法达成共识:赋予宇宙以秩序的普遍逻各斯,对他来说是否像对后来的斯多亚派那样具有认识论意涵。他用通常用于人的语言、思想或理性的词来指称宇宙秩序的普遍原理,这可能是意义重大的;似乎也有理由认为,如果逻各斯同时代表着宇宙秩序和人类理智,这在人类认识的可能性有所寓意。虽然如此,很可能是斯多亚派出于自己的目的而引出了这些认识论意涵。赫拉克利特不止一次地表达了对无知多数的轻蔑,他不可能接受斯多亚心理学的平等主义结果。他的逻各斯确实是共同的逻各斯,但在他看来,绝大多数人的麻烦是他们生活在无知(无知才是真正共同的)中,就像遵从自己的个人智慧活着。在反对柏拉图式学说时,斯多亚派之所以诉诸赫拉克利特的权威,很可能不是因为他们想忠实地重述他的观点,而恰恰是因为柏拉图对这位伟大的前苏格拉底哲学家的反驳。

那么，我们能从柏拉图的这些反驳中了解什么？首先，它们关系赫拉克利特哲学中两个核心的、相互关联的观念：一切皆处于不断的运动中，因此，尽管宇宙是合乎法则的，它的运转原理却是一种变化的法则；宇宙秩序是由冲突的对立面、对立面的一种和谐构成的，因此斗争与战争是普遍的自然原理。对柏拉图来说，赫拉克利特的宇宙观念没有为不断变化的生成和永恒的存在之间的二分法留下余地，或者说，没有为意见和知识的本质区别，以及与之对应的两种不同层次的现实留下余地。柏拉图也不会赞同赫拉克利特对毕达哥拉斯的指责。对赫拉克利特来说，毕达哥拉斯正代表着他所反对的宇宙和平与和谐观念。然而，对柏拉图来说，毕达哥拉斯体现着有序、静止的真正的存在世界。亚里士多德（他不能容忍赫拉克利特对无矛盾原则的违反：赫拉克利特他认为在流变中，事物是同一个，又很快不是同一个，这预示着对立面的统一）甚至认为，柏拉图是在回应赫拉克利特和不可知世界（正如柏拉图所认为的那样，它来自前苏格拉底哲学家的观念）的过程中，设想出了他的绝对形式概念。

总之，赫拉克利特没有承认那种会把柏拉图的认识论和其政治理论缝合
110 起来的二元论。尽管如此，这并不意味着，赫拉克利特本人从自己的宇宙论中得出了那些被柏拉图归因于哲学一元论的政治结论。甚至可以说，尽管我们对赫拉克利特的政治偏好不甚了了，但有证据表明他有贵族倾向。然而，赫拉克利特与柏拉图之间的差异很可能较少与哲学论证的逻辑有关，而更多与介于他们之间的历史变迁有关。

赫拉克利特的诞生地以弗所，靠近希腊哲学降生的地方——爱奥尼亚城邦米利都。他从事著述活动大概是在公元前6世纪晚期，先于希腊民主的黄金时代。柏拉图当然经历了雅典民主的黄金时代，一直到他所认为的衰落阶段，并且，他因为自己所珍视的东西而困惑于其结果。当赫拉克利特思考他的宇宙斗争观念时，爱奥尼亚，特别是米利都刚刚走过了“存在着最为严重的政治冲突的古风时期”。[1] 那时，在富人——可能是那些从交易中致富的人，因为他们也被称为永不停息的航海者——与体力劳动者之间，曾发生过一场

1 奥斯温·默里：《早期希腊》（第2版）（Oswyn Murray, *Early Greece*, 2nd edn, Glasgow: Fontana, 1993），第233页。

争夺统治权的斗争;并且,“在双方互施大量暴行延续两代有余后”,这场冲突被来自其他城邦的裁决者们化解,他们把统治权交到地主手中,或者,像希罗多德讲的那样:

> 他们把人民集合起来……并宣布把统治权交给那些他们发现其土地耕种得很好的人;因为他们认为,(他们说)能够管理好自己事务的人,可能也能够正确处理国家事务。他们让其他曾经不和的米利都人服从这些人的统治。[1]

若设想赫拉克利特的宇宙秩序观念是由这些事件塑造的,这会是异想天开吗?无论如何,在米利都切近的社会经历与这位哲学家的斗争(其解决不是靠镇压斗争双方中的一方或另一方,而是在他们之间保持一种带有张力的、尽管对有产阶级有利的平衡)是宇宙运转原理的观念之间,存在着一种明显可见的对应关系。正如射手的弓是由弯曲和伸直之间的张力形成,这造成 111
了具有迷惑性的静止表象,同样,社会的稳定不是一种静止状态,而是对立各方在不稳定平衡中的一种持续紧张状态。

即使赫拉克利特自己没有用这种方式把社会秩序和宇宙秩序联系起来,柏拉图却无疑是以这种方式思考的。尽管如此,在民主雅典中写作的他,不会设想用一种米利都人的解决方式去应对他那个时代的社会冲突。雅典早已越过了梭伦等人努力确立的这种张力中的平衡。平衡早已过多倒向了平民,柏拉图也不会再去想象一种有利于富人或贵族的处于张力中的稳定。现在,平民必须明确地处于服从地位。他观念中的社会政治稳定,严格是一种静止的等级制秩序,其中较低部分完全服从于较高部分。

当斯多亚派复活赫拉克利特的逻各斯时,正是财产受到的威胁看起来非常真实,而统治阶级无疑在畏惧社会革命的时刻,斯多亚派这样做是在有意识地反对柏拉图的秩序原理。尽管不能说早期斯多亚派提议了一种明确的民主秩序,但他们确实拒绝了柏拉图式的“和谐”概念,这是一种建立在严格

---

1　希罗多德:《历史》,第 5 卷,第 29 节。

等级制上的和谐。“对芝诺来说，”一位评注者写道，“和谐不是一种不工作的阶级之间的关系，而是一种有智慧的个人之间的关系；它不是建立在对顽梗分子（他们是一种潜在的冲突根源）的镇压上，而是建立在他们不存在的基础上。”[1]即使这种乌托邦观念离鼓吹民主尚有距离，它辨析冲突根源的方式却意义重大。无论如何，在希腊化时期希腊的政治斗争中，比起柏拉图的严格等级制，芝诺的替代性观念“和谐”肯定更能吸引民主的支持者，而更少受其反对者欢迎。

因此，强调斯多亚哲学，最起码其原初形式的宇宙论、心理学和认识论一元论所具有的激进可能性，这并非没有理由。尽管它可以被解释成一种对日常社会生活而言不具有实践意涵的超脱尘世的学说，但关于无处不在的逻各斯的学说肯定可以产生平等主义结论。在这个统一的宇宙中，美德是一个统一体，而共享神圣逻各斯的人类都是自由平等的。这个原理一定会被用来支
112 持奴隶制及男女不平等违反自然的论点。当然，即使面对自然平等，该原理也可以为统治与服从、阶级和地位的不平等或统治者与被统治者的关系辩护。甚至柏拉图对统治与服从原则的辩护，也较少一以贯之地建立在自然不平等的基础上，而更多是基于下述理由：存在着一种分开统治部分和被统治部分、理性和非理性的普遍原理，而且社会中必要的劳动分工总是意味着一些人是理性的而另一些人不是。但是，即使仅仅因为柏拉图和亚里士多德式的二元论（像芝诺这样的斯多亚派有意地拒绝了它）把同样的原理应用于他们的政治理论，就像应用于他们的知识理论与自然理论那样，就有理由从斯多亚派哲学中引出某些激进的政治结论。

同样重要的是，后来的斯多亚派，特别是与罗马相联系的斯多亚派更乐于接受帝制，甚至接受奴隶制（即使仅仅基于实用主义理由），他们感到有必要修正前代的心理学一元论。中期斯多亚派，例如潘尼提乌斯和波西多尼乌斯，退回到柏拉图式和亚里士多德式的心理学。至于真正的罗马斯多亚派，他们几乎不会为此类基本的哲学问题而烦神，他们更感兴趣的是无须系统的宇宙论或心理学支撑的伦理学本身。

---

1　安德鲁·厄斯金：《希腊化的斯多亚派：政治思想和行动》，第 31 页。

综上所述,斯多亚派的宇宙论、心理学和认识论的社会和政治意涵总体而言并不容易解读。而且,无论如何,他们的学说在不同的历史形势中发生着变化。当早期斯多亚派拒绝在他们的伟大先辈柏拉图和亚里士多德的宇宙论、心理学和认识论中贯穿的二元论时,他们看起来也必须对奴隶制、自由和帝制做出相应的判断。当晚期斯多亚派从他们前代更为激进的立场中撤退时,他们在使自己适应新的社会和政治现实,特别是罗马的兴起及其统治阶级的保守主义。

在斯巴达革命的背景下,斯多亚平等主义的危险性变得极为明显。推行改革的国王克里昂米尼取得的军事胜利,特别还有公元前 223 年麦加罗波利斯的毁灭,尤其为有产精英敲响了警钟。这场革命在多大程度上受到了斯多亚派学说启发,这是只能猜测的事情。但是,斯多亚派哲学家波利斯提尼的斯派罗斯写过一篇论斯巴达政制的短文,他是克里昂米尼的导师,据说还曾帮助他制定改革方案。[1] 无论如何,在那个时代的氛围中,有产阶级不太可能 113
欢迎任何不承认阶级或地位差别的自然平等原则或社会正义,任何对既有等级制的挑战,或任何代表着一种对财产权(在斯多亚派看来,在一个万物共有的宇宙中,财产权不管怎样都是一种约定的而非自然的制度)的威胁的学说,即使它只是把财产认定为斗争和不稳定的来源。革命,罗马、其贵族统治者和成长中的帝国的兴起,伴随这一切而来的是,一支与统治部分更加情投意合的斯多亚派出现了。

当罗马本土居民的激进派,即格拉古兄弟带着他们的土地改革计划或许还有某种人民主权观念登上舞台时,财产权受到的威胁更显得近在眼前了。他们肯定和他们的对手一样了解希腊和希腊哲学,他们的对手现在开始调动斯多亚派的观点为财产权、帝国甚至奴隶制辩护。我们回头会讨论这些论点,讨论晚期斯多亚派,诸如潘尼提乌斯的观念,以及受到他们影响的罗马人,特别是西塞罗的观念。但是,首先必须稍微交代下罗马的背景,作为新的帝国势力,它使其希腊化前辈黯然失色,同时它还吸纳了希腊世界及其文化。

---

1　参见安德鲁 · 厄斯金:《希腊化的斯多亚派: 政治思想和行动》,尤其是第 6、第 7 章。

## 罗马的兴衰

像雅典一样,罗马是作为一个小城邦发展起来的,而且,像雅典城邦一样,罗马共和国是由一个小而简单的国家机器统治的。到公元前265年,共和国已经统治了意大利波河以南的绝大部分,罗马城以外的臣民仅仅在非常宽泛的意义上才是“公民”。尽管那时进行统治的贵族比雅典的贵族更有权力,但他们热衷于维持国家的初始形式,他们一直反对一种专门的国家机器出现,更喜欢自己作为业余者来统治。贵族进行集体统治,个人在限期内担任官职,每个元老院议员都遵从共治原则。但是,即便这种安排适合他们的目的,它本身也造成了问题：仍然同在雅典中一样,这要求精心管理贵族与人民之间,以及对立的贵族自身之间经常性的紧张关系。

在罗马及其贵族统治者那里,政治妥协的形式不是雅典那样的民主制,而是一种贵族元老院统治的共和制。尽管贵族统治是罗马政治的一个不变
114 主题,贯穿于共和国和帝国,但是,在共和国的中心,一开始就存在着一种张力。它是一个建立在私人财富上的国家,是实现个人野心的工具,是私有者统治阶级进行攫取的工具,这些私有者相互竞争财富与权力,但是,由于缺少一种高高在上的国家权力,他们的阶级地位只能靠自己脆弱的共治来维持。这种国家形式也意味着贵族与下层阶级之间的一种模糊关系。像雅典一样,罗马脱离了其他古代“高等”文明(在那里存在着统治者与生产者、君主国家与从属的农民共同体之间的明确划分)的模式。像雅典一样,在罗马,农民和城市平民属于公民共同体。但是,与雅典不同,罗马地主与农民之间阶级力量的平衡造就了一个贵族统治的国家,统治阶级不得不谋求其下属的公民同胞的政治和军事支持。所以,像雅典一样,在这里,共和国某些独特的法律和政治安排可归因于贵族与平民力量的冲突与妥协,例如保民官,其人选由人民从精英中选举并代表他们的利益(但保民官从来不被当成“官员”,这意味着他们的职位并不赋予其进入元老院的资格)。

在共和国早期,罗马农民阶级相对强大,但共和国的历史就是一个农民不断衰弱,土地和权力日益集中到贵族手中的故事。罗马扩张成一个疆域广

阔的帝国，依靠的是农民阶级，他们被编入的军队成为已知的世界上最庞大军事力量，但是，他们被动员和调度到远离罗马的地方，这使他们在家乡的土地更加易受剥夺。当军队实际上职业化以后，农民转变成了士兵，而贵族同样在后方受益，同时，帝国本土的农业劳动力日益由通过征服和交易获得的数量空前的奴隶充当。

当罗马在帝国扩张的过程中占领新的土地时，它们的分配问题，特别是把土地留出作为公有地（可由公民殖民或可按极低租金租赁的国有土地）的问题，就迫在眉睫地逼近政治议程。贵族中一些作为人民保民官供职的成员，确实寻求利用公有地来恢复日益兴起的贵族和不断贫困的农民之间的平衡，但他们受到了统治阶级整体的强烈反对，改革中的耕地法看起来也没有产生持续影响。为实现一种更公平的土地重新分配方案所做出的最著名尝 115
试当属格拉古兄弟改革，它随着提比略·格拉古被贵族反对派刺杀，其后提比略的弟弟盖尤斯（他试图继续并扩大兄长的改革，而且与提比略不同，他可能有一个激进的反对元老院的政治议程）惨遭横死而告终。

奴隶和农民（无论是作为租户还是士兵）为地主创造着财富，罗马都城的城市平民生活在令人震惊的拥挤、不卫生、危险的贫民区中，富人与穷人之间的收入差距在顶峰时达到了 2 000 比 1，相比之下，伯罗奔尼撒战争后雅典的收入差距是数百比 1。"历史上没有任何政府"，正如一位卓越的罗马史研究者评论的那样，"像共和国末期的罗马那样，为了统治阶级的私利而如此不遗余力地搜刮其臣民"。[1]

当共和国时期行将终结并被一个帝制国家（通常认为它始于公元前 27 年奥古斯都·恺撒建立元首制）取代时，罗马统治阶级已经通过国内的剥削和贪污（来源有他们的地产、城市穷人的房租、高利贷、财产交易、政府合同等）积累起数目令人瞠目的私人财富，而他们通过帝国扩张中的有计划掠夺所获得的财富更加让人望洋兴叹。帝国政府为罗马贵族提供了前所未有的巧取豪夺机会。帝国领土中的地方总督是中饱私囊的绝佳职位，它也是罗马最显要的寡头获得逐渐变成私人武装的军队，并以此巩固个人权力的绝佳工

1　恩斯特·巴迪安：《共和国晚期的罗马帝国主义》（第 2 版）（Ernst Badian, *Roman Imperialism in the Late Republic*, 2nd edn, Oxford: Blackwell, 1968），第 87 页。

具。帝国还至少一度具有把税收负担从包括农民的公民身上转嫁到帝国臣民身上的优势。这确实降低了罗马平民动乱的危险，但农民付出的代价是土地日渐集中到贵族手中。

然而，共和国作为贵族攫取工具的成功，最终证明也是导致它毁灭的祸根。充满讽刺意味，正是贵族的胜利逐渐导致共和国的衰落，因为来自下层的威胁变得微弱，这使统治阶级不再具备当他们面对共同敌人时本会具备的团结。帝国的成长扩大了寡头竞争的范围并提高了竞争的回报，由此使共和
116 国的固有弱点更加恶化。与一个越来越无法无天的寡头阶层相伴，庞大的帝国扩张军事机器必定会被动用来为个人野心和寡头间的竞争服务。帝国还给共和国的行政能力及其业余者统治的原则带来了无法承受的压力。若没有强大的国家约束互相敌对的贵族，共和国就会陷入混乱。于是，无须惊讶，共和政府的组织结构最终在压力下坍塌了。[1]

罗马历史中最著名的时期，即尤利乌斯·恺撒和马库斯·图利乌斯·西塞罗的时代，是共和国的尾声：这是一个寡头内部冲突与暴力不断、腐败和秩序崩溃的时代，当野心勃勃的贵族把他们的总督部队带上舞台时，这一切在帝国的广袤区域中进一步蔓延。只有确立一个帝制国家取代城邦形式的共和国时，多事之秋才告结束，寡头阶层的团结和阶级权力也得以保存。如果说过去寡头阶层的阶级利益曾缔造和维续了这个共和国，那么，现在同样是这个寡头阶层的攫取和扩张逻辑促使它超越共和制形式的狭窄范围。

罗马历史上最引人注目，对于我们理解其政治和文化生活也最为重要的是罗马对于私有财产权的专注。其土地强占计划（既通过国内的寡头财产集中，也通过帝国扩张）的宏伟规模，在古代世界中是旷古绝伦、盖世无双的。它反映了一种独特的社会关系和阶级再生产系统，这个系统极其不同于其他古代文明，其他地方的中央集权国家统治着臣属的农民共同体，并且占有他人剩余劳动力的手段一般由国家直接掌控。如我们看到的，其他文明的国家占有并不一定排斥土地私有，这些土地要么是由于职务特权而获得的土地，要么是小农的土地。但是，获得巨额财富的途径，也就是说，大规模获得他人

1　对这一时期的经典讨论，见罗纳德·塞姆：《罗马的革命》（Ronald Syme, *The Roman Revolution*, London and Oxford: Oxford University Press, 1960）。

剩余劳动力的途径,一般不是财产权本身的作用,而是国家权力的作用。相反,在罗马,地产是唯一牢靠而稳固的财富来源。117

与其他前资本主义社会中一样,法律身份和政治权力仍是剥削关系中的关键因素。但是,如果没有一个中央集权的、事占有的国家凌驾于臣属的生产者共同体之上,而且统治阶级不享有对司法特权和政治权力的明确垄断,那么,私有财产权自身就会以前所未有的方式成为一个目的。土地所有权成为榨取剩余的主要条件,而且这里形成了一种获取土地,甚至剥夺小农的强迫性压力。由于农民的公民身份消除了他们的法律依赖地位,他们作为租户或短工受到的剥削就取决于他们在经济上的脆弱性。如果被剥夺土地,他们会被作为大庄园劳动力的奴隶取代。在共和国的最后一个世纪,罗马的意大利(在帝国的其他部分,例如北非或东部,农业奴隶的重要性较低)的三分之一人口由奴隶组成。随着帝国的成长,农民的法律和政治地位衰落了,税收负担也加重了。

(不同于雅典贵族的集体权力)贵族的集体权力已经足以实现把土地空前地集中到寡头手中,而且罗马统治阶级的头等大事是财产的攫取和管理。甚至在帝国行省中供职,也是一种搜刮臣民,以获得财富进行地产投资的方式。公职一般而言只是这项事业的敲门砖;并且,尽管帝国的官职无疑是一条通往名望和财富的坦途,贵族们却并不总是热衷于得到它。罗马贵族典型的渴望是尊贵的闲适,他们寻求从公务中解放的主要动机极其单纯:“他们的首要职责和活动说到底是管理和维护他们的财富。”[1]

当罗马独特的社会财产关系成长得超出了共和制国家的容纳范围时,他们就创造了一个新的帝国体系,一个“统治薄弱”的帝国。尽管帝国的某些部分比其他部分处在罗马更为直接的统治下,但是,若不通过自治程度有高有低的城市(常常是新建的且位于基本还是农村的地区)组成的一个网络(这相当于一个庞大的地方贵族的阶级联盟),帝国就不可能实现对如此辽阔幅员的管理。这种地方自治体系,使所谓“不依靠官僚制的统治”成为可能。帝国 118

1　切斯特·斯塔尔:《罗马帝国(公元前 27 年到公元 476 年):生存状况研究》(Chester Starr, *The Roman Empire, 27 B.C. to A.D. 476: A Study in Survival*, New York: Oxford University Press, 1982),第 63 页。

当然也有中央任命的官员，但帝国“与成比例地录用了大概 20 倍数目官员的中华帝国相比，统治肯定仍是薄弱的”。[1]

这个帝国体系及其分散的行政机构，增强并扩大了私有财产的力量。罗马共和国已经前所未有地确立了财产的统治，帝国则推进了这种制度的边界。比起其他所有已知的文明（在这些地方，一种强有力的国家意味着一种相对虚弱的私有财产制度），它建立起一种前所未有的国家与财产权的合作关系。即使许多世纪后，例如在晚期中华帝国（它有悠久的充分发展的土地所有权的历史），帝国依然通过扩大小农经济，同时遏制大土地所有权来巩固自己的权力，并通过把大所有者收编进国家来集中行政权力。其结果是一个巨大的帝国官僚体系，它靠农民的纳税供养，同时，巨大的财富和权力并不依托于土地，而依托于帝国，它们属于位居朝廷和帝国官场顶点的精英集团。罗马帝国及其独特的国家与私有财产共存模式是与此截然不同的。

但是，罗马体制的长处同时也是其弱点。[2] 它建立其上的行政方式和私有财产制度，意味着帝国一开始就趋向于碎片化。最终，这种趋势占了上风。帝国官僚体系的增长，说到底是为了榨取更多税收，税收一如既往地主要被用于维持帝国的军事力量。但是，官僚体系的增长是一种虚弱而非强盛的迹象。在公元 1 世纪后，没有重要的新的、持久的征服，罗马军队控制现有的帝国版图也已经捉襟见肘，同时，为了维持军队，官僚体系和渴求税收的国家不断壮大。这个加给罗马帝国臣民的负担只能加速衰落过程。所谓的“蛮族”入侵，与其说是罗马瓦解的一个原因，不如说是它的一个结果。实际上，入侵
119 这个说法可能都是非常具有误导性的，因为罗马与其势力范围内的“蛮族”邻居有着长期大体友好的交往，它把他们当作军队兵源之一，并与他们发展商业关系。当对帝国边境的入侵变成一种致命威胁而不仅仅是麻烦事时，一个摇摇欲坠的国家早已成为农民无法忍受的负担和地主可有可无的赘疣。

一个让人惊讶的事实是，帝国的所谓“崩溃”发生在西部而非东部，东部

---

1 彼得·加恩西、理查德·萨勒：《罗马帝国：经济、社会和文化》（Peter Garnsey and Richard Saller, *The Roman Empire: Economy, Society and Culture*, London: Duckworth, 1987），第 26 页。

2 此段其余部分和后一段来自我的《资本帝国》（*Empire of Capital*, London: Verso, 2005），第 36—37 页。

的统治形式更像其他古代帝国：一个土地很大程度上附属于官职的官僚制国家。在西罗马帝国，帝国的缺点被证明是致命的，在那里，国家统治被基于大地产的贵族所削弱和分解。当帝国崩溃时，它留下了一个使农民束缚于地主和土地的人身依附网络，这是国家自身在危机时期促成的一种发展：那时它出于财政目的把许多农民束缚在土地上。奴役与自由的简单对立，将逐渐被依附程度的光谱所取代。

在“衰落与崩溃”之后的数世纪中，这里会产生在这个或那个王朝式君主国治下重新集中碎片化体系的尝试，即把它重新集中为罗马政治主权与盛行的土地所有权的不稳定融合物的一个或另一个部分，其间伴随着中央集权与再碎片化的不断循环。但是，私有财产制度留下了它的印记，而且罗马帝国的碎片化在欧洲封建主义中仍依稀可见。欧洲封建主义是一种建立在财产权上的“分割化主权”体系，其政治和经济权力统一握在封建领主阶级手中，他们在不依靠一个强大中央国家支持的情况下统治和剥削着附属的农民阶级。

## 财产权文化：罗马法

罗马的财产制度以及特殊的阶级调和形式，不仅塑造了共和国和帝国的政治生活，而且塑造了其文化构造。当他们的帝国吸纳希腊化世界时，罗马人完全照搬了希腊文化，但他们在希腊特有的哲学和政治理论领域中永远无法超越他们的老师。他们的确在自己所吸收的文化传统（特别是例如斯多亚派哲学）上留下了自己的痕迹，但他们对社会和政治世界的理论化做出的最独特贡献在其他地方：在法律中，在基督教中，或者至少在那个最终获胜成为 120
“普世”教会的罗马基督教形式中。

首先，我们可以通过更仔细地思考罗马早期社会冲突的解决方式如何与雅典不同，来理解罗马政治文化的特殊性。如我们看到的，雅典人很大程度上依靠政治拉平（political plane）来调节农民和地主、“大众”和“精英”之间的冲突。他们民主改革的结果是，逐渐淡化了具有共同公民身份的自由雅典人在法律和地位上的差别。在某种程度上，罗马人也想走这条政治路线，而且他们的公民团体也包括了富人与穷人。但是，财产权逐渐战胜了传统，而公民之间，特别是贵族与平民之间的地位差别也继续发挥着作用，贵族享受着特权地位，且在各种大会中有不成比例的代表。当然，罗马人设计了用来调节不同类型公民之间关系的政治制度和程序，例如尤其独特的保民官职位。然而，尽管最初受到希腊法律影响，罗马人却创造了一个远为精致的法律机器，他们比希腊人更加依靠法律来管理大众与精英、有产阶级与不太富有的公民之间的事务。这些团体之间的社会关系，大部分不是表现在政治生活的公共领域，而是表现在私法（一个独属于罗马的范畴）领域；对财产的管理明显构成罗马公民法的最大部分。

罗马法的创制时刻是公元前5世纪中期十二表法的制定。当罗马人回顾自己的法律史时，把它理解为回应平民对旧的习惯法体系（它过去由贵族法官解释和实施）不满的结果。但是，十二表法或许并没有根本改变传统法律的实质或其对贵族的偏向，当然也没有淡化贵族与平民的差别。毋宁说，平民不得不勉强对一个明确概括了他们权利的成文法典表达法律效忠。后来，特别是当共和国成长为一个庞大帝国时，从这个早期成文法中诞生的私法体系会需要加入许多调整和补充，但它仍是罗马法的基础。

在起源和实质上，罗马法都扎根于作为贵族的地主和作为平民的农民之间的古老关系。许多农民早期都曾处于一种依附状态，他们占用并耕种地主
121 许可给他们的土地，并为地主提供政治和军事支持作为交换。这种传统的庇护人与被庇护人（clients）关系会很快改变其形式，贵族与平民之间的区分也不再必然包含地主与附庸农民之间的庇护关系。但是，庇护仍旧意味着一种地位平等者之间的关系，在其中，罗马精英为社会下层（或者有时以公共身份为集体甚至城市）提供帮助和保护，换取被庇护人的忠诚、顺从、政治支持和各种服务。独属于罗马的庇护概念和庇护人与被庇护人关系在雅典那里没有对应物，它们将持续塑造罗马的社会和政治依附概念。

即使没有庇护人与被庇护人之间的个人关系，阶级之间的社会关系也持续在私人领域中表现着自己，在那里，法律管理着财产以及一切与之相伴的权利和义务。这预示出一种与希腊极其不同的公共领域概念。希腊人在国家领域与非国家领域之间做出了各种区分。在前章中我们遇到过这样一种

区分，例如在索福克勒斯的戏剧《安提戈涅》中。但是，对这部戏剧的关键问题是什么做下提醒，也可以帮助我们澄清，希腊的这些区分如何不同于罗马的公共与私人的对立。《安提戈涅》往往被解读为一场个人良心与国家之间的冲撞，但是，如我们看到的，它更与两种“法”的观念对立有关，安提戈涅代表着永恒的不成文法，其形式是传统的、习俗性的、宗教性的亲属义务，而克瑞翁代表着一种新政治秩序的法。这出戏剧还涉及两种冲突的忠诚或友爱形式：一边是血缘纽带和个人友谊，另一边是公民共同体，即其法律被认为指向共同利益的城邦的公共要求。在上述任何情况下，非国家领域都不能被完全描述成私人的，因为城邦部分和非城邦部分都与公共义务有关。

希腊人最趋近公私二分的是城邦和家庭的区分。正如修昔底德在他记录的伯里克利《葬礼演说》中表明的那样，雅典人肯定区分了一个公民的家务或一个个人的事务与城邦的共同事务。但是，在希腊政治理论中，正如亚里士多德最清晰阐述的，家庭和城邦之间的区分与两种联合形式及统治它们的不同原则（特别是家庭关系的不平等和城邦的公民平等，或者说家庭作为必 122
然王国和城邦作为自由王国）有关。对亚里士多德来说，一个因为束缚于必要劳动而不被允许进入政治领域的人，与其说是一个与公民相对的私人，不如说是一个与城邦“部分”相对的城邦“条件”。在社会不平等的政治后果问题上，或者说在一种从事必要劳动的生活是否使人没有资格从事政治的问题上，民主派不会同意亚里士多德。但他们会同意他的这个观点：政治领域的独特特征是公民平等，这当然正是民主派和反民主派在穷人和劳动阶级进入这个特权领域的问题上产生激烈争执的原因。

相比而言，罗马人详尽阐述了某些非常明确的公私区别，但这些区别与希腊人区分家庭和城邦的标准没有关系。例如，对罗马人而言，不平等正式地出现在政治领域中，因此也不是区别公私的标准。这当然不是区分一种尊者统治卑者的家庭领域和一种社会不平等者在其中以政治平等者身份对待彼此的公民领域的问题。在罗马，私人性的财产领域中社会不平等者之间的关系，反映在公共领域的等级式公民身份中。罗马创造了一种新的、或许前所未有的私人领域；他们对于公私的区分代表着一种新形式的二分法，它鲜明体现在位于罗马法律体系中心的公法与私法区分中。

仅存的对这种区分的详细阐述是如此定义的："公法涉及罗马国家，私法涉及个人利益，因为有些事情属于公共事务，而另一些则属于私人利益。公法包括宗教事务、祭司职权、官员职权。"[1]私法显然是罗马法律体系更主要的关注，相形之下，处理公共行政事务的法律机器完全是不成熟的。私法的优先性本身就是意义重大的，这个单纯事实（罗马人感到有必要在公私之间划
123 出这样一条明确的界限）也一样。决定性因素不单纯是国家的成长。共和国有一个最小的、几乎业余的国家，甚至帝国也是"统治薄弱的"，而其他古代文明有着远为复杂的国家。使罗马人与其他古代文明区分开来的事物，是他们的财产制度及独特的法律上的财产权观念。这种财产制度带来了一个轮廓分明的私人领域，个人在其中享用着自己的排他性支配权。

这一点与希腊的对比尤为突出。人们常说希腊人没有明确的所有权概念，甚至没有一个指称它的抽象词语。一个雅典人可以主张对某份财产有一种比另外某人更优先的权利，但这肯定与罗马的"所有权"概念必然包含的排他性主张根本不同。在关于财产权的争论中，实践中的差异也许没有理论中的那样大，但其重要性不宜被低估。关于罗马人如何把社会世界概念化，它告诉我们很多。所有权一词和"与所有权相关的实在法"，一位希腊法注释者在对比罗马时写道，"作用是极力强调罗马所有权的个人主义特性，在'返还所有物之诉'（vindicatio，即一位罗马公民主张对某物有或多或少排他性的所有权的古代法律行为）中，这种特性会强有力地表现在原告讼词里"：[2]"我依据奎里蒂法（ius Quirtum）主张此物属于我"，也就是说，依据只有罗马公民才享有的私人性、排他性个人所有权的法律权利。以这种方式，"罗马人提出了一种对抗全世界的权利主张，其基础是他自己的意志行为"。[3] 因此，"所有

1 这个阐述来自罗马法学家乌尔比安（Ulpian，逝于 228 年）。皇帝优士丁尼一世（约 482 年—565 年）时期的罗马法汇编——优士丁尼《学说汇纂》据说大约有三分之一的内容应归于乌尔比安，它开篇就是这种公法与私法的区分。

2 哈里森：《雅典的法：家庭与财产权》（A.R.W. Harrison, *The Law of Athens: The Family and Property*, Oxford: The Clarendon Press, 1968），第 201 页。若称罗马财产权是"绝对的"，这可能有误导性，但是，或许没有什么比"绝对的"财产权这个概念本身更有误导性。如果"绝对"意味着完全不可侵犯，没有对其用途的限制，或没有附加其上的义务（例如纳税），那么，从没有一种真正绝对的财产权形式。但是，如果不承认罗马财产权独特的**排他**性质，即它属于个人而排斥他人的程度（即便它联系着某些义务）就会是一个错误。

3 哈里森：《雅典的法：家庭与财产权》，第 201 页。

权”概念以空前的明晰性划出了私人领域，而私人领域与财产权不可分割。

“所有权”概念包含的支配一种排他性的私人和个体领域的观念，将与一种明确公共的统治形式概念同步发展。“统治权”意味着军事支配权，也意味属于某些民政长官的支配权利。它会不断演变，进而包括了皇帝的统治权，从而渐渐趋近某种类似主权概念的东西，这区分了罗马的国家观念与 124
希腊的仅仅作为一个公民共同体的城邦观念。因此，“所有权”与“统治权”的合作关系，概括了如此独特地属于罗马的公私区分，以及财产权与国家的联盟。

罗马人构想出一种比以往更为个人主义、更为排他的财产权观念，或者说他们以历史上前无古人的方式区分了私与公，这并不是说他们预兆着现代自由主义的个人主义。他们关注的不是例如保护个人权利免受国家侵犯这类事情。实际上，他们几乎没有一种需要以这样的方式来思考的国家或个人权利概念，他们的社会关系和制度也不是能够产生这些观念的类型。

罗马不是一个资本主义社会，也不是一种“自由主义民主”。不像其他所有古代文明，罗马人创造了一种具有两个不同权力中心的体制，在其中一个发达的中央国家与强大的私有财产权共存，这是确确实实的。当这个帝国成长时，有产阶级和一个日益成为沉重负担的国家之间出现了紧张，这也是确凿无疑的。但是，在罗马，从未存在一种像资本主义那样的占有体系，资本主义依赖的是以营利性、竞争性生产为基础的集约型增长，而不是大规模土地掠夺中实现的外延型财富增长。帝国的领土扩张是国内土地集中的一种延伸；国家的公共权力，也就是其强制力在私人敛财中发挥着更为直接的作用。

罗马的财产权观念及财产权与公共领域关系的观念，表达了这种独特的财产权与国家的合作关系。罗马国家的纹章 SPQR（Senatus Populusque Romanus），即“元老院与罗马人民”，表达的与其说是一种规范、抽象的国家概念，不如说是统治阶级与从属阶级关系及统治阶级自身内部敌友关系的一个缩影。很明显，在这个表述中，“元老院”有别于“人民”，并且在“人民”前面。这个表述表明了有产阶级在元老院中的统治和他们对人民的有限让步，表明了一种包含人民成分但由贵族阶层统治的“混合政体”。在共和国及其由有

产精英成员从私人财富管理中抽空实施的业余统治中，抽象国家概念的阙如
125 尤其明显。在这种语境下，公私之别并不代表权力两极的对立，而是代表统治阶级的两个不同方面。

因此，公共领域与私人领域的明确划分，主要不是为了保护私人免受公共侵犯。它更多是一个管理私人领域本身的问题。起初，它主要以私法的形式，通过承认财产权的神圣性并列清与之联系的权利义务来帮助调节阶级关系。之后，正如我们在西塞罗著作中看到的那样，统治阶级陷入自我毁灭的冲突，为私人领域管理增加了一个新维度。而且，当共和国让位于帝国时，公私关系不可避免地会发生改变。即使当这种两极对立随着帝国官僚体系的增长而增强时，这个国家仍是财产权与国家之间一种独特的合作关系，因为私人占有仍然依赖帝国权力，同时帝国体系依赖地主精英之间的一种联盟网络。

罗马法还从其他重要方面绘制出社会世界的地图。针对罗马公民的“公民法”与适用于其他人民的“万民法”之间的区分，包含了关于罗马世界的丰富信息。罗马公民法与万民法之间的这种区分，首先把罗马公民和其他人区别开来，同时承认，在一个正在成长的国际贸易体系和一个正在扩张的帝国中，有必要提供某些方法管理罗马人与非罗马人之间的事务。“万民法”观念既允许其他人民按照自己的法律和习俗活动，又试图寻找适用于所有人的原则，这些原则可以构成他们之间来往的基础并可以在罗马法庭中被运用。这不仅适用于与各民族间关系有关的原则，如协议的不容侵犯性，而且适用于范围广泛的私法事务，涉及契约的执行、买卖的条件等。

当罗马公民身份扩大后，公民法的排他性就日益变得不合时宜，但“万民法”继续服务于其他目的。对某些普遍原则的确认被所有人民接受，这为一种自然法，一种源于自然理性的“自然法”观念开辟了道路。同时，“万民法”仅仅被认为是各民族不同社会实践中可观察到的共性，这种观念也使那种罗
126 马实用主义能够（比如）既把奴隶制视为一种本质上不自然的制度，又仅仅基于它（据称）是一种由许多特殊的习俗和法律体系承认的普遍实践，而把它当成正当的。

“统治薄弱的”罗马帝国是由各种各样松散联系起来的碎片构成的，并且

它依赖着一个遍布广阔疆土的有产精英联盟。它的凝聚力不仅仰仗一支庞大的军队,而且依靠能够帮助捏合帝国碎片的文化纽带和普遍主义意识形态。在维护帝国凝聚力上,罗马法发挥的作用与它在统治中的地位有关,也至少同样与它的文化和意识形态影响有关。即使在帝国统治如日中天时,罗马法也从未完全遮蔽地方法律与习俗的特殊性。但是,与帝国扩张伴随的是一种针对各种法律、政治和文化特殊主义不断加强的普遍主义主张,这种普遍主义在自然法或"万民法"中,在斯多亚派的世界主义中,最终在基督教教义和"普世教会"中得到了表达。

## 财产权文化:罗马的斯多亚哲学

在罗马哲学,特别是在罗马斯多亚主义中,也可以看到由一种独特的财产制度塑造的社会世界的地貌。让我们回想一下罗马霸权扩张时斯多亚派学说所经历的变化。大体而言,当斯多亚哲学进入罗马阶段时,最明显的转变是对宇宙论、心理学或认识论问题兴趣日减,而对单独的伦理学沉潜日深。但是,在斯多亚主义变成一种名副其实的罗马现象以前,它就已经离开了早期斯多亚派的学说,甚至也离开了其宇宙论和心理学基础。阿帕梅亚的波西多尼乌斯(西塞罗曾向他学习)不仅修改了斯多亚派的伦理学说,而且挑战了支撑斯多亚主义伦理学与政治学的心理学和宇宙论一元论;还有证据表明,波西多尼乌斯的老师罗德的潘尼提乌斯就已经如此做了,他最先把斯多亚主义引入罗马并且极大地影响了西塞罗。在他们手里,斯多亚主义变成了一种更符合罗马统治阶级利益的哲学。早期斯多亚派学说可以被解读成对奴隶制、帝国,甚至可能还有财产权本身的挑战,这种"中"期斯多亚主义却提供了哲学工具来保护它们。但是,即便没有这些,伦理学中的修改也使斯多亚主义更能适应罗马精英的价值观。

潘尼提乌斯原先在希腊与斯多亚派哲学家一同研究,在那里他遇到了罗 127
马将军同时也是斯多亚主义门生的"非洲征服者"小西庇阿,之后他来到共和国晚期的罗马。后来他又回到希腊并领导雅典斯多亚派。但是,在罗马期间,他与西庇阿关系密切,而且把斯多亚伦理学介绍给所谓的西庇阿圈子,这个圈子由智识上偏保守主义的贵族组成，他们在传播潘尼提乌斯的观念上发挥了主要作用。[1]

潘尼提乌斯的学说之所以特别吸引这类人，是因为他使斯多亚主义伦理学说适应他们出于对尊敬和荣耀的渴望而最赞赏的特定美德，他强调“积极的美德，如灵魂伟大或心胸广阔，恢宏大度或慷慨，端庄与得体，活力与奋进，以此针对传统斯多亚派强调的坚忍与正义”。[2] 更为根本的是，潘尼提乌斯减轻了斯多亚伦理学的严苛性，使这种学说更适应罗马贵族在一个由凡人而非圣贤构成的世界中经常会遇到的那种伦理上的模棱两可和妥协折中。他还赋予各种够不上斯多亚派最高理想的次要善以更大价值。斯多亚主义过去总是考虑到道德的善与好处之间的区分，好处在道德上是无关紧要的，但是可以基于其他理由联系可取性对它们进行评估。物质财富就是一种典型的道德上无关紧要却可取的好处。相比早期斯多亚派而言，现在这些次要善被赋予了更高的地位。

正如在一个充斥着法条主义的社会中可以预期的那样，这种观点认为，正义更多与实在法意义上的合法性有关，而不是与更高的道德法有关。这意味着，严格的道德原则或许不得不为罗马的既有习俗让路，为契约的要求和日常生意与政治的紧迫需要让路，只要它们仍在法律范围内。但是，一旦这种法条主义观念取代了老斯多亚派凌驾于人定法之上的、绝对和普遍的正义概念，用较低的道德公平原则补充、从而软化法律的正义就成为可能。对于
128 罗马共和国最重要的一些政治争论而言，这具有显而易见的意涵。

罗马西庇阿家族的角色，很好地阐明了斯多亚哲学中这些变化的政治意义。公元前 134 年，小西庇阿的表兄、本人也是位成功将领的提比略·塞姆普罗尼乌斯·格拉古，被选举为次年的人民保民官。在弟弟盖尤斯的帮助下，他提出了一个激进的耕地法案，试图按照贫困农民的利益重分公共土地。格拉古兄弟改革的反对力量是由他们的表兄小西庇阿领导的；由于提比略的保

1　一些学者把西庇阿圈子当成一种虚构，它出现在例如西塞罗的《论友谊》(*De Amicitia / On Friendship*)中。但是，无论是否存在这样一个或多或少正式组织起来的“圈子”，在罗马贵族中都无疑存在着一个以西庇阿为代表的重要保守主义集团，它受到中期斯多亚派观念的影响。

2　尼尔·伍德：《西塞罗的社会政治思想》(Neal Wood, *Cicero's Social and Political Thought*, Berkeley and Los Angeles: University of California Press, 1988)，第 48 页。

民官任期在罗马贵族中激起的敌意，他在一场暴乱中被谋杀，这场暴乱是普布利乌斯·西庇阿·纳西卡领导元老及其支持者制造的。

在围绕提比略耕地法案展开的种种争论中，双方可能都援引过斯多亚派的原则。先前的斯巴达革命及其重分土地、取消债务的激进计划，受到过早期斯多亚派平等主义观念及其原理的启发，这个原理是，在一个由唯一、共同的逻各斯调节的宇宙中，万物从根本上说都是共有的。这些观念可能也启发了提比略。但是，紧随斯巴达革命而来的斯多亚派原则的修改，特别是潘尼提乌斯做出的修改，削弱了它们对财产造成的威胁。如果说格拉古兄弟改革能够从斯多亚派关于平等、社会正义和共同性原则的观念中寻求支持，那么反对派则可以诉诸，也的确诉诸了修改后的斯多亚主义，这种斯多亚主义把正义等同于现行法律，并且用公正或公平观念来软化法律。在晚期斯多亚派的这些原则之上，没有更高的普遍正义标准能够对土地改革问题产生决定性作用。它的合法性无疑是个问题，因为不合法的东西不会是正义的（正如合法的东西不会被称为不正义的），但合法性之外还有公平的要求。

令人瞠目的是，罗马的首要思想家们援引公平原则来反对而不是支持重分土地。在《论义务》（这部著作中作者的论证受到潘尼提乌斯的深刻影响）中，西塞罗评论了斯巴达人和格拉古兄弟造成的破坏，以他们为例来说明违背公平原则的财产再分配所导致的结果。在声明“国家和城市的特有职责是保障每个人自由、不受侵扰地支配自己的个人财产”后，西塞罗接着痛斥抹杀公平的土地改革者们采用的“毁灭性”措施。“这怎么能是公平的，”他质问道，“一个从没有任何财产的人会获得已经被占有了许多年甚至许多世代的土地，而之前拥有它们的人会失去它们？”[1]看来西塞罗分享了他的老师、潘尼 129
提乌斯的学生，即斯多亚派的波西多尼乌斯的观点，波西多尼乌斯坚持认为，提比略所做的都不合法，他罪有应得。

当然可以主张，中期斯多亚派的实践伦理学并不服务于特殊的社会或政治利益，而是为凡人而非仅仅圣贤，或至少为罗马显贵在面对日常政治和经济生活的不完美现实时会碰到的问题提供伦理标准。这种观点可能会认为，

---

1　西塞罗：《论义务》（Cicero, *De Officiis*. Loeb Library translation），第2卷，第78—80节。

早期斯多亚主义的道德严苛性是不合时宜，甚至不太人性的，而公平原则肯定对每个人都好。如果斯多亚派的论点被用来为统治阶级的利益辩护，哲学家们自身需要对此负责吗；阐明这些观念直接的政治来源和政治结果，意义又何在？对于此类质疑，我们至少可以做如下答复：即便我们不去考虑像潘尼提乌斯这样的一位哲学家及其与罗马领袖的密切联系同一个清晰的政治议程之间的已知联系，辨识那些特定的历史条件仍会使我们学到一些东西，正是这些特定的历史条件把某些紧迫问题提上政治议程，并塑造了回答这些问题的方式。同时，这样做并不单纯是发掘历史语境以帮助理解古代文本。正如我们在第一章中说的，历史化就是人化，而那些对政治理论针对的紧迫社会问题无动于衷的政治理论分析，让人深感困扰。

即使我们承认中期斯多亚派伦理学说所立足的历史环境，甚至承认它所服务的特殊社会利益，我们仍然可以同意，它的社会和政治意涵并不一定是单方面的，而且它对斯多亚派严苛性的软化有着更广泛的吸引力。但是，潘尼提乌斯并不局限于放松斯多亚派的伦理要求。例如，现存证据表明，他以自己前辈所没有的方式接受了奴隶制。对于一种为适应标准的、尽管还算不上理想的罗马习俗留有余地的伦理学说而言，这大概是可以料想的。但是，还有迹象表明，在心理学和宇宙论中发生了一种更为根本的转变，谋划这种转变的目的是，为保护社会等级制，甚至奴隶制提供一种哲学基础。他显然把灵魂分为支配地位的理性和从属地位的欲望，由此复活了支撑柏拉图和亚
130 里士多德等级制哲学的古老二元论。在涉及奴隶制时，现在又可以像柏拉图那样主张，如果符合理性部分控制低下部分的原则，那么，一些人服从另一些人对双方都有好处。甚至可以像亚里士多德那样坚称，奴隶制对关系双方都有好处，因为那些只配服从的人只会因为服从一位高高在上的主人而受益。

类似的学说被用于为罗马帝国主义辩护。是否潘尼提乌斯本人制造了这样一种论点，我们不太清楚，但西塞罗在他的《论共和国》中的确运用它为奴隶制和帝国辩护。据称这场对话发生在“非洲征服者”小西庇阿的花园里，西塞罗让西庇阿圈子最重要的成员之一、明显也是斯多亚派成员的莱利乌斯讲了一通话，它有关罗马已经实现的“对全世界”的统治。“我们难道没有观察到”，莱利乌斯说，“统治权是由自然赋予一切最优秀者，为的是弱者的巨大

好处？否则，神为什么统治人，心灵为什么统治身体，理性为什么统治欲望、愤怒及心灵的其他坏部分？”这里当然存在着一种区别，他说，也就是一位国王对臣民，或一位父亲对孩子实行的统治与主人对奴隶实行的统治之间的区别。第一种统治与心灵统治身体的方式相同，它也适用于其他各种政治安排；第二种则像理性对欲望和“其他令人不安的情感”的统治，因为它的目的是约束和制服奴隶，正如理性作为“心灵的最好部分”，“用一条更严厉的缰绳……管束心灵的坏部分……”。我们被告知，因为帝国是保卫罗马盟友的正义战争的产物，所以帝国统治尽管可能有第一种统治的成分，但仍正当地属于第二种，在后种情况下，为了较低下的人和民族自身的利益，要强制他们服从其上位者。[1] 131

西塞罗让莱利乌斯说出的这种观念源于潘尼提乌斯。它是在对话开始后不久被提出的，其时莱利乌斯提到曾“与潘尼提乌斯和波利比乌斯这两位可能最谙熟政治的希腊人”[2]谈过这些话。潘尼提乌斯对早期斯多亚派一元论的拒斥，或者他在社会和政治关系中对一种心理学二元论的应用，关于这些问题可能仍存疑问；但是，在他的学生波西多尼乌斯（他被同时代人描述成柏拉图和亚里士多德的伟大追随者）的著作中，就可以更清楚地看到柏拉图式二元论，即统治的理性部分与服从的非理性部分的二元论的复活迹象。波西多尼乌斯还引用了历史上的统治实例，它们似乎构成了低劣者出于服从的

1　西塞罗：《论共和国》，第3卷，第36—37节，勒布译丛。译者评论说，这些残篇“是对奴隶制和帝国主义的正义性论证的一部分，这个论证坚持认为，有些民族和个人天然地适合服从他人，并且会从中得益”。他指出，奥古斯丁后来在《上帝之城》第19卷第21节中解释了这些段落的含义。奥古斯丁在上述段落中解读说：“……（根据西塞罗的《论共和国》）对外地人的统治是正义的，这恰恰因为奴役符合这些人的利益，而且只要它是正当确立的，也就是说只要它能剥夺恶人作恶的机会，那么，它就是为了他们的福祉而确立的。这些被制服的人，境况会变得更好，因为他们未被制服时境况要更坏。为了支持这个推理，一个令人印象深刻的例子被引入，仿佛来自自然一样：因此，为什么神统治人，灵魂统治身体，理性统治欲望及灵魂的其他坏部分呢？”（勒布译丛）。

2　西塞罗：《论共和国》，第1卷，第34节。历史学家波利比乌斯（约公元前203年—前122年）是希腊人，但他与西庇阿家族关系密切，而且是罗马帝国统治的拥护者。他的宏大历史著作试图解释罗马帝国如何实现其征服，他把罗马的成功很大程度上归因于它的混合政体，归因于由执政官、元老院和民众的合作所产生的各阶层之间的平衡与相互依赖。他概述了各式各样的政体及其起源，并以柏拉图的方法概述它们的堕落过程，他这样做似乎在为一位希腊读者讲述支持罗马帝国统治的理由。参见彼得·格林：《从亚历山大到亚克兴：希腊化时代的历史演进》（Peter Green, *Alexander to Actium: The Historical Evolution of the Hellenistic Age*, Berkeley and Los Angeles: University of California Press, 1993）。

好处而服从优越者的例子。无论如何,各种涉及潘尼提乌斯观点的证据片段中浮现出的帝国理论和(或)那些受到他强烈影响的观点,至少都认为,帝国统治是可以得到辩护的,只要它有利于其臣民。这种观念可能还没走到亚里士多德那么远,即认为有些人是自然奴隶,并因此只会从在上的主人的奴役中得益。但是,关于什么对臣服者有利的想法,本身一开始就明显着上了柏拉图式和亚里士多德式观念的色彩,这种观念认为,统治者和被统治者之间存在着一条自然界限,并且有些人因为被统治而处境变得更好。这与早期斯多亚派关于一个一体宇宙中一个普遍逻各斯的观念格格不入。

## 西塞罗

没人能比政治家、演说家和思想家马库斯·图利乌斯·西塞罗更好地为罗马财产权文化代言。他的政治思想或许没有深刻的原创性,但在共和国晚期那个急剧动荡的时刻,他对包括斯多亚主义在内的各种盛行思潮的综合,
132 特别能够适应罗马元老阶层的状况和利益。其时,共和制形式已经无力维持社会各阶级之间及其内部的微妙平衡,统治精英所面对的头等社会问题不再是来自下层的威胁,而首先是他们的自我毁灭。如我们看到的那样,西塞罗在他的政治理论中确实巩固了侧翼以防范民众的威胁,包括重分财产的威胁,但他的首要关切是恢复财产制度所依赖的统一与稳定。他接过的任务是捍卫财产权的优先性和有产阶级的统治地位,同时规劝统治阶级克己复礼。

西塞罗生于公元前106年,他是一个富贵尊荣的地主家族之子,尽管这个家族不是元老家族。作为骑士阶层的一员和一位“新人”,他无疑会被迫趋炎附势,但他的家族人脉广泛,而且他享受了文雅生活的一切好处,包括最好的教育。作为一名年轻的法律研究者,他开始接触到这种类型的罗马政治家,他将成为西塞罗终其一生的政治模范、他眼中祖辈政制的中流砥柱,以及在他的动荡时代正日渐颓丧的严于律己的共和主义美德的榜样。他受到的教育也包括哲学,他还在雅典花过一段时间研究演讲术和修辞学。带着对柏拉图的无比尊崇,然而还带着一种温和的哲学怀疑主义,(基于拉里萨的斐洛的教诲),以及他认为与柏拉图并非对立的一部分斯多亚主义(它的伦理学而非

认识论或形而上学），他完成了自己所受的哲学教育。

当西塞罗回到罗马从事律师行业时，他积极并成功地步入政坛，青云直上，30 岁成为财务官，协助西西里西部行省总督履行财政职责和帝国统治职责。这使他有资格进入元老院，他最终在 42 岁（最低许可年龄）时被选举为执政官，得到了共和国能够给他的最高职位。此时，他已被树立为保守共和主义的捍卫者、土地改革和民主改革的反对者，还被保守的元老们视为恺撒和喀提林之类民众领袖（正如其批评者觉察到的，这些贵族正在向群众献媚）的有力对手。西塞罗的主要成就之一是挫败了保民官普布利乌斯·塞维乌斯·卢鲁斯的土地改革，但他最家喻户晓的政治行动显然是击败喀提林，据称喀提林在城市平民和失地或负债的农民支持下密谋夺取权力。

然而，这种辉煌成就可能也促成了西塞罗的毁灭。他无情而不顾法律地 133
处置密谋者，甚至招致保守派反对。无论如何，罗马的政治风向转而有利他的敌人。他遭到放逐，以哲学为慰。公元前 58 年他返回罗马，公元前 51 年被派往西里西亚履行总督职责，每位前任执政官都会要求这个职位。他负责这个帝国行省的民政和军事管理，工作颇有口碑，他从自己职位上榨取的财利比一般的罗马总督要少。对于西塞罗对财富，包括其个人财产的态度（抛开其他的不说，他是一位热衷于出租低劣房屋的房东[1]），我们不应该抱有幻想。但是，按照罗马的标准，他无疑两袖清风地履行了自己的职责，令人敬佩，而且他还在自己的行省赢得了一场不大的军事胜利。回到罗马，他发现自己挚爱的共和国处于内战状态，恺撒和庞培及其各自的私人武装相互对立。西塞罗站在庞培一边，他认为恺撒的胜利和独裁是共和国，甚至罗马国家的末日。但是，他从未遭到大获全胜的恺撒的毒手，根据西塞罗自己的证言，恺撒以最高礼遇待他。恺撒遇刺后，西塞罗与刺杀者们结盟，并一度成为罗马的实际统治者。当他的同盟转而被恺撒的副官马克·安东尼（西塞罗曾猛烈攻击

---

1　西塞罗致其友人阿提库斯的信，揭示了他对自己财产的热烈兴趣和对收益的敏锐目光。例如，在他的一封信中，有如下让人忍俊不禁的段落："我的两家店铺倒塌了，其他的出现裂痕，因此老鼠都迁往他处，更别说租客了。其他人说这是一场灾难，但我甚至不称之为一个麻烦。哦，苏格拉底呀，苏格拉底，我永远无法报答你！神明在上，发生在我身上的这些事多么微不足道！尽管如此，在维斯特里乌斯的劝说和唆使下，一个修建计划已经进行了，这会把这场损失变成一种收益来源。"《致阿提库斯书》（*Att.* XVI.9，1）。

他）打败时，新的三头同盟宣布其前任包括西塞罗失去法律保护，他最终于公元前 43 年被他们的士兵杀死。

西塞罗当然不是一位系统的思想家，更不是柏拉图和亚里士多德那样的体系性哲学家。但是，某些原则清清楚楚地不仅出现在他的主要著作，例如《为塞思提乌斯辩护》、《论共和国》、《论法律》、《论义务》中，而且出现在其他演讲和书信中。我们接下来不会像在论述柏拉图和亚里士多德时那样，在单
134 本著作中寻找详细的论证线索，而是试图找出他在不同著作中展示的诸基本原则，探明它们的联系，思考它们的来源、意义和意涵，从而整合出一套或多或少连贯的政治理论。

如今西塞罗的政治思想往往被忽视，但是，即使仅仅因为它在有重大影响的现代早期风靡一时，它也在西方传统中产生了深远影响。特别是自 16 世纪到 18 世纪，欧美思想家从他的著作，主要是《论义务》中找到了一系列称心如意的观念，其中的一些使评注者对西塞罗赋予了一种难以置信的现代性，而不顾他在古代的坚实根基。这些观念可以被总结如下：

> ……自然法和正义原则，普遍的道德平等原则；一种强调爱国和献身的共和主义；一种对自由的强劲鼓吹，对暴政的激昂反对和对诛戮暴君的令人信服的辩护；一种对宪政主义、法治和混合政体的坚定信仰；一种对私有财产神圣性和私有财产积累之重要性的强烈信念，以及认为国家和法律的首要目的是保护财产权和财产差异的观点；一种按比例的社会和政治平等概念，它必定包括一个由差别性权利和义务组成的等级体系；一种模糊的“自然贵族”统治的理想；还有一种适中而开明的宗教和认识论怀疑主义。[1]

在古希腊罗马思想家中，当然不只有西塞罗一人信奉某种道德平等，或鼓吹自由、法治或混合政体，肯定也不只他有社会政治等级制的观念，或“比例”平等的观念，以及“自然贵族”统治的观念。真正与众不同的，是他的自然

1　尼尔·伍德：《西塞罗的社会政治思想》，第 4 页。

法概念，这使他能够把对贵族统治与政治等级制的拥护同一种普遍的道德平等原则结合起来。这个显而易见的矛盾，会成为西方政治思想，特别是现代早期西方政治思想的一个主要特征，在那个时期，人的自然平等和所有个体的平等道德价值的观念，伴随着政治等级制（例如在约翰·洛克那里），甚至悖谬地被用来不仅为等级制而且为绝对统治辩护（这在霍布斯那里最明显）。
西塞罗肯定受到斯多亚主义的影响，但他以斯多亚派从未有的方式发展了自 135
然法概念，而且他或许是第一位阐释了这个悖论的重要思想家。在这方面，这位罗马思想家同他的古希腊前辈柏拉图和亚里士多德形成了显著对比。

我们已经看到，在雅典民主的背景下进行著述的柏拉图，如何通过设置一种自然不平等原则来挑战民主城邦。这或许并不意味着，在他看来人们之间的自然不平等足以解释统治者与被统治者的区分，而是说对他而言这种区分本身是一种自然和必要的原则，它建立在灵魂的“较好”部分和“较坏”部分的划分上，而后一种划分又通过为谋生而劳动的人与统治他们的人之间不可避免的劳动分工得到再生产。亚里士多德同样坚持统治部分与被统治部分之间存在一种普遍且自然的区分，在他的理想城邦中，这种区分体现为城邦的“部分”和城邦的“条件”之间的区别。

西塞罗则用一种不同的进路处理不平等问题。他当然赞同柏拉图和亚里士多德对政治不平等之必要性的看法。他甚至有一种二分的灵魂观念，如我们在《论共和国》中莱利乌斯的讲话那里看到的，他把它明确转换成一种政治等级制和帝国等级制的原则。像他在《论义务》和其他地方尤其明确表示的那样，他确实相信存在一种社会劳动分工，它使从事低贱而鄙俗行业的人服从过文雅生活的人。同时，他又遵从斯多亚派的宇宙观念：宇宙中弥漫着一种普遍理性原则，它不仅统治着宇宙，而且栖居于每个人的灵魂中。这种神圣的理性原则表现为各种绝对的、普遍的、不变的、永恒的法，它们调节宇宙秩序并确定人类行为的伦理规范。原则上，所有人都具备认识这些自然法的固有能力，因为他们都分享着同一个宇宙理性；这个固有的、普遍的理性创立了一个普世的共同体，即一个所有时间地点中的所有人都属于它的世界城邦。

当然，我们已经遇到过那种能够同统治者与被统治者之间的区分共存，甚至可能能够强化它的世界主义原则。但是，当像西塞罗那样，把世界主义原则同早期斯多亚派宇宙秩序理论所排除的二分灵魂，以及对一种不平等的政治秩序，即一个贵族阶层统治的罗马共和国的明确信奉结合起来时，这种原则就显得如此矛盾，需要加以解释。可以把这种矛盾当成一种无法克服的不一致性而不予考虑，但是，既然更多作为政治家而非哲学家的西塞罗，煞费
136 苦心地以斯多亚派哲学家们从未用过的方式阐述自然法概念，那么，至少有必要发掘这在西塞罗追求的政治目标中服务于何种目的。

## 道德平等，政治不平等

首先，让我们把这个问题放在更长远的历史视野中。西方政治理论没有独创人类平等的观念。例如中国古代哲学有自己的自然平等主义形式。但是，西方政治理论，至少在其对未来有重要影响的某些历史时刻中，遇到了非常特殊的问题，那就是要想办法**在**自然平等的**基础上**为统治提供解释和辩护。或者换种说法，在给定的平等假设下，它必须想办法为统治本身提供解释和辩护。当自然平等观念与对统治和支配观念的挑战结合起来时，也因为它的确与之结合过，自然平等观念就会变成一个让人头疼的问题。只要统治原则凭借自己的方式（无论是作为天命抑或单纯建立在传统之上）在某种程度上不受挑战，它就能够与本质上的人类平等完美相容。但是，一旦统治原则自身受到严重质疑，问题就截然不同了。为自己辩护的责任，更多地落在了作为社会不平等和统治的一种自然基础的人类不平等一方。在这些情况下，自然平等观念代表着一种对统治精英的严峻威胁。当有人援引自然平等质疑权威时，另一些人就不得不设计理论策略和意识形态策略以克服那种威胁，并让民主的观念自己反戈相向。

这种策略的历史始于古希腊。我们看到，在那里，统治原则在特殊的方面受到了理论和实践上的挑战，这些特殊方面使它有别于其他高等文明。在构成古希腊城邦的公民共同体中，主要政治关系不是统治者与臣民之间的关系，而是公民之间的关系。这并不意味着公民们在社会或经济上是平等的，但是，地主与农民都同属于一个公民团体，共享公民平等。这产生了一个新的政治领域，根深蒂固的社会分工，特别还有阶级冲突在这里以政治方式得

以表现,不仅表现在公开的权力斗争中,而且表现在公民大会和陪审团的日常审议和辩论中。这也意味着,在经济不平等与政治平等之间会出现一种不可忽视的张力,这在历史上或许是头一次。

这就是平等观念为那些意欲为统治辩护的人提出新问题的语境。如我 137
们所见,许多古希腊哲学家都受到处理这些问题的需求驱策。例如,柏拉图选择的策略是,寻找一种新的、自然之上的(如果不是超自然的)、超越一切自然平等的等级制原则,以此挑战民主并为一种社会等级制原则辩护。在民主对统治精英构成一种真实挑战的语境下,这看起来是最保险的策略。然而,公民平等与阶级不平等的分离打开了新的可能。此前,即使在人们被假设为自然平等的地方,或者说尤其在这样的地方,国家也代表着统治,这一向是清清楚楚的。但是,现在国家本身,实际上尤其是国家就代表着平等。尽管存在着一切既有的社会不平等,所有公民在他们新的政治身份中都是平等的。这意味着,如果统治关系可以披上公民身份和公民平等的外衣,那么,它们也可以用全新的方式进行伪装。这当然并非易事。但是,我们看到,类似的策略被亚历山大大帝及其后继者采纳,他们主张城邦的价值,甚至民主的价值,以此为一个新的帝国式世界城邦辩护。

希腊有产精英所遇到的一些问题,同样为罗马共和国的有产精英遇到。在这里,他们同样被迫与下层阶级达成政治妥协以保护社会秩序和自己的财产;在这里,地主和农民同样共享一种作为公民的政治身份。但是,罗马共和国与雅典民主也存在一些重要区别,这允许或者说要求不同的意识形态策略。这个共和国显然由元老贵族统治,其统治甚至在公民(政治)领域中也得到承认;罗马人从未发展出公民一人一票的观念,而是按照集体投票计数;公民身份从未消解或遮蔽贵族与平民、庇护人与被庇护人、元老院与罗马人民之间的区分;私有财产权不仅有着更为清晰的法律界定,而且有着更为明确的政治优先性;罗马幅员辽阔的帝国,也完全不同于雅典的盟友与附庸组成的松散网络。

当共和国在西塞罗时期瓦解时,元老贵族所面对的最紧迫问题不是来自下层的威胁,而是这个贵族阶层的自我毁灭。西塞罗的政治理论明显是对这场罗马贵族危机的一种回应。他对这场危机及其原因的认识,无疑塑造了他的理论回应,而且,抛开其他的不说,他的这些认识也使我们对他的自然法概念有所洞察。

如西塞罗在《为塞思提乌斯辩护》中解释的那样，他把共和国的衰落溯源
138 到格拉古兄弟时刻。作为土地再分配改革和拥护改革的统治阶级成员的坚定反对者，他把这个时刻视为共和国黄金时代的终结。自此以后，元老精英致命性地分裂了，一部分人希望保护元老院权威和古代传统即他们的“祖先习俗”，另一部分人通过支持保民官、土地改革，以及与元老院对立的公民大会的权利来迎合群众。在喀提林阴谋中，贵族派与平民派的分裂达到顶峰。在西塞罗看来，这种分裂是对政治和平与稳定的一种致命威胁，而责任恰恰在平民派一边。

在他的主要著作《论共和国》中，西塞罗确立了国家的基本原则，他将其时代设定为格拉古兄弟时期，但明显是对他自己时代的一种议论。正如许多评注者认为的那样，这部著作或许也是对精英圈子中广为阅读的卢克莱修《物性论》的一种回应，因为西塞罗似乎将其伊壁鸠鲁原则当作对公民生活和“祖先习俗”的一种威胁。在这部对话中，西塞罗明确与那些以格拉古之敌闻名的高贵参与者为伍。西塞罗尊奉这些人为古老传统和“祖先习俗”的化身，他还高举他们为自己所处的内乱时代——在这个时代，元老精英被对权力和财富的贪婪驱使，而不受传统、高贵追求或公民责任的约束的楷模。西塞罗希望恢复一个以尊贵的平和或闲适（cum dignitate otium）为特征的共和国，这个说法既暗示出他对一种庄严的公民（政治）和谐（在其中每个人都按照自己的价值得到他应得的东西）的希冀，也表露出过一种尊贵闲适生活的贵族式志趣。

在西塞罗所感知的这种环境下，如何能说服罗马统治阶级回到祖先的道路？如何能说服他们以“祖先习俗”作为指导原则，并去恢复一个以政治和平与庄严为特征的共和国，恢复一个和谐的国家，在那里，按照比例平等原则，权利和奖赏被正当地根据人们的价值分配给他们，在那里，国家和进行统治的公民享受着尊贵的闲适？

某些原则对他的目的显然是必要的。西塞罗就国家和财产权要说的话，在策略上是必不可少的。在我们对斯多亚派的讨论中，我们看到，他认为“国
139 家和城市的特有职责是保障每个人自由、不受侵扰地支配自己的个人财产”；我们也看到，在他眼里，重分土地的改革使“一个从没有任何财产的人会获得

已经被占有了许多年甚至许多世代的土地，而之前拥有它们的人会失去它们”，这项改革违背公平原则。这些段落之所以重要，不仅因为它们表露出他对财产权神圣性的信奉、对地主阶级利益的忠诚，以及对改革和改革者的强烈反对，而且因为它们提示了与西塞罗的国家概念相关的东西。让人惊讶的不仅是他赋予财产保护如此大的重要性，以至于它成为国家的一个（如果不是唯一）基本目的，还有这个事实：他以一种此前西方哲学家从未有过的方式给出了一个规范的国家定义。

如我们所见，罗马界定分明的排他性财产权概念，伴随着一种独特的公私之别。这以希腊经验未曾有过的方式引入一种公共领域，特别是国家的定义。正如希腊人从未阐发一种明确的财产权观念，他们也从未超越公共领域的概念，即与公民共同体同义的城邦的概念。罗马共和国和罗马法催生了对一种得到清晰界定的公共领域的认识和作为正式实体的国家概念，这种实体独立于组成它的公民，甚至不同于在任何特定时刻统治他们的特定人群。西塞罗挑起的任务是，以一种适合罗马财产权概念和财产权与国家关系的方式定义国家。他这样做是出于显而易见的理由。他理想中的统治阶级，应该把享用和扩大他们的地产同公民美德的要求结合起来，因此，他交给自己的任务是，用某种方式把公共领域和私人领域之间的关系概念化，以便在维护私有财产权神圣性的同时强调公共责任。

西塞罗的定义，其核心是把国家的特征描述为“许多人基于法权与正义的一致和利益的共同而结合成的联合体”。[1] 在西塞罗的表述中，正义与共同利益不可分割地联系在一起，它要求我们应该在一切公共和私人事务中给每个人应得的，即他的荣誉，同时保护公共利益。给每个人应得的意味着，每个人都应该避免无故伤人，应该遵守承诺和契约，尊重无论私人还是公共的所 140
有财产。但是，每个人应得什么取决于他的价值，而西塞罗使我们确信，无论还有其他什么东西可以决定一个人的价值，财富和出身都是关键的。一种雅士的生活比一种劳动者的生活更有价值。这些正义原则是自然法规定的，这与伊壁鸠鲁派和怀疑派哲学家对立，他们认为正义仅仅是约定。西塞罗主

1　《论共和国》，第 1 卷，第 39 节。

张,存在着像自然正义这样的东西,它也必定也反映在习惯法和成文法中。如果人定法不符合自然法的规定,它们就不是真正的法,一个由这种法统治的国家也不是真正的国家。

由自然法向下形成的法的等级位于西塞罗政治理论的核心。他写道,法

> 不是人的思想的产物,也不是各民族的协定,而是某种凭借命令和禁止的智慧统治整个宇宙的永恒之物。所以,他们习惯说,法是神最初和最终的心智,他的理性凭借强迫或约束指挥万物。因此,诸神给予人类的法应得到颂扬,因为这是一位智慧的立法者运用于命令和禁止的理性和心智。[1]

在《论共和国》中,西塞罗曾坚称真正的法的普遍性和不变性,现在他继续警告"我们不能依靠人民或元老院而逃脱它的义务"。

通过把自然正义置于国家概念的核心,西塞罗无疑已经把某种道德目的归给国家。这种道德目的无法与他的公共利益概念分离,然而,他的公共利益概念较少与更高的道德目标相关,更多与财产、和平、安全和物质幸福这样的世俗利益相关。在这个方面,他对国家及其目的的观点与普罗塔哥拉而非柏拉图有更多共同之处,更多关注日常生活中平常的舒适,而较少关注某种更高的人性的实现。在《论法律》中,他对人类理性的赞扬,包括对实践技艺的赞扬,与普罗塔哥拉的说法没有太大不同。西塞罗认为,正义是一种固有
141 和普遍的人类感觉,它使人能在舒适与和谐中共同生活,享受理性和技艺的好处;普罗塔哥拉认为,固有和普遍的正义感,以及对他人的尊重,使文明的、舒适的城邦生活成为可能,在这两种观念之间甚至也存在着某种相似性。

但是,西塞罗的政治结论与普罗塔哥拉的大相径庭。他站在柏拉图这边,也赞成柏拉图对鞋匠和铁匠的政治能力做出的反民主判断。在他的演说《为弗拉库斯辩护》中,这位伟大的希腊文化仰慕者流露出对雅典民主的强烈反感,他攻讦公民大会中的"那些鞋匠和裁缝",那些"工匠、店主还有所有渣滓",他们是民主雅典的灾星,也是罗马共和国本身的煽动家的前车之鉴。在

---

1 《论法律》,第 2 卷,第 8 节。

《论法律》以及其他著作和演说中，他非常明白地表达了对这些从事贱业的人的鄙夷和对穷人的极度蔑视，就好像他们是罪犯一样，同时，他溢美那些适合雅士从事的行业，如战争、政治或哲学，还有大型农业或商业。理想的雅士和政治领袖是殷实的土地所有者，理想而言，甚至商业盈利也应该投进土地。

因此不足为奇，当西塞罗在《论共和国》中考察各种政体类型时，他总结道，在纯粹的类型，即王制、贵族制和民主制中，民主制显然是最坏的。即使当平民明智地统治时，民主的平等也有违正义和公平原则，因为它否认人们正当的，但不平等的应得之物：“当平等的荣誉被给予最高者和最低者，而这两种人必定在每个民族中都存在时，这种‘公平’就恰恰最不公平；但这种情况不会发生在由他们最好的公民统治的国家中。”[1]最好的国家类型是一种混合政体，它在富人与穷人的阶级冲突中维持一种平衡，尽管它赋予每个人一定程度的自由，却按照公民不平等的荣誉不平等地在他们中分配它。就像在罗马共和国中一样，这里存在着一种等级制的社会秩序，以及一种与之伴随的等级制的政治权利秩序。

西塞罗就这样试图糅合看起来民主的数学平等原则与一种贵族式的“比例”平等概念，他像普罗塔哥拉那样赋予所有人一种正义感，又像柏拉图那样把正义等同于社会和政治等级制。西塞罗没有看到他自己的政治原则与柏拉图的政治原则之间的矛盾，并把自己表现得追随着这位雅典哲学家的脚 142
步，甚至在自己的两本主要政治理论著作的标题上也亦步亦趋。但是，他与自己的这位伟大前辈不同，因为柏拉图哲学有太多抽象乌托邦色彩，而他自己的意图显然是政治的和实践的。也有可能，比起平等原则对于民主雅典有产精英的威胁，世界主义观念的平等主义威胁对于罗马共和国有产精英的一位守卫者而言没有那么紧迫，在罗马共和国，有产精英的至上地位实际未受到挑战。

在这里，回忆下雅典民主中“不成文法”发挥的作用或有裨益。民主派——哲学家、剧作家或普通公民——可能仍服膺于亲属义务或敬畏诸神这类普遍法的观念，这些法与城邦的“法”之间的关系已经变成一个紧迫的实践问题。不成文法已经受到了全面挑战，无论它们是人定的还是自然规定的。

1　《论共和国》，第 1 卷，第 53 节。

在索福克勒斯的《安提戈涅》中，我们已经目睹了不成文的、永恒的法与政治法之间的紧张。在寡头派的三十僭主政变之后，这种紧张关系变得尤为明显，那时，民主派与寡头派的斗争，促使恢复后的民主禁止人们援引不成文法，因为它与寡头派紧密联系。对于民主的拥护者来说，问题不仅在于把法写下来，使它们为所有公民知晓，并保护它们不受贵族法官干扰。更根本的问题是，不成文法概念已经被等同于寡头派的自然不平等原则，即人因自然而不平等的观念，而在民主派看来，自然不平等原则已经受到了公民平等的正当挑战。柏拉图当然就是这种寡头派观点的主要哲学阐释者，这特别表现为他在一种更高的宇宙秩序原理的基础上把正义等同于不平等。对于他的民主派对手而言，不成文法代表着不正义，而非正义，而且人们必须转向城邦的法，以得到他们正当的应得之物。如我们在希腊戏剧中看到的那样，城邦及其“法”也取代了无尽混乱的血亲复仇和非理性暴力。在这个意义上，是政治法而非不成文的自然法，象征着理性和“神圣劝化”的胜利。

在西塞罗的自然法概念中，我们看到了某种十分不同的东西。无疑，同他的所有人之间的一种普遍道德平等概念一样，他的自然法包含的行为规范与民主派合拍的程度，本来并不亚于它与寡头派合拍的程度。但是，在他的
143 普遍的自然法和超验的理性法中，铭刻的是一种根本上的人类不平等，这意味着寡头制原则是由神规定的并且高于政治法。他自视为柏拉图的追随者，这并非没有缘由。至少在这个方面，他的自然法概念确实可以被理解成一种转化，把柏拉图虚无缥缈的哲学转化成世俗的罗马政治学用语。

如西塞罗展示的那样，自然法和比例平等的结合，看起来归根结底是义务的平等和权利的不平等。考虑到他脑中特定的政治计划，我们无须惊讶于自然法的义务是“克制”、“禁止”和“强制”，它适用于所有阶级，要求精英克己复礼，要求民众安分守己。在这位罗马政治家直接面对的历史和政治环境下，他的方案的优势一目了然。它恰好为他青睐的“混合政体”做了担保，这种“混合政体”赋予所有公民某种道德地位甚至政治地位，同时授予贵族精英阶层统治权。它还有如下优点：要求一个无法无天的贵族阶层遵守秩序，约束其淫行，同时尊重其财产权和政治统治权。最后，值得注意地，西塞罗对他服务并从中获得个人利益的这个帝国不置一词，但他的政治方案在为罗马帝

国主义辩护上有其用处,它为罗马的仁慈帝国观念提供了哲学支撑,在这个仁慈帝国中,优越者根据自然法,为了双方的利益统治卑劣者。

正如其希腊化时期的前身那样,在这种帝国辩护中,世界城邦的观念与城邦中诞生的公民政治意识形态相互结合,或者更确切地说,前者源于后者。一方面,罗马帝国很大程度上依赖着所谓的地方自治体系,即一种由地方贵族统治、表面自治的各单元的联盟。另一方面,正如亚历山大把他的帝国统治界定为世界主义的,世界城邦的观念也可以转化成"普世的"罗马帝国,它会把罗马公民身份扩展到远远超出罗马都城边界的地方。这种公民身份当然不会具有它在民主城邦中所具有的含义,但它是帝国霸权的一种有效的意识形态工具。这种意识形态,最终使罗马的帝国式世界城邦,以及统治它的自然法嬗变为基督教的"普世教会"。

## 罗马基督教:从保罗到奥古斯丁

至少对世俗想象而言,基督教的根扎在罗马帝国的特定条件中,这几乎
是自明的。基督教神学是几乎不可能降生在别处的奇特混合物,它融合了犹
太教一神论、古希腊罗马异教、希腊哲学传统、罗马帝国观念中的希腊化时期 144
王权遗产(以及亚历山大的自我神化)、罗马的普世主义抱负和罗马法。

罗马独特的基督教此后塑造了西方政治理论传统,通过追溯基督教信仰从一种基本是部落教派的宗教到一种普世(主义)宗教、从一种反叛的犹太教派到帝国的一种意识形态基础的转变过程,可以绝佳地理解它的形成。这个转变故事由塔尔苏斯的保罗拉开序幕,在希波的奥古斯丁那里达到高潮。其本质是创造一种独特的普世主义,这种普世主义允许唯一上帝的至上全能的权威与皇帝和国王们或多或少绝对的世俗权力共存,允许上帝面前一切人类的平等与各种最极端的社会不平等和森严的世俗等级共存,这与我们在罗马斯多亚主义修改后的世界主义和西塞罗的自然法概念中已经遇到的微妙平衡不无相似之处。

这种受到罗马基督教影响的学说上的平衡,有着非常特殊的社会、政治和文化条件。它的前提当然是在塔尔苏斯的保罗/圣保罗[他是希腊化的犹

太人，(或许)还是罗马公民]那里得到完美呈现的这个独特的混合帝国。[1] 尽管帝国首都会从西方迁往东方、从罗马迁往君士坦丁堡，同时基督教在4世纪被君士坦丁皇帝确立为帝国国教，但是，保罗基督教的胜利和进一步发展，有赖于东西罗马帝国(西罗马帝国见证了一种根植于西部各行省的独特拉丁神学的出现，以及它在罗马化的北非的最终成熟)之间日益加深的差异。

基督教与帝国并驾齐驱发展。基督教学说的发展，其神性概念和人神关系概念的发展，密不可分地与在基督纪元最初几个世纪中经历了种种显著变化的罗马帝国观念联系在一起。当帝国取代了旧的共和国并按照自己的逻
145 辑发展时，帝国早期的第一公民与元老院协同统治的神话，不可避免地让位于把皇帝视为绝对主人的观念。与此同时，共和国的观念，即帝国是罗马城邦合法征服的产物的观念，被一种更为世界主义的观念，即一个“超民族的世界帝国”(在这种观念中，所有人都平等地受到一位不再只来自罗马的绝对统治者统治)的观念所取代。[2] 把帝国的基督教化看成这种转变在文化上的完成，这当然不是异想天开。

3世纪中叶，这个帝国经历了一场危机，它的统一受到了致命的分裂威胁，边境也开始沦陷。之后，归功于一场军事和官僚制的革命，它以新的生命力再次出现。这场革命由基督教皇帝君士坦丁完成，并且，他使帝国皈依基督教，在意识形态上支持了这场革命。但是，国家官僚制的巩固，并不意味着帝国贵族阶层的弱化。相反，它造就了一个新的、更庞大的统治阶级：一个“任官贵族阶层(aristocracy of service)”，其军事和行政职能为成员提供了无可比拟的发财渠道。[3] 同时，贫富鸿沟不断加深的西方各行省日益由土地贵族统治，他们积累起来的财富，平均算来是1世纪元老贵族的5倍。这也意味

---

1 关于《使徒行传》中认为保罗具有罗马公民身份，存在重要争论。但是，即使质疑这一点的人也愿意接受，他至少极可能属于一种公民团体，即被罗马帝国授予某些自治权利的共同体，它如果不实际上等于罗马公民身份的话，也享受着某些类似的自由和特权。

2 沃尔夫冈·康克：《罗马法律与政制史导论》(Wolfgang Kunkel, *An Introduction to Roman Legal and Constitutional History*, 2nd edn. transl. J. M. Kelley, Oxford: Clarendon Press, 1973)，第50—51页，第62—63页。

3 彼得·布朗：《古代晚期的世界：从马库斯·奥勒利乌斯到穆罕默德》(Peter Brown, *The World of Late Antiquity: From Marcus Aurelius to Muhammad*. London: Thames and Hudson, 1971)，第24—27页。

着,帝国的城市文化发生了一场重大变迁,因为古代公民共同体的公共生活被内向型的家庭生活所取代,贵族的政治恩惠也让位于私人财富的奢华炫耀。

特别是在西部,帝制国家的巩固和占上风的贵族,都决定了基督教神学的演进方向。帝国观念中的变化,可以由希腊化的东方对罗马的西方的胜利来代表,由东方王权观念对罗马共和主义的胜利来代表,这是有说服力的。但是,在独属于西方基督教的进程中,还存在着另一条路线。东方出现的拜占庭"恺撒教皇制"(一个宗教和国家的统一体,在其中基督教承认自己服从政治权威)在国家之外留下了一种属灵的神秘主义残余。相反,西方逐渐发展出属世和属灵两种同等权力的独特观念,每一种权力都有在世间的制度和 146
等级体系。两种同等权力的观念,可能常常既是神话也是现实,但它标示了西罗马帝国的某些根本特点,它们决定性地形塑了西罗马帝国的神学构造。

我们讨论过罗马的财产制度和它造成的独特的公私二分法,在那里我们看到的那些社会和文化条件中,或许可以找到西方基督教二元论的来源。罗马人在他们极其特殊的社会条件中发展出了一种概念工具,它尤其有助于理解各自独立但又共生的权威结构,就像在他们的财产权与国家或"所有权"与"统治权"概念中那样。同样的区分可以被用来修改普遍性和共同性原则,例如斯多亚派确立的那些原则,这些区分允许个别和私性楔入普遍和共同。

因此,举例言之,塞涅卡(约公元前 4 年—公元 65 年)通过展示万物如何可以既被设想成是共有的,至少对智慧者而言是共有的,又仍是个人的和私有的财产,由此阐述了斯多亚派学说。他对皇帝权利做了一个重要类比:"凭他的统治权,万物都是(恺撒的)";但同时,万物因他的"统治权"而属于他,这一含义必须区别于事物因他的继承权,即"因实际的权利和所有权"而作为他的个人财产属于他。塞涅卡接着把这个类比运用于诸神,这使我们得以探寻把神权观念和罗马财产权观念连接起来的概念逻辑:"诚然,万物都属于诸神,但并非万物都供奉给诸神,而且……只有在宗教供奉给神的事物那里,才可能发现渎神行为。"[1]

因此,这里存在一种思考财产权和权力领域的方法,它使以下情况成为

1　塞涅卡:《论恩惠》(*On Benefits*),VII, vi—vii。

可能：一方面坚持一个普遍的宇宙逻各斯、一种普遍和共同的自然法、全人类的平等，甚至一位全能神独享的至上地位，另一方面仍宣告私有财产权的神圣性、社会不平等的正当性和世俗政府的绝对权威，包括那些依据任何理性标准都可以被判定为违逆神法或自然法伦理原则的世俗政府。这种思考方法反映了一个世界主义帝国的历史现实，这个帝国既诉诸普遍主义原则以维
147 护自己的正当性，又与一种前所未有的私有财产制度共生并支持着它，这种私有财产制度是一个强有力国家和强大私有财产权的独特联合，如我们所见，这与其他古代高等文明大相径庭。大部分罗马斯多亚派哲学，更不用说罗马法，都致力于维持这种独特平衡，捍卫国家的"统治权"主张，同时强化私人"所有权"的神圣性。把这种二元论逻辑及其独特的两种权威领域的划分，转化成特别属于西方基督教的世俗领域和灵性领域的划分，只需要一些概念上的微调。

《圣经》中说耶稣自己提出的原则是"恺撒的物当归给恺撒，神的物当归给神"。这个以此种简单形式宣告的原则与塞涅卡修改后的斯多亚主义完全一致。它当然没有质疑神的至上性、他的神法的普遍性，或他对此世或彼岸万物的"所有权"，但它也为恺撒的绝对权威领域找到了一席之地。上帝的宇宙"统治权"与恺撒的世俗"所有权"共存，正如恺撒的世俗"统治权"与帝国有产公民的私人"所有权"共存。

我们所知道的基督教创立者保罗，在他为对世俗权力的绝对服从的辩护中，开始把普遍的神性、全人类在上帝面前的灵性平等学说同世俗的财产不平等、社会等级制和绝对政治权威结合在一起，并转化成系统的基督教神学。他使基督教脱离犹太律法，用一种超验的道德学说（它平等地适用于全人类，既适用于犹太人，也适用于希腊人或罗马人；既适用于主人，也适用于奴隶）取代了一种基本上是部落性的宗教的特殊主义，由此确立了他的普世主义原则。"神的义"，他写道，不凭借任何律法而显现自身。在这方面，他属于希腊化的和斯多亚派的世界主义传统，他可能不仅从斯多亚派哲学中，而且从《七十子译本》（希腊化时期《旧约》的希腊文译本，在那里希伯来《圣经》的犹太排他性被某种向非犹太人开放的世界主义所修改）中学习到这种传统。[1] 然

---

1 关于保罗和《七十子译本》的讨论，参见卡尔文·鲁特泽尔：《保罗：其人与神话》（Calvin Roetzel, *Paul: The Man and the Myth*, Edinburgh: T. & T. Clark, 1999），特别是第 16—17 页。

而，保罗的普世主义是一把双刃剑。一方面，它宣称全人类的平等道德价值。 148
另一方面，它完全没有挑战，实际还支持了世俗领域中的社会不平等，断然主张世俗国家的绝对权威并责令人们予以接受：

> 在上有权柄的，人人当顺服他。因为没有权柄不是出于神的。凡掌权的都是神所命的。所以抗拒掌权的，就是抗拒神的命。抗拒的必自取刑罚。做官的原不是叫行善的惧怕，乃是叫作恶的惧怕。你愿意不惧怕掌权的么。你只要行善，就可得他的称赞。因为他是神的用人，是与你有益的。你若作恶，却当惧怕。因为他不是空空的佩剑。他是神的用人，是申冤的，刑罚那作恶的。所以你们必须顺服，不但是因为刑罚，也是因为良心。你们纳粮，也为这缘故。因为他们是神的差役，常常特管这事。凡人所当得的，就给他。当得粮的，给他纳粮。当得税的，给他上税。当惧怕的，惧怕他。当恭敬的，恭敬他。[1]

这种对皇帝神授权力的宣示，可以以不止一种方式来解释。优西比乌斯主教在他对君士坦丁的著名颂词（其辞令谄媚难有出其右者）中，阐发了一种支持第一位基督教皇帝君士坦丁的意识形态，它把皇帝当成上帝的代理甚至他的同伴，当成神圣逻各斯（神的道）在尘世的显现。这种学说的结果当然影响深远，但是，保罗神学中还存在另一个同样影响深远的主题，它将只在基督教西方、在西方独特的条件中得到充分阐释：皇帝不是上帝在尘世的代理或神圣逻各斯的化身，而是堕落人类的（当然是上帝所命的）世俗统治者。

思考保罗写作《致罗马人书》的语境，以及他的同代人对他针对犹太律法的特殊主义所宣告的普世主义、世界主义原则给予的重视，或许会有所裨益。抛开保罗学说的其他意涵，也不提在早期基督徒中是否真实发生过普世主义
的"希腊化犹太人"与特殊主义的"希伯来人"之间的冲突，对于异教的罗马掌 149
权者和帝国精英来说，保罗的普世主义确实有某些显而易见的优点。基督教或许开始是一场城市穷人的运动，但是，保罗给富人阶级传达的信息，无疑比

1　《致罗马人书》13。（中译文参见和合本。——译注）

(例如)其他早期犹太基督徒的信念更让人安心,后者追随耶稣,宣扬一种不只局限于道德或灵性领域的平等主义,他们否定物质主义价值观,号召基督徒舍弃财富,交给他们的共同体。甚至保罗强调的救赎是凭信仰而不是凭劳作,对于那些注定不能严格遵循社会福音的人而言也有着一目了然的优点。

奴隶制本身与保罗的普遍平等学说相容。他要求仆人“要惧怕战兢,用诚实的心听从你们肉身的主人,好像听从基督一般……晓得各人所行的善事,不论是为奴的,是自主的,都必按所行的得主的赏赐”。[1] 保罗的原则责令主人善待仆人,以此承认仆人的道德平等地位,但这些原则并不代表对奴隶制度的挑战。

保罗最基本的神学原则,也远比犹太教或犹太基督教的神学原则更能与罗马国家掌权者融洽相处。当反叛的犹太人抵抗罗马霸权,拒不承认皇帝的神性,而犹太基督徒通过主张基督的统治权而断然否认恺撒的神性时,保罗的普世主义对犹太特殊主义的攻击,以及他用一种世界主义(它同时把恺撒的物归给恺撒)对犹太教一神论的替代,漂亮地使任何此类对帝国权威的挑战都被釜底抽薪。它支持罗马帝国的世俗普世主义,抛开别的不说,它用一种普世主义一神论取代了犹太律法的现世主张,这种普世主义一神论与犹太教一神论不同,它原封不动地保留了恺撒的权威。

换句话说,保罗式基督教神学实现了一种对普世主义的改编,这类似于斯多亚派学说的变化。这种变化削弱了普世主义的平等主义意涵,及其对既有掌权者的潜在威胁,使这种学说更能投合罗马精英。可以说,像罗马斯多亚派一样,熟悉斯多亚哲学并受其影响的保罗,实现这一结果是通过再次引
150 入一种二元论,这种二元论允许下述划分：一方面是道德或灵性领域,在其中宇宙逻各斯规定了一种普遍平等;另一方面是物质世界,在其中社会不平等甚至奴隶制盛行,并且政治权威有资格强行要求一种绝对而普遍的服从,正如主人可以强迫他们的奴隶一样。

但是,基督教需要自己独特的划分权威领域的方法。对于斯多亚派来说,承认现实世界中并非所有人都是智慧的,因此凡俗男女的寻常世俗生活

1 《以弗所书》6：5—9。(中译文参见和合本。——译注)还可参见保罗的《腓利门书》,在那里他要求一位富有的基督徒人道地接收保罗遣返给他的逃亡奴隶。

必须受到某种实践伦理和一种由公平调和的法条主义的统治，这就已经足够。斯多亚派支持罗马财产权、政治等级制和帝国的理由，显然因为早期斯多亚一元论被某种类似柏拉图式统治与服从原则的东西所替代，而得到强化。但是，如我们所见，罗马斯多亚派大抵满足于关注伦理学领域，而不劳神去对心理学、宇宙论或形而上学进行更深的思辨。基督教则需要更多东西。

当然，基督教中会出现新柏拉图主义的一支，它采用了柏拉图的超越经验现实的一个超验领域概念，并设定了太一，即终极统一的、无法认识的神圣现实，一切其他层次的现实都从中流溢出来。柏拉图式哲学无疑能提供一种宇宙的统治与服从原理，正如某些斯多亚派做过的那样，它能被用来为尘世的各种等级辩护；而且，太一（从其中流溢出逐级下降的现实秩序）观念，或许可以被用来支持皇帝的绝对权力，例如像优西比乌斯那样，启灵于人格化为君士坦丁的神圣逻各斯。与感官和理智世界对立的柏拉图式的老观念，也可以支持一种保罗式基督教二元论。但是，基督教新柏拉图主义并不特别适合为既有的社会政治安排提供积极支持。它更倾向于贬低尘世存在和物质领域，鼓励基督徒从中寻求神秘的解脱，不懈努力达至灵性领域，并尽可能使人类灵魂与上帝一致。这无疑会助长一种对现世不正义的消极接受，并以此种默认方式支持了各种既有的权威；但它确实不会主动强化财产权和国家的主张。对基督徒而言，在一种由一位全能上帝统治的神学普世主义面前，为罗马社会的、政治的、帝国的秩序提供一种辩护，是一项极其特殊的挑战，而西方基督教也以极其特殊的方式应对这项挑战。

归根到底，整个保罗式二元权威结构依赖着罪的概念。对罪的强调是一 151
种独属于西方的现象，这是个惊人的事实。只把这同罗马霸权的意识形态需要联系起来加以解释是愚蠢的，但是，忽视罪在支撑“归恺撒”原则中的作用也同样愚蠢。根据基督教的这种观点，因为且仅仅因为人类天生是有罪的，所以世俗政府及对它们的完全服从是必要的。对保罗来说，基督的确象征着从普遍的罪的污染中的救赎，但是——在此生，如果不是在来生的话，无人能逃脱人类的罪，而这使恺撒的权威成为不可避免的必要之物。人类的罪使世俗权威正当化，这个原则在保罗这里已经展现出来，而在奥古斯丁那里将得到充分发展。由此也开启了一种悠久的西方政治理论传统，它把私有制和世俗政府的必要性和正当性归咎于人类的堕落状态。

同时,在各种组织这个堕落世界的世俗制度中,还有教会,在这里西方基督教的独特性也一样彰明较著。对教会地位和结构的关注属于西方的程度,并不亚于对罪和个人救赎的强调。从东罗马帝国到拜占庭,在基督教的发展过程中,国家实际上变成了教会。帝国是尘世的教会,同时皇帝是它的首领。西方的路径是不同的。在这里,教会有责任组织基督徒们的个人拯救,他们无望在此世见到真正的和谐与正义,而且不得不依靠恺撒(他不是作为上帝在尘世的神圣代理,而是作为世俗的政治权威)管制他们的堕落生活。

教会实际上变成了一种平行结构、罗马国家的一个镜像,在其中,宗教职责被认为是官方职务。甚至西罗马社会等级的轮廓也被投射在教会中,而主教扮演着有土地的元老贵族。实际上,教会贵族往往从同一种社会根源中产生;而主教制会成为土地贵族的主要制度之一,它是世俗权威碎裂时贵族权力的一种再配置。[1] 在事实和概念上,西方的主教都是罗马独特的社会秩序
152 产物,即无与伦比的土地所有权自主性和贵族优势地位的产物。他们会继续象征一种教会权力,也同等程度地象征一种世俗权力。而且,在下一章我们会看到,西方基督教的特殊发展将继续映照土地贵族的命运,它有时反映出他们的优势地位,有时又被着力推行中央集权计划、反对贵族自主权的国王操纵。

这是历史的众多讽刺之一:帝国在西方崩溃,帝制国家让位于一种由土地贵族统治的碎片化秩序,而这时是西方在教会等级制中保留了罗马帝国的结构和制度。尽管这些发展的萌芽已经表现在保罗的《使徒书信》中,但是,一种真正罗马的拉丁神学直到 2 世纪末才出现。在很长时间里,受教育的基督教精英的文化几乎难以与他们的异教公民同胞的文化相区别,其重点是文学和修辞学,与东方对哲学的关注形成对照。[2] 现在我们无须惊讶,在一种独属于西方的神学的发展中,首位重要人物——一位驻扎在迦太基的百夫长之

---

1 帕特里克·吉尔里:《法兰西和德意志之前:墨洛温世界的创造和转变》(Patrick Geary, *Before France and Germany: The Creation and Transformation of the Merovingian World*, New York and Oxford: Oxford University Press, 1988),第 32 页以后。

2 帕特里克·吉尔里:《法兰西和德意志之前:墨洛温世界的创造和转变》,第 31 页。

子——受到过罗马法的训练，而且他在拉丁神学传统还不存在时，运用了罗马法的概念和语言。德尔图良的法条主义的气质和训练，或许也有助于解释他对罪的特别强调。而且，他的原罪（这个术语甚至被认为是他发明的）学说——原罪是每个人类个体从亚当那里继承的——使每个人类成员都成为罪的背负者。对于一种总体上以法条主义方式，通过类比世俗的犯罪、审判、惩罚或赦免来思考上帝和人类之间宇宙关系的神学而言，这可能是一种尤其合适的学说。无论如何，自此以后西方基督教将在这种法条主义影响下继续发展。很难说德尔图良的法条主义只是他个人经历的偶然结果。他当然是西罗马帝国的一种产物；而且，考虑到保罗学说的背景及其在帝国历史中的地位，我们不必惊奇，罗马制度和罗马法在教会的组织和教义中得到反映。

教会组织的帝国原型也在迦太基得到了最充分的展现：3 世纪，迦太基主教西普里安，一位出身高贵的罗马公民，在他的《论大公教会的统一》中阐
述了最权威的关于教会等级制的拉丁教义。但是，迄今为止，西罗马帝国（但 153
仍然基于北非）最重要的产物是希波主教奥古斯丁。

## 希波的奥古斯丁

奥古斯丁的皇皇巨著《上帝之城》，通常被当作一部中世纪政治思想经典在各英语大学中教授。然而，它虽然深刻影响了中世纪基督教，在很大程度上却是晚期罗马帝国的一种产物。正是他与帝国各种现实的接触，迫使他不仅在神学中也在政治理论中开辟新天地。他对基督教和帝国之间关系的探寻，把圣保罗的二元论和他关于服从哪怕最罪恶的世俗权力的学说推向极致，在这种探寻中，奥古斯丁离开了古典的关于国家及其道德目的的概念，并因此开启了关于政治服从与义务的新问题。

354 年，奥古斯丁生于北非，母亲是基督徒，父亲是异教徒，属于库利亚等级，该等级如果不是贵族等级也是富裕等级，这个等级中产生地方长官，它还有责任资助各种公共职能的履行。奥古斯丁起初在罗马，其后在米兰研究和讲学，曾经与摩尼教和怀疑主义有过露水姻缘，此后他最终皈依深受新柏拉图主义影响的基督教。他尤其受到基督教关于上帝是灵的观念和恶是对上

帝的背离而非一种独立的邪恶力量的观念影响，他还受到有可能通过哲学沉思于此生获得美德的信念（一种他之后会放弃的信念）影响。终其一生，他都享受着罗马化贵族的友谊和庇护。当他在罗马寻欢作乐，虚掷大半青春后，395 年他在自己的出生地北非成为希波主教。

这里是帝国的粮仓，是一片大庄园土地，不是由奴隶而是由农民耕作，他们大多都是依附性的。奥古斯丁在晚期帝国中的生活，恰逢这个地区尖锐的经济和社会冲突时期，这个地区饱受农业衰退、农村动荡、反对罗马殖民统治的民众叛乱、人口两极分化、农民逃离土地导致的人口减少困扰。奥古斯丁所在的那部分北非，其庄园越来越依赖流动劳动力。许多世纪后，这种社会类型的劳动力，会被那些惧怕不受束缚的劳动者引发的失序的社会批评家们
154 描述成“无主之人”。

这场伴随着经济衰退的社会动荡，因为非洲农民的基督教和各分裂教派，例如多纳图教派而加剧。多纳图教派包括有教养阶级中的一些成员和他们的被庇护人，但其支持基础在下层社会中。多纳图主义的一个极端主义边缘派别，即粮仓流浪派，可能由讲古利比亚语的无地农民、一些叛逃奴隶和流动劳动者组成，它不仅象征着一种神学或政治危险，还象征着一种社会危险。[1] 这场运动主要是出于社会动机还是宗教动机，对此存在很大争论，但是，看起来罗马化地主精英无疑把它视为对他们生活方式的一种威胁。

多纳图教派和粮仓流浪派的威胁，部分构成了奥古斯丁对异端、对国家镇压之必要性的强硬观点的更大背景，但是，他的《上帝之城》的直接缘起是蛮族入侵和 410 年罗马遭西哥特人国王阿拉里克洗劫。北非因为一场使入侵者调头的风暴而躲过阿拉里克的攻击，迦太基变成了从罗马来的贵族流亡者的避难所。他们中有些是富裕而有教养的异教徒，这些异教徒把这场灾难归咎于对古代道路的背离，归根到底就是对异教的抛弃和对基督教的支持。奥古斯丁力图向此类帝国精英证明，基督教不是他们的敌人，基督教与世俗政

---

1　参见尼尔·伍德：《非洲农民的恐怖主义和奥古斯丁的政治思想》（Neal Wood，'African Peasant Terrorism and Augustine's Political Thought'），载于弗里德里克·克兰茨编：《底层历史：民众抗争和民众意识形态研究（乔治·鲁德纪念文集）》（*History from Below: Studies in Popular Protest and Popular Ideology in Honour of George Rude*, ed. Frederick Krantz, Montreal: Concordia University, 1985），第 279—299 页。

府、社会秩序或对国家的义务——或者更确切地说，与对财产权和社会不平等的义务并无矛盾。在证明基督教无罪的过程中，他成功地论证了一种信仰，一种对哪怕最不符合基督教教义的统治者也绝对服从的信仰。

奥古斯丁学说的本质内容仍然是人类的堕落状态和原罪的污染。他用一种特别严酷的预定论概念巩固了这种学说。不仅有些人命定享受上帝的恩典和救赎而不论他们在尘世如何行为，而且其他人与上帝恩典的无缘和他们将受的永恒惩罚也是命定的，而不是他们自己罪大恶极行为的作用。这种极端版本的预定论，之后会被加尔文和其他极少数人采纳。奥古斯丁否认这排除了自由意志，而且，千真万确，正因为预定论学说使恩典和惩罚独立于具体的人类行动，它对个人的自由意志并无必然影响。但是，这种学说的根本 155
目的，不是解决个人自由原则和决定论原则之间的冲突，而是为他的双“城”，即上帝之城和尘世之城概念建立一个基础。

早年奥古斯丁基本赞同其他基督徒关于罗马帝国的观点，即罗马帝国的角色是上帝为世界皈依基督教准备的神意工具，就像优西比乌斯在君士坦丁颂词中提到的那样。但是，西部各行省经历的灾难（既源自外来威胁，也源自内部失序）对这种基督教乐观主义提出了挑战，并质疑着罗马作为上帝选择的世俗拯救工具的地位。如果奥古斯丁写作《上帝之城》时是处在不同的历史环境中，是处在君士坦丁式的必胜主义看起来更可信的时候，那么，像某些评注者那样认为，在这本著作中奥古斯丁最重要的成就是通过挑战帝国的普世主义主张使帝国“相对化”，可能还看似成理。但是，历史已经嘲弄了无论异教徒的还是基督教徒的罗马设想，在这种语境下，奥古斯丁的论证与其说是一种对罗马帝国的自负心态的挑战，不如说相反是一种巩固帝国权威的新方法，它无须诉诸难以置信的神意拣选。

对比东方拜占庭，西方基督教由于其与罗马帝国的关系而面对着各种极其特殊的困难。西罗马帝国在基督教之前，而当它改宗后（在许多看人来是因为它的改宗）似乎处在毁灭的边缘。东方没有遇到这些复杂情况。帝国国教基督教和东罗马帝国在君士坦丁治下一同降世，东方也没有面临同样的蛮族威胁。毋庸置疑，西方基督教和东方基督教之间的神学分歧出于许多理由，但是，我们不应低估了它们与世俗帝国的不同关系在教义上产生的结果。

东方能够设想帝国与基督教、教会与国家的统一，甚至设想教会对世俗国家的从属，然而，西方基督教不仅必须处理帝国异教和基督教之间的决裂，还必须应对改宗后濒临崩溃的帝国。这排除了任何关于教会与国家关系的简单设想。这不仅影响了对人们理解神圣权威与世俗权威方面有直接后果的教义，还甚至影响了基督教最奥秘的教义，例如对三位一体的解释。奥古斯丁神学大部分是这样一种努力：试图在一种基督教基础晦暗不明的世俗权威与
156 一种似乎对世俗秩序构成威胁的基督教之间达成妥协。

针对基督教应为帝国面临的灾难负责的责难，在奥古斯丁的辩护中，一个基本部分是对西塞罗国家定义的思考，这个定义在《论共和国》中由西庇阿提出，我们已经看到过，西庇阿说，国家是“许多人基于法权与正义的一致和利益的共同而结合成的联合体”。奥古斯丁拒绝了这个概念，因为它不符合历史经验。无论罗马共和国、罗马帝国（尽管它对人类福祉有诸多贡献），还是其他任何异教国家，都不符合这个定义，因为，除非在上帝统治下，否则正义不可能存在。但是，奥古斯丁的目标并不是使异教国家失去正当性。相反，他论证的结果表明了，与尘世的其他国家相比，异教国家同样是国家，同样有资格得到服从。令人诧异的是，他的讨论集中于异教国家和上帝之城，却没有把特殊地位赋予基督教国家，归根到底，它还是受到人类堕落状态的所有恶的折磨。他的意图不是主张基督教国家比异教统治者更有资格得到服从，而仅仅是坚持罗马国家的腐化不应归咎于基督徒。一方面，罗马从来不是一个西塞罗意义上的国家，因为它从未享受过真正的正义。因此，基督教不应受毁灭罗马国家的指责。另一方面，在从异教到基督教的转变中，罗马保留了一个真正国家的特质，尽管在这两种情况下都不存在真正的正义。因此，在基督教学说中，并没有什么东西可以被用来鼓吹对帝国的不服从，或被用来激化内乱。

要解释罗马面对的恶，同时为服从其尘世权威而辩护，需要某种东西，它与一种作为在尘世实现的上帝意图的罗马帝国概念非常不同。奥古斯丁一并拒绝了罗马的基督教使命的观念。此时，他也已经放弃了自己早期的某些柏拉图主义成分，特别是他年轻时对通过柏拉图式沉思获致美德所持有的乐观主义。正如他对帝国的神圣目的失去信心，他对人类美德的希望也被对人

类固有罪恶的关注所替代。如今奥古斯丁还放弃了自己早期的柏拉图主义信念,即对从天堂到尘世逐步下降的理性的宇宙秩序的信念,他放弃了任何自然法概念,在其中,人法是一种神圣宇宙秩序在尘世中的反映。作为对这 157
些观念的替换,他提出了自己的双城学说。

奥古斯丁的双城观念不太容易把握。毫无疑问,它从罗马二元论及其基督教改造形式的传统中受益良多,但是,它并不是尘世领域与天国领域,或属世权威与属灵权威这样简单的区分。奥古斯丁使用了不同层面的二分法来描述上帝之城和尘世之城的对立:一个象征着圣洁的、神圣的、选中的、虔敬的、正义的,另一个意味着不洁的、不虔敬的、不正义的、该诅咒的。然而,尽管两者是对立的,它们却纠葛难分地共同存在;在所有人类社会中,两者都始终无法分开地行进着。奥古斯丁甚至拒绝了作为两种独立领域的神圣与世俗之间的区分。因此,教会本身虽然是神圣的,对他来说也是一种世俗制度,它像其他所有世俗制度一样,受到圣洁与罪之间冲突的困扰。

即使那些属于上帝之城的人,也必须穿过尘世之城,并共同承受它的诸般磨难。两种力量的斗争将一直继续,直到历史终结,那时上帝之城会最终胜利。在此期间,尘世之城仍是主导的,历史也仍是一番悲剧景象,真正的和谐与正义在其中绝不会获胜。在历史时间终结之前,可以期望的最好事情是世俗和平与社会秩序的维护。当上帝之城在其尘世的朝圣之旅中行进时,世俗和平与社会秩序对它是必要的,但是,当该下地狱的人在尘世中生活时,这些对他们也是同样必要的。因此,所有人和一切机构,无论神圣的还是明显不神圣的,都必须服从世俗权力。世俗权力旨在维护此世的和平与秩序(这不是一种正义或正确的秩序,而是一种安全和身体舒适的措施标准)以缓和必定伴随世俗世界的本质和居住其中的有缺陷人类的本性而来的失序。

这种悲观主义的根基,当然是关于人类堕落状态和罪的权势的观念。在这里,奥古斯丁是一位名副其实、显而易见的保罗追随者;而且,他像保罗一样由此得出结论,恺撒的世俗权力尽管并不履行任何真正的神圣使命,却是上帝以神意任命的。奥古斯丁大大推进了这个学说,系统阐述了像服从基督教皇帝君士坦丁那样服从一位异教皇帝，例如“叛教者”尤里安的理由，即使这是在帝国皈依基督教（这种情况是处于罗马基督教早期的保罗很难预料到的）以后。甚至不如说，实际上奥古斯丁的论证重点完全放在了服从皇帝权
158 威上；这甚至也解释了他作为主教对异端愈益强硬的态度，这种强硬态度使某些评注者指责他是宗教法庭之父。

初看起来，采纳这样一种对异端的压迫路线，同时对教会在此世所能做的事持一种有限的、悲观的观点并把教会本身视为一种必定有缺陷的世俗制度，这两者之间可能并不自洽。实际上，根据奥古斯丁式的假设，“异端”这个概念本身在理论上就是有问题的。但是，如果我们考虑到奥古斯丁的主要目的是维护各种既有权威的权力和帝国，这就不是不可思议的。他的学说的结果，不只是维护了一个不完美教会（其要求服从的权利并不依赖其教士的个人美德）的权威，而且担保了对世俗国家的服从。例如，他最著名的驳多纳图派之战，就是针对他们对教会和帝国权力的双重挑战。他们关于一个“纯洁”教会的学说，既是对腐化、有罪的教士阶层的威胁，也是对皇帝的教会权威的威胁。奥古斯丁既热切希望保护教会等级制的不可侵犯性，又竭力想绕开世俗权威与教会权威之间的关系问题，他实际上宣告了帝国权力的至上性，尽管尘世中不存在任何可能的正义。通过把教会等同于一种世俗制度而非一种必须归上帝的独特领域，他确保了“归恺撒”不会被理解成**限制**皇帝权威的原则。

为了理解预定论在这个论证中的角色，让我们考虑下奥古斯丁面对的任务。这里有一位基督教主教，他试图主张世俗权威的至上性，同时保护各种建立在国王和皇帝权威所授予的财产权利上的社会安排。这些世俗掌权者要求基督徒服从他们，他们可以包括非基督徒甚至还有最渎神的暴君，然而他们的权威平等地作用于圣徒和罪人。现在，如果恩典和惩罚与任何人的选择或行动无关，那么，为所有人（不管其美德或罪恶）都忍受同样的尘世磨难而辩护就容易多了，或者，主张服从不敬神的权威的绝对义务而不是依据敬神原则反抗它就容易多了。没有人可以根据更高的道德原则，被迫不服从权威或挑战不正义的制度，因为这种道德反抗在尘世中是徒劳无益的，在天堂中是根本不需要的。

这是奥古斯丁和佩拉纠之间争论的关键。佩拉纠是奥古斯丁的反异端
狂热的另一个受害者,他不仅坚持人的自由意志,还彻底否定了原罪观念,以 159
及神恩的必要性。根据佩拉纠的观点,亚当无疑是个坏榜样,但他并不是加给全人类的普遍之罪的背负者,正如基督是个好榜样,但他并不是原罪救赎的一种必要来源。人类本质上有能力过没有罪的生活,他们必须过一种有美德的生活。这两位神学家之间的争论点,较少与自由意志本身(如我们所见,这是一个奥古斯丁试图灵巧处理的问题)有关,更多与根本的原罪概念及其对此世的人类行为的影响有关。在对自由人提出的要求上,异端佩拉纠派看起来或许非常严苛,它加给个人过一种神圣和苦行的生活的责任。但是,与奥古斯丁神学不同,它挑战了罗马社会的现实和帝国贵族的价值观。奥古斯丁给一个富裕而掠夺成性的统治阶级带来宽慰,他对他们的思想而非行动提出要求,而佩拉纠揭露了财富的不道德性,并对罗马社会提出了一种正言厉色的批判。奥古斯丁的传记作者彼得·布朗认为,他对多纳图派和佩拉纠派的口诛笔伐共同象征着"这个过程中一个意义重大的里程碑:天主教会开始接受并因此容忍罗马世界的整个世俗社会,以及其光彩炫目的不平等和令人沮丧的异教习气的反弹"。[1]

原罪学说,特别是奥古斯丁给它的重任,对基督教神学的每个方面都提出了很高要求。例如,可以认为,它不允许在基督的完全神性上有任何模棱两可。关于"异端"传统,例如否定那种完全神性的阿里乌主义,即使仅仅因为他们使有过多人性的基督如何能免受普遍的污染这个问题变得更加难以理解,就可以被视为一种对任何严格的原罪观念的挑战。奥古斯丁明确地感到通过阐述一种三位一体解释来回应这些异端的需要,根据这种三位一体解释,圣灵"来自"上帝和圣子,而不是只来自上帝,又由上帝授给圣子。他强烈反对在早期希腊基督徒中更普遍的三位一体解释,它似乎认为不仅基督从上帝那里接受了圣灵,而且普通的凡人分享了圣灵,其方式很像圣子从上帝而"生"。奥古斯丁式的三位一体解释,在普通的凡人和一种对圣灵的直接经验

---

1 彼得·布朗:《希波的奥古斯丁》(Peter Brown, *Augustine of Hippo*, London: Faber and Faber, 1967),第350页。

160 之间撕开一道裂痕，并使他们更依赖教会的代祷。[1] 同时，它支持了原罪学说，而原罪学说的推论是服从教会和国家的现世权力的义务。

后来在所谓的“和圣子”（filioque）争论上，东西基督教之间的分裂达到危急关头，这无疑具有深远意义。这场争论关涉在《尼西亚信经》上加入“和圣子”一句，这样圣灵看起来就不仅来自上帝，也来自圣子。东方基督教从未面临西方所遇到的政治困境，而且，或许出于这个理由，东方基督教没有如此迫切地求助各种原罪学说或所有支持它们的神学。我们在下章中会看到，当查理曼追随奥古斯丁，坚持“和圣子”一句，从而激发了罗马和拜占庭之间的分裂时，他主张罗马对拜占庭的神学优势无疑是出于直接的机会主义理由。但是，我们不应忽视这些奥秘学说在维护西方世俗权力上具有的更深刻的政治意义。

奥古斯丁既为非基督徒统治者的渎神统治，也为基督徒皇帝和国王的渎神行为或不合基督教的行为提供了一种有力的、基督教的辩护。他不仅找到了一种调和基督教道德与道德无涉的世俗统治的方法，甚至还把基督教确立
161 成一种为不道德的世俗统治辩护的方式。使悖论更加悖谬的是，奥古斯丁用一种基督教的政治不道德理论，替代了古老的希腊罗马异教的公民美德理论。

奥古斯丁背离古希腊罗马政治理论传统之处，不仅在于他的答案，而且在于他的问题。如我们所见，希腊政治理论是在回应传统的统治者与被统治

1 伊莱恩·帕格尔斯在她的《亚当、夏娃和蛇》（Elaine Pagels, *Adam, Eve, and the Serpent*, New York: Random House, 1988）一书中认为，君士坦丁的皈依导致基督教向一种帝国国教的转变，后面跟随着受奥古斯丁影响的“一场基督教思想中的灾难性转变”。奥古斯丁用一种无法逃避的原罪束缚，代替了基督教早期的道德自由学说，为基督徒不仅顺从教会权威而且顺从帝国权力提供了辩护。基督教对性的态度是这场转变的一部分。但是，这些转变肯定早在君士坦丁皈依之前、在圣保罗学说中就已经表现出来了，保罗对罪和性的态度，还有他对帝国权威的顺从，已经预示了奥古斯丁的态度。保罗或许没有把基督教变成一种帝国国教，这是直到君士坦丁皈依才发生的变化，但是，基于人类不可避免的罪孽，他无疑使基督教与对帝国权力的顺从相容。尽管如此，奥古斯丁的三位一体解释是真正独特的，并且它使基督教朝着顺从教会权力和世俗权力更进一步。尤金·韦伯（Eugene Webb）认为，奥古斯丁以一种使基督徒分享基督之孝的体验成为可能的方式来解释圣父、圣子、圣灵的符号，以此在把基督教转变成一种关于命令与强制的学说上迈出了最终一步。参见《奥古斯丁的新三位一体说：令人忧虑的隐喻循环》（‘Augustine’s New Trinity: The Anxious Circle of Metaphor’），载于迈克尔·A.威廉姆斯、科莱特·考克斯、马丁·S.加菲编：《宗教革新：宗教变迁解释论文集》（*Religious Innovation: Essays in the Interpretation of Religious Change*, ed. Michael A. Williams, Collett Cox and Martin S. Jaffee, Berlin: Mouton de Gruyter, 1992），第 191—214 页。

者关系消解,并且在一种新型政治组织即公民共同体出现的过程中产生的。它的核心范畴是公民身份,而不是统治与服从,并且它不把政治设想成一种统治者与被统治者或主人与仆人之间的关系,而设想成一种平等公民之间的事务。像柏拉图和亚里士多德这样试图恢复一种统治者与被统治者关系的反民主哲学家,仍然感到必须在这些公民政治的范畴之内进行操作。为了把统治原则重新确立为政治思想的核心范畴,柏拉图做了许多工作;一种普遍的宇宙等级制观念也确实被他和后继者(包括亚里士多德)用来为统治者与被统治者的永恒分界辩护。但是,那种分界与其说表现为统治的人和必须服从他们的人之间的一种政治关系,不如说表现为一个政治领域和在它之外的人之间的一种关系。例如,在《政治家》中,柏拉图区分了王者的统治技艺和其他次级技艺,后者服务政治却不参与它。对亚里士多德而言,构成城邦特征、使它有别于像家庭这样的其他联合形式的那种关系是平等者之间的关系,同时,不平等者之间,例如城邦的"部分"与"条件"之间的关系不是政治的。

即便当罗马帝国取代了共和国时,希腊政治理论的各种公民政治范畴也在罗马延续着,而政治理论缓慢地开始应对更新后的统治者与被统治者关系提出的挑战。这些问题重新出现在这样一种语境中:在这里,传统的统治与服从原则很早就已经被城邦和共和国的公民关系破坏了基础;在这里,难以设想统治者与被统治者之间一种不可避免的划分,或设想阶级不平等与政治等级制之间的一种对应关系。上述事实意味着,在为服从统治提供支持理由上,罗马帝国有着独特的意识形态要求。诚然,直到现代早期,西方政治理论才会产生出各种系统的政治义务理论,那时人们必须找到论证,去给自然地自由和平等的人们施加服从权威的义务。但是,罗马帝国在为不平等和统治辩护上开辟了新天地。我们已经看到了,像西塞罗这样的思想家如何试图满足为不平等辩护的要求;但是,在奥古斯丁之前没有人如此系统地关注统治 162
与服从问题,而且正是基督教提供了不可或缺的概念工具。

我们已经看到了,西方基督教的发展是被希腊罗马政治生活中的各种具体特点以极其特殊的方式决定的。我们也看到了,罗马帝国的各种特殊条件如何催生了一种关于罪的神学。奥古斯丁念兹在兹的直接问题是罗马的衰落，以及在这些条件下如何解释服从一种世俗权威（它已经无法再被可信地视为在尘世上享有特权的上帝使命代理人）的必要。但是，在一种充斥着希腊罗马公民政治原则的政治文化中，服从与义务提出了更为一般的问题。

帝国统治要求服从一位至上统治者，这意味着，像柏拉图和亚里士多德那样，单纯把社会世界划分成一个政治的公民共同体与在它之外的人们，已经难以为继了。无论如何，人类在上帝面前的平等是基督教的一项基本原则，因此，在基督教方面，无法把人类划分成属于一个公民共同体的人和外在于并从属于它的人，从而使政治统治得到辩护。在这些限制下，要为一种世俗的帝国权威辩护，最有效的方式是完全废除公民政治领域。甚至消极型的罗马帝国公民身份，也被奥古斯丁掏空了所有剩余实质。如果说希腊古老的政治共同体原则预设了人类的某种自治能力，无论这种自治能力像普罗塔哥拉设想的那样为每个人所固有，还是像在柏拉图政治理论中那样局限于少数人，那么，挑战这些公民政治原则的最好办法，就是否定公民美德或自治所需要的任何此类能力。没有任何东西比奥古斯丁式的关于罪的学说更能恰如
163 其分地适合这个目的。

# 第四章　中世纪

## 从罗马帝国到"封建主义"

"看起来无疑",杰出的中世纪历史学家罗德尼·希尔顿写道,

> 农民是古代文明的基础,而古代文明中成长出了欧洲大多数封建社会……实际上,从这个农村社会中人数最庞大的阶级的视角来看,晚期罗马文明和早期中世纪文明之间的差别可能并不太容易分辨。[1]

尽管有这种根本的连续性,由于西罗马帝国在"衰落与崩溃"后滑入"黑暗时代",西方文化的某些传统还是在古典时代与"封建"社会之间制造了某种深刻的断裂感。例如,启蒙运动的进步观念和古典政治经济学倾向于把中世纪看成一种中断,它中断了西方文明从古典时代源头开始的进步式发展,它在理性主义和/或"商业社会"在古代地中海展现了前程似锦的开端后,延误了它们不可避免的胜利。直到文艺复兴时期,这个自然历史过程看起来才重新开启。

在这些传统看来,封建主义似乎是无中生有,或者充其量是从外部产生

1　罗德尼·希尔顿:《受缚者得解放:中世纪农民运动和 1381 年英格兰起义》,第 10 页。

的,是蛮族入侵者向帝国领土引入的东西。当封建秩序已经被表明是罗马因素和蛮族因素的一种综合时,罗马的过去看起来仍然只是一种空虚的回忆,
164 而不是一份鲜活的社会遗产。晚近的学术研究在纠正这种断裂历史观上已经着墨甚多。但是,这些旧传统的遗产已经很难根除,这不仅仅是因为如果从农民的视角出发,连续性会更加明显,而实际上鲜有从农民立场记录的历史。即使更多怀疑把"衰落和崩溃"视为断裂的历史学家,或质疑"日耳曼"影响的历史学家,或通过寻找现代性在中世纪的根源来拒斥中世纪间断观念的历史学家,有时候也倾向于强调死而不僵的罗马帝国留下的真空,被一种全新的封建秩序填满,这种封建秩序或者是蛮族入侵带来的,或者来自帝国的残骸,来自社会失序和战争产生的混沌。

看起来,政治思想史或许对这些历史断裂观念免疫,因为在中世纪文化中,古代思想家的遗产、罗马法和基督教是如此显而易见。但是,哲学和"正典"政治理论(它们极大地受到统治阶级和文化精英的经验局限)的连贯历史,可能会更容易遮蔽农民和地主关系中根本的社会连续性。

强调连续性,完全不是否认帝国垂死时期及其后发生的社会转型。相反,关键是观察封建社会的发展,把它严格看作一种转型而非一种外来之物。这里的关键问题不是静止,而是作为一种连续历史进程的变化。当然,入侵的蛮族带来了他们的实践与制度,它们会塑造封建秩序。但是,他们的制度与已经存在的社会关系相融合。不提及罗马社会的各种具体特点或其独特的财产权形式,中世纪的社会和政治形式就是无法解释的。强调连续性,也并不要求我们挖掘一种从农民话语中产生的西方政治思想史,这是一种完全无处可寻的历史,即使在农民反叛的记载中也找不到。承认这些就足够:地主之所以是地主,是因为他们与财产权及农民(他们向农民行使领主权)的关系,而且,中世纪的土地关系深植于罗马的土地关系中。

封建主义的概念常常被认为是价值可疑的,它的用法肯定也有很多变化。然而,毋庸置疑,西罗马帝国的各种发展产生出了一些独特的社会形式,抛开它们,欧洲后来的历史就是无法解释的,而某种简略的名称看起来也几
165 乎是不可或缺的。为方便起见,除非发现一种普遍接受的名称来替换它,我们仍可以使用"封建主义"或者封建社会来称呼这些社会形式,同时承认不存

在单一的、在整个西方都没有变化的封建秩序。[1]

6 世纪到 10 世纪通常被认为是封建化时期，在此期间，罗马帝国被所谓的“分割化主权”取代。[2] 最近已经有令人信服的论据表明，这个过程远比中世纪历史研究者通常认为的更突然，而且，只在这个时期的末尾才发生了一场“封建革命”。[3] 但是，无论这个过程是渐进的还是革命性的，帝制国家确实让位于一种司法权拼接物，在其中，国家职能在纵向和横向上都是碎片化的。一种包举宇内的帝制国家的统治，被地理上的碎片化，以及借助地方或区域行政的组织所替代，这些地方或区域行政采取的形式可能是统治阶级内部的、国王与领主或领主与封臣之间的契约性协议，尽管这些协议会有许多不同形式，而且封臣制的存在已经受到质疑。[4] 这种行政、法律、军事上的拼接物，通常伴有一种有条件的财产权制度，在其中财产权利必然包含司法和军 166
事上的服务。

这里不去考虑封建主义是否是，或在何种程度上是日耳曼影响的一种产物，即便有可能辨识出任何单一的“日耳曼”实体或文化。但是，若臆想罗马帝国受到了直接从北方森林中出现的、多少有些原始的“日耳曼”部落入侵，这会是误导性的。罗马人和“日耳曼人”之间的交往，早在通常被称作“蛮族入侵”的大规模移民之前很久就出现了。这些交往包括经年累月的贸易

---

1　关于封建主义，特别是英格兰和法兰西封建主义差别的一个重要讨论，参见乔治·科米奈尔：《英格兰封建主义和资本主义的起源》(George Comninel, “English Feudalism and the Origins of Capitalism”)，载于《农民研究》(*The Journal of Peasant Studies*)，2000 年 7 月，第 1—53 页。

2　佩里·安德森：《从古代到封建主义的过渡》，第 148 页以后。

3　在坚持连续性的封建主义历史研究和更为强调革命性转变的封建主义历史研究之间长期存在着摇摆。1994 年，T.N. 比森(T.N. Bisson)在《过去与现在》中为一场“封建革命”提供了论证，参见《封建革命》(“The ‘Feudal Revolution’”)，载于《过去与现在》(*Past and Present*)第 142 期，1994 年 2 月，第 6—42 页。这在随后几期(1996 年 8 月第 152 期和 1997 年 5 月第 155 期)引发了几位历史学家的一场争论。参与者之中有克里斯·威克汉姆(Chris Wickham)，他对比森的论点有某些保留意见，但他审慎周全地、有说服力地为一场“封建革命”的观念做了辩护。

4　苏珊·雷诺兹尤其主张，封臣制概念实际上没有意义，甚至“采邑”概念也太过模糊和多变，用处不大，参见《采邑与封臣：中世纪证据重释》(Susan Reynolds, *Fiefs and Vassals: The Medieval Evidence Reinterpreted*, New York and Oxford: Oxford University Press, 1994)。正如我们随后会解释的那样，这里的论证绝不依赖封臣制的存在，或者进一步，也不依赖采邑概念。雷诺兹还与某些观点进行争论，在她看来，这些观点对包括古希腊哲学复兴在内的智识建构物在构造中世纪社会和政治关系上的作用赋予了太多重要性。她强调“传统的共同体纽带”和公共实践，它们很早之前就被确立，并且独立于这些观念。应该明确的是，这种批评对本章所使用的封建主义概念并不适用。

关系，它有助于加剧日耳曼部落内部的社会分化，动摇各日耳曼共同体之间的关系，引发持久的战争并加强军事化。当他们对罗马领土的侵入变成帝国命运的决定性因素时，日耳曼人已经被他们与罗马的长期交往留下了深刻烙印。

地主与农民的关系是否应该包括在封建主义的定义中，就此存在着大量争论。一种极端看法是认为，封建主或采邑主与其附庸劳动者之间的关系不能被称为封建的，因为封建主义与统治和依附无关，而与司法上的平等者之间（至少是具有贵族身份的人之间，即使有些人有义务为其他人服务）的契约性关系有关。另一种极端看法是认为，一种封建主义的定义完全建立在地主和农民的关系上，有时这不仅适用于西方中世纪特殊的农民依附形式，而且适用于任何类型的依靠租金榨取的土地剥削。这两种看法看起来都无补于事。

一方面，自不待言，不管我们如何界定封建领主，他们的存在都依赖其与农民的关系。哪里存在领主，哪里就存在用自己的依附性劳动维续他们的农民。另一方面，一种稀释后的、包含任何类型地主与农民关系的“封建主义”定义，模糊了中世纪西方土地关系的各种特殊特点。西方情况的独特之处在于，分割化主权（伴随或不伴随封臣关系）背景下农民受到的地主剥削。“封建主义”概念是有用的，因为它能够引发对这种独特构造的关注，也只在这个意义上它才是有用的。

在出现于中世纪“欧洲”的这种非常特殊的经济权力和超经济权力联合体中，经济上的占有关系和政治关系不可分离地联系在一起，正如它们在古
167 代官僚制国家中那样。但是，与那些臣属农民受君主制国家统治的古代文明形成鲜明对比，封建国家因为分割化主权而碎片化；国家的征税让位于领主征募和以地租为形式的占有；领主权结合了个人的占有权力和一小片国家权力。领主权构成了一种个人财产关系，以及对为领主工作的农民的支配权，它履行着在其他时间地点中由国家履行的许多职能。结果是把私人的劳动剥削和公共的行政、司法和强制角色结合起来。换言之，这是一种“政治建构的财产权”形式，一种经济权力和超经济权力的联合体，它的先决条件是古罗马独一无二的私有财产权自主性发展。

在后续几章中会有一些对古希腊罗马财产关系的讨论，这些讨论会在对比其他古代“高等”文明时强调前者的独特性。土地财产权比“官僚制”王国中的财产权更为彻底地与国家分离，在“官僚制”王国那里，财产权倾向于和对国家的服务紧密联系在一起。在这些王国中，生产者农民被榨取剩余，其形式较少表现为个体私人所有者的剥削，更多表现为对一个从事占有和再分配的国家及其贵族统治者的集体屈从，典型表现为税收和强制劳役。在罗马，私有财产权以史无前例的方式发展成为一个独特的权力中心；农民生产者更直接地附属于个体私人所有者，后者以地租形式榨取剩余劳动。如我们所见，这些发展反映在罗马法中，罗马法正式承认了私有财产的排他性，并阐述了两种支配形式的区别，即财产所有权和国家统治权的区别。对这两种有区别的权力中心的概念阐述，会对政治理论的发展产生巨大影响。

当一个巨大的帝制国家及其官僚制和税收体系出现时，它已经根本不同于其他古代帝国或君主国。即使在帝国的巅峰，统治阶级的主要占有形式也不是通过国家官职凭借税收实现的，而是凭借土地占有和对耕种土地的劳动力的剥削，无论他们是农民还是奴隶。地主和农民更为直接地作为个人和阶级（有别于作为统治者和臣民）面对彼此，同时，帝国统治本身依赖着一种地方土地贵族的网络，在西罗马帝国尤其如此。其他古代国家阻碍了私有财产 168
权或独立于帝国官僚制的有产阶级的充分和自主发展，对比而言，罗马这种帝国统治模式具有加强财产权的作用。当帝国采取用授予土地来偿付兵役的权宜之计时，这种土地所有权保留了罗马所有权的属性。[1]

1　一位杰出的晚期罗马和中世纪历史学家克里斯·威克汉姆提出过一种有趣的、但在我看来有缺陷的论点，他最近修改了自己的观点，但没有完全置换那些在我看来最成问题的方面。在他的最初表述中，他诉诸“贡赋体系”概念，该体系通过征税产生剩余榨取，他还以之对比封建主义，在后者中，剩余榨取采取的形式是地租而不是税收。参见《另一种转变：从古代世界到封建主义》（*The Other Transition: From the Ancient World to Feudalism*）和《东方的独特性》（*The Uniqueness of the East*），初次发表于 1984 年—1985 年，又刊发在《土地与权力：意大利和欧洲社会史研究，400 年—1200 年》（*Land and Power: Studies in Italian and European Social History*, 400—1200, London: The British School at Rome, 1994）上。贡赋体系包括我所描述的那种从事再分配的官僚制王国。但在威克汉姆看来，它还包括以希腊罗马为典型的“古代”形式，在其中，征税实体是城市而非中央君主国。他认为，希腊罗马的情况之所以独特，也是因为贡赋形式与“封建主义”共存。他指出，当这两种共存的生产方式之间的紧张关系导致贡赋因素（具体而言就是帝国）衰退，而封建形式日渐占优时，转变发生了。我出于几个理由认为这种解释有问题：“贡赋的”和“封建的”这两个范畴差别太小，并且解释的东西太少，特别是因为地主与农民之间的任何抽租关系都被称为“封（转下页）

国家和私有财产权这两种权力中心的共存意味着，在帝制国家的正中心存在一种碎片化趋势。帝国的瓦解恰恰发生在西部，这里国家统治和以大地产为基础的贵族处于紧张关系中，当这一切发生时，贵族的自主性会继续增长，即使这时某些形式的公共权力依然存在。即使在君主权力至少一度成功地使国家重新中央集权的地方，也出现了公共职能向地方贵族的下放。尽管程度不同，但总是不可避免地，各君主国通常依赖行使各项先前属于国家的
169 职能，即行使司法、行政和军事职能的地方贵族。

8 世纪及以后，法兰克人，特别是查理曼治下的法兰克人，使西罗马帝国的混乱废墟恢复了某种统一与秩序，创造了他们自己的庞大帝国疆域。但即使在这时，法兰克王国也是由地方伯爵管理的，同时，新征服的领土由地方军事强人掌控。公元 800 年，查理曼以罗马方式加冕为皇帝，看起来复活了这个世界帝国，但即使在此后，这种碎片化的管理也继续着。在随后的几世纪中，继起的所谓神圣罗马帝国甚至加剧了碎片化司法权的冲突，它在一个已经一点就着的领主、国王和教皇权威混合体中加入了又一种对世俗权威的主张。

---

（接上页）建的"，这容易模糊西方地主/农民关系的各种特点，同时，任何税收形式看起来都具有"贡赋"形式的特征。这种进路更多是分类学的而非历史学的，它提出了两种没有历史起点也没有内在动力的生产方式，因而无助于解释这种转变——"封建"形式只是摆在那里，并处于与"贡赋形式"的紧张关系中，没有明显的理由来解释它的最终占上风。归根到底，这种进路没能抓住"古代"形式的特殊性。只是指出这里的贡赋形式不同，因为城市是征税实体，或者进而指出它与"封建主义"共存，这都是不够的。关键问题至少是，城市，甚至还有帝国，以及它们的税收体系，这些本身已经被独一无二的私有财产权自主发展所决定。罗马共和国的城市国家是由罗马独特的地主与农民关系构成的，从中产生的帝国也以一个历史上独特的地主阶级的发展为前提。

最近，威克汉姆已经放弃了"贡赋的"和"封建的"两种**生产方式**之间的区分，代之以两种**政体**或国家类型的区分：一种建立在税收上，另一种建立在土地上。相比其他区分而言，这个区分无疑具有某些优点，但仍然远不能描述罗马这样一个以税为基的国家的各种特点，也远不能说明它与像中华帝国这样一个以税为基的国家之间的差别，在后者那里，国家与土地所有权之间的关系是明显不同的。因此，如果不承认西罗马帝国和东罗马帝国在其国家/财产关系上的这些差别，就很难公正地对待两者之间的各种不同。在东部，帝制国家典型地叠加在已经存在并且高度发达的国家结构上。在不存在这些结构的西部，贵族土地所有权的发展及其离心作用更为强劲，也正是在这里，帝国瓦解了。无论如何，除非在某种非历史的分类学中，否则可能根本不存在一种单纯以土地为基的国家与以税为基的国家相对。威克汉姆的以土地为基的形式，其模型似乎是国家的碎片化或"主权的分割化"，后者的基础是一种出现在封建欧洲的土地所有权等级制（他引用了研究封建主义的伟大史学家马克·布洛赫，把他作为最出色地分析了它的学者）；但是，那种封建形式肯定以罗马财产权和罗马土地贵族，还有罗马帝制国家及其税收体系的独特发展为前提。威克汉姆自己对中世纪早期的权威而有说服力的分析确证了这一点，然而，他的概念框架倾向于模糊它。

中世纪西方的王权总会在不同程度上带这样的特征，即它们伴随着君主权力与领主权力、中央集权和地方权威之间的一种张力。这种张力会产生出独属于西方的各种统治概念，在其中，对各种互竞的权力主张的解决办法，不是宣告中央权力对地方权力具有完全、明确的优势地位，而是诉 170
诸某种相互性，即两种正当权力之间以契约方式，或最终以宪政方式产生的一种协议。[1] 若没有西方独特的财产权作为一种与国家既有紧张关系又有合作关系的自主力量的发展，就很难想象这样一种权力配置何以能够出现。

如果国家主权的标志是立法权（有别于现行法律的实施），那么，在 9 世纪末以后实际上就不存在主权国家了。某些公共机构，特别是某些类型的法院仍然存在，但是，除了习惯法中的变化，实际上有两个世纪完全没有立法。10 世纪，西法兰克统治的瓦解使地方的城堡领主居于支配地位，而东部特别是德意志被强大的公国控制。到 11 世纪早期，甚至公共法院的职能也落入地方领主之手，地方伯爵把司法权不是作为公共职务而是作为私人财产来擅用。有人说过，如果这些地区的法律和政治秩序还存在的话，那么，唯一服从社会纪律的人也只是个体领主控制下的农民。[2] 贵族自治现在真正变成了主权的分割化。

换种方式说，公共领域或公民政治领域完全消失了。这不仅是因为国家机器实际上分崩离析，也是因为一种在整个加洛林王朝中都曾幸存的、自由人可以参与的公共集会不复存在。[3] 自由人与奴隶之间的明确区分，被一种复杂的依附状态的连续光谱取代。在前法兰克帝国中，“自由”人范畴实际上消失了，在这里，即使自由土地所有者可能也要服从领主司法权和封建义务， 171

---

1　关于西方独特的解决地方与中央权威之间紧张关系的办法的讨论，参见珍妮特·科尔曼：《政治思想史：从中世纪到文艺复兴》（Janet Coleman, *A History of Political Thought: From the Middle Ages to the Renaissance*, Oxford: Blackwell, 2000），第 18 页。

2　《剑桥中世纪政治思想史：约 350 年—约 1450 年》（*The Cambridge History of Medieval Political Thought: c.350—c.1450*, Cambridge: Cambridge University Press, 1988）认为，在整个西方，包括英格兰都出现了领主权和所有权的重合，这下使农民同时成为佃户和臣民（第 195 页）。正如我们将看到的，无论如何，英国的情况是例外的，因为领主权和所有权的重合并没有采取分割化主权的形式，而大陆采取了这种形式。

3　这个论点归功于乔治·科米奈尔。

同时奴役概念被一种依附程度的光谱所取代，这种光谱存在于领主与“他们的”人的关系中。

到13世纪，得到更稳固确立的封建君主国恢复了有效的行政体系。同时，在这个时期，当时由德意志诸王领导的神圣罗马帝国作为一个核心欧洲国家达到权力顶峰，而教皇正在主张自己在世俗领域中的权威。即使在此时，尽管农民对领主的封建性从属关系在某种程度上有所放松，但领主的自治权力，以及他们在行政和司法上对国王权威构成的挑战，仍然标明了中世纪秩序最典型的特征。当一种公共领域和公民参与领域重现时，它典型地采取了法人团体的形式，即内部自治，但受到规定其与上级权威的法人关系的章程约束。中世纪晚期新的权力配置远未解决旧的司法权冲突，甚至造成更为恶性的争夺，带来了领主和法团对自主司法权的主张，这些权力主张与皇帝和教皇的权力竞争，也被它们强化。

当然，即使在封建主义的鼎盛时期，除了地主、农民和国王之间的典型“封建”关系，欧洲也存在着其他不同的社会秩序模式。在罗马帝国的崩溃中幸存下来的城市聚集区，在土地所有形式产生了更大比例有别于农奴的自由农民的地方，领主体系就相对虚弱。意大利北部就是如此，那里的城镇仍然相对强大，并且罗马地方自治体系的遗产更为持久。城镇曾是罗马化地方精英的社会和政治领地，他们实际统治着周围的农村，与此相似，城市继续成为世俗和教会权威的行政中心，这些权威承接了罗马的遗产。一种典型模式是主教管理，而主教保留了罗马帝国及其地方自治政府的某些东西，但是，这种相对统一的市政管理，日渐让位于一种由各式法人团体和行会统治的更为破碎的体系。帝国精英绝大多数曾经是地主阶级，但是，在中世纪意大利（尤其是从11世纪初开始）出现了一个强有力的城市贵族阶层。一些城市公社（urban communes）变成了繁荣的商业中心，统治阶级也凭借为国王、皇帝和教皇提供的商业和金融服务而富裕起来。他们集体统治着周围的农村，以这样或那样的方式从中榨取财富，主要是为了维持那些直接或间接养肥许多城
172 市精英的公职。

把商业等同于资本主义，把货币和贸易当成与封建关系敌对的东西，这样的历史解释已经引起了诸多混乱。货币地租是地主与农民关系的显著特征，

而以奢侈品交易为典型的商业交易是封建秩序非常重要的组成部分。[1] 意大利北部繁荣的商业中心多少脱离了领主体系，但它们在更大的欧洲封建网络中发挥着一种关键功能，充当着那个碎片化秩序的各部分之间的贸易纽带和通往欧洲以外世界的通道。

这些城市也没有逃脱主权的分割化。当欧洲其他部分经历封建化过程时，城市行政也经受着自身的碎片化。公社在不同程度上变成了贵族家族、派别、社群和法人团体的松散联合，并一直如此持续下去，它们有自己的半自治权力、组织结构以及世俗和教会的司法权，彼此之间经常进行激烈竞争，并处身对立政治派系之间的战斗中。这个混合体中的一个致命因素是教皇和皇帝权力的介入。即使当城市公社在较大或较小程度上自治于更大的世俗权威之外时，它们也常常成为这些更广泛的权力斗争的激烈战场，这些权力斗争表现为公民共同体内部剧烈的派别对抗，例如圭尔夫派（教皇派）和吉伯林派（皇帝派）的冲突，两者通常但不必然地对应着商人阶层和土地领主的划分。

各种对中世纪“共和主义”的解释，特别是把它想成政治现代性的一种预兆，会是误导性的，不仅因为具有实际公民自治的各城市本质上是寡头制，而且因为它们从未构成一种真正统一的公民秩序，也不具有这种公民秩序所具有的超脱各种私人权力的、得到明确界定的公共领域。在更真实的共和政府出现的时刻，为了统一公民共同体而付出了更大努力。但是，中世纪意大利公社从未成功克服其内在的碎片化或对公共权力和私人占有的混淆。更专 173
制的寡头的胜利，并不代表着与共和形式的严重决裂，而是同属于（我们可称为）城市封建主义的一种动力。他们扩张和巩固自己统治的努力，也没有真正克服封建的统治碎片化。即使在中世纪以后的意大利，最中央集权化的“文艺复兴时期”国家仍然被党派、特权和混乱的司法权所分裂。

对国家秩序的封建化瓦解而言，西方最显著的例外是英格兰，它对于后

---

1　有人认为资本主义是在贸易扩张摧毁了封建主义后出现的，也正因为贸易扩张摧毁了封建主义，它才出现。在所谓的“转变争论”中，这种观点已经受到致命挑战。这场争论在1950年代早期爆发，导火索是莫里斯・多布和保罗・斯维齐之间的一场论战，随后引发了其他几位马克思主义史学家的讨论。参见《从封建主义到资本主义的转变》（*The Transition from Feudalism to Capitalism*, London: New Left Books, 1976）中罗德尼・希尔顿撰写的导言。

来的欧洲发展，对于政治理论史都产生了重要影响。比起西方其他地区，在不列颠，罗马帝国的崩溃产生了更具灾难性的物质结构和政治结构的瓦解，造成了与罗马形式更剧烈的断裂。但是，在盎格鲁—撒克逊时期，一种国家形成过程已经取得顺利进展，国王、地主和教会统治阶层为了创造一种高度中央集权的权威而通力合作。当法兰西在变得支离破碎时，英格兰铸造了一个统一王国，它有一个国家司法体系和西方世界最具效率的行政机构。这里还出现了一种新的国民身份："盎格鲁—撒克逊人"，以及后来的"英格兰人"。

盎格鲁—撒克逊王国无疑是在有相当多权力的地方贵族协助下得到管理的，然而在原则上甚至实践上，地方贵族不是作为自治的地方伯爵，而是作为王国的伙伴而统治，他们的行政权威来自王国。在英格兰会出现一种独特的中央政府与下级贵族关系。具有相当大地方权威的地方精英，不是作为封建领主，而实际上是作为王国的代表来统治，他们与中央国家没有紧张关系，反而配合着国家议会作为有产阶级与国王合作统治的会议的兴起。

11 世纪，诺曼人带来他们的大陆封建主义因素，但是，封建的主权分割化从未像在其他地方那样在英格兰牢固确立。诺曼人的统治阶级来到英国社会，并把自己作为一支组织优良并且统一的武装力量强加给英国社会，他们还使诺曼人的贵族自由传统适应盎格鲁—撒克逊的统治传统，从而巩固了新确立的君主国的权力。

毫无疑问，英格兰的庄园领主对其佃户拥有大量权利和司法权。但是，君主制的中央集权力量仍然强劲，而且，一种国家层次的法律和司法体系很
174 早就以普通法和国王之法的形式出现了。英格兰君主制的发展，本质上是而且一直是君主和地主之间的一种合作计划。[1] 即使当国王与贵族之间爆发公开冲突甚至内战时，利害关系也较少与中央集权化政府和分割化主权之间的斗争有关，更多与纠正君主和领主之间合作关系的不平衡的尝试有关。例

---

1　关于英格兰的封建中央集权过程中贵族与君主制的关系，特别是对比法兰西进行的探讨，参见罗伯特·布伦纳：《欧洲资本主义的农村基础》(Robert Brenner, *The Agrarian Roots of European Capitalism*)，载于 T.H. 阿斯顿和 C.H.E.菲利平编：《布伦纳之争：前工业时期欧洲的农村阶级结构和经济发展》(ed. T.H. Aston and C.H.E. Philpin, *The Brenner Debate: Agrarian Class Structure and Economic Development in Pre-Industrial Europe*, Cambridge: Cambridge University Press, 1985)，尤见第 253—264 页。

如，在组成《大宪章》的文件中，贵族对君主制的挑战当然可以被解释成恢复某种封建权利的诉求。但是，尽管贵族们也许曾经要求他们应有权利在自己的法院中受自己同济的审问，他们却不是在主张自己对其他自由人的司法权。在法兰西，领主和国王的司法权长期被视为彼此冲突的，与法兰西贵族不同，英格兰贵族所主张的是普通法中的权利，也就是源于中央国家的权利。贵族们把视国家为理所当然，在这一点上几乎不逊于国王本人；直至并且包括 17 世纪的内战和光荣革命，在君主制和有产阶级之间冲突的每一幕中，都一直如此。

尽管如此，英格兰中央集权国家的相对强大，并不意味着土地贵族的虚弱。在重要的方面，反过来说是正确的。在中央君主制国家和地主阶级之间，出现了一种合作性的劳动分工，地主阶级的权力不依靠碎片化的主权，而是依靠它对财产的支配权。确实，像罗马国家一样，罗马的财产权体系在英格兰比在前帝国的其他地方经受了更为彻底的破坏。但是，正如有效的中央行政机构在英格兰比在其他地方更加快速地被重新确立，一种强大的、排他的财产权形式也仅仅出现在英格兰而非其他地方。

表面上看，英格兰的财产法应该是欧洲最“封建的”。这在下述意义上是成立的：不同于封建欧洲的任何其他地方，这里无一例外地遵守“没有无主之地”原则，而且这里没有自主地。然而，英格兰“封建主义”的悖论在于，财产
权彻底封建化的条件是中央集权君主制及其法律和法院，不是分割化主权， 175
相反是分割化主权的阙如。如果所有土地都有主人，那么，只有在形式意义上，君主才能被认为是最高地主。尽管（或在某种程度上因为）普通法日益取得对罗马法的优势地位，但（所以）实际上，普通法中直接处于国王司法权下的保有物（tenements）（包括不必服军役且不受领主司法权管辖的农民和自由持有农所具有的某些类型的绵薄财产）构成了比大陆存在的财产权更具排他性、更少承担对领主义务的私有财产权。[1] 换言之，君主统治和排他性私有财

1　这里需要强调，英格兰普通法的发展及其与排他性财产权之确立的关系，并不像通常所认为的那样是这样一种简单转变：从封建法下的封建相互关系，转变为普通法中个人的、排他的，并且在一种公共的国家法院中可得到辩护的财产权（例如，参见科尔曼：《政治思想史：从中世纪到文艺复兴》，第 616 页）。普通法根源于盎格鲁—撒克逊时期的英格兰，并因此先于“封建主义”，所以，当诺曼人从大陆带来封建法时，它被植入一种已经确立的普通法背景中。同样重要 （转下页）

产权是共同发展的。

尽管英格兰财产权具有封建装饰，尽管普通法背离了罗马法传统，私有的、排他的财产权在英格兰仍会比在任何大陆国家都发展得更为完全，在大陆国家，罗马法幸存下来并且主权分割化占上风。在英格兰，罗马帝国秩序的全盘瓦解或许产生了悖论性的结果，即当罗马的遗产从大陆（不只是通过诺曼征服，而且甚至在此前，通过盎格鲁—撒克逊国王对大陆法律专门知识的利用）再次被引入时，排他性的私有财产制度被更有力地植入并被更严格
176 地实施。

尽管有这个重要的例外，分割化的主权仍然是中世纪欧洲史中一个最主要主题。12 世纪末，各种或多或少稳定的政治管理机构要么以君主国的形式，要么作为城市公社开始在欧洲的各部分重新确立。中世纪政治哲学经典大多属于这个晚期，它们较少关注封建领主与君主国之间的张力，更多关注国王、教皇和神圣罗马帝国皇帝之间的冲突。然而，即使当国王与教会和帝国等级体系斗争时，君主仍会继续依靠土地贵族的领主司法权并与之竞争；这样那样的法人团体也仍会继续主张自己的自治，以对抗各种世俗的和教会的对一种更高的统一主权的主张。

在所有这些情况中，法律和政治主权问题总是与统治权威和财产权力之间的张力密不可分；政治冲突经常通过财产权争论这一中介展开。在封建的财产权与司法权统一体中，主张任何类型法律或行政权力的机构，都不可避免地必须面对各种相互竞争的财产权；“统治权”与“所有权”之间的关系问题，必定会以特别的紧迫性将自己抛出。

---

（接上页）的是认识到，在一种欧洲其他地方也存在的国家法院面前为财产权辩护的可能性，本身并不代表着对封建财产权的否定。例如，在法兰西，当农民有权利在王家法院为自己的财产权辩护时，财产权仍然遵循各种封建原则、伴有各种义务，而且每一片领主领地都一直有自己的法律体系和自主司法权。土地或许是可转让的，这个事实也没有改变与土地相伴的封建义务或领主干涉交易的权利。仅仅因为财产权日益能够在法律上、在一种国家法院面前得到辩护，就认为到中世纪晚期，英格兰和大陆的财产权都已经开始从封建的转变为资本主义的，这是误导性的，更何况绝对财产权也不能混同于资本主义。事实是，英格兰财产权的发展方式，非常不同于欧洲的其他情况，甚至它的封建装饰物也比其他地方更为“绝对”和排他。

## 教会、国家与财产权

基督教把自己的特点加诸封建统治的复杂情况。在罗马帝国中已经出现的教会与国家的劳动分工，会受到帝制国家的瓦解和中世纪领主权力与国王权力之间张力的塑造。在基督教学说的发展中，分割化主权的影响一目了然。

关于属世权力和属灵权力之间划分的经典表述，是教皇格拉修在 5 世纪末写下的。它意欲在东西教会分裂的特殊时刻解决一个非常特殊的问题，但在整个中世纪，它会一直成为西方基督教关于两种领域之间关系学说的常被引用的权威性章节。在致君士坦丁堡的阿纳斯塔修斯皇帝的一封信（通常被拟题为《有两种权力》）中，格拉修坚持属灵权力对属世权力的优越地位，以此针对拜占庭的帝权主张为罗马教会辩护： 177

> 威严的陛下，有两种权力，这个世界主要被它们统治，这就是教士的神圣权力和国王的权力。两者当中，教士的权力更重要，因为在神圣审判中，他们必须为哪怕尊为人中之王的人报账。亲爱的儿子，你也明白，尽管你光荣地被允许统治人类，但在神圣的事情上，你应该在教士首领面前谦卑地低下头，恭候他们手中使你得到救赎的方法。在接收和妥当安排神圣奥秘（heavenly mysteries）上，你承认你应该服从宗教团体而不是凌驾其上，而且在这些事务上，你依赖他们的判断，而不希望强迫他们追随你的意志。[1]

这份宣言很好地揭示了在基督教与世俗权力关系上位于西方基督教核心的各种悖论。它对属灵优越性的主张，可以被而且确实曾被用来支持教皇的世俗权威。它不仅像保罗式学说那样预设了权力的二元性，而且能够，甚至可能更容易被理解为保留世俗权力统治这个世界，同时把教会归入一个超

---

1　J.H. 罗宾森：《欧洲史读本》（J.H. Robinson, *Readings in European History*, Boston: Ginn, 1905），第 72 页。

越日常统治实践的崇高领域。这里传递的信息似乎是，统治世界的“双剑”应该由两只不同的手掌握，世俗权力的剑应该归给恺撒。但是，当帝国土崩瓦解时，基督教不得不适应新的状况。特别是当教会的制度和学说被法兰克人当作国家行政的一种补充而进一步发展时，世俗权威和教会权威之间的关系变得更为复杂。

加洛林王朝缺少一种可以实现目标的中央国家权力，而且依靠地方领主掌控秩序，在这种情况下，为了应对一个庞大帝国，加洛林王朝的策略的一个基本部分是利用基督教，以之作为一种有助统一的力量和一种规训。在巩固统治上，查理·马特的主要策略是利用教会等级制和主教制及与之相伴的所有财产权和特权，创造一个属于自己的友好贵族阶层，以此种方式回击贵族自治的挑战。他还确立了与教皇的联盟，这很大程度上是为了使基督教超然于各种地方性忠诚（包括对地方圣徒的尊崇），而这些地方性忠诚曾经帮助地
178 方领主反对他的中央集权计划。当然，教皇权与君权或帝权之间的这种联盟后来变得问题丛生，它们之间的冲突也成为西方政治思想的一个核心主题。但是，在这个阶段，它与这两种世俗权力是志同道合的。[1]

查理曼会继续动用教会机构来维护自己的统治。这意味着，基督教的皈依说到底是由剑强加和执行的，也意味着，他力图在自己的王国上下实现宗教一统。除了别的方面，他的宗教策略需要一个有教养的教士阶层；对于通常归功于他统治时期的文化复兴而言，这种需要并非是最无足轻重的动力。这还意味着，为了覆盖生活的所有方面，基督教的教义和仪式以日益复杂的礼拜仪式的形式被制造出来，并且愈益强调罪，强调宗教的惩戒和规训作用。

查理曼的统治要为此负责：它在西方基督教中巩固了某些本质上是奥古斯丁式的学说，并且在这样做时导致了东西教会的最终分裂。这里我们不去细究“和圣子”的玄奥问题引发的争论（上章讨论过）；我们也无法判断，法兰克人坚持《尼西亚信经》中包括这句话，这在多大程度上如通常所认为的那样，仅仅是法兰克人和东方拜占庭（这一方被谴责为实际是东方希腊的、异端的三位一体解释）之间斗争中的投机行动，为的是支持一种能把法兰克帝国

---

1　关于这种策略的讨论，参见帕特里克·吉尔里：《法兰西和德意志之前：墨洛温世界的创造和转变》，尤见第212—220页。

确立为真正的罗马的策略。但是，至少值得去这样考虑：正如对之前的奥古斯丁一样，对查理曼而言，“和圣子”一句在加强原罪学说和加强服从主导权威的必要性上，或许具有额外优势。

上至教会贵族、主教，下至被认为是一种把国王意志传达给农民的手段的低级教士，这个教会官僚阶层补充了国家行政机构。[1] 教士和地方伯爵一样，都是国家的行政等级体系的一部分。因此，难怪加洛林王朝的统治常被描述成神权政治，这不仅因为它对正当性的主张依赖它与教会的联合和信仰
共同体中的相互义务，还因为国家机器如此依赖教士阶层。然而，追问加洛 179
林王权是否更多是“神权”性质的，而较少是“领主”或“封建”性质的，看起来是徒劳无果的，更有益的做法是，仅仅承认西方中世纪秩序的复杂情况、君主与领主之间难免紧张的合作关系，以及教会在他们之间的竞争中的作用。

在整个中世纪及以后，教会与国家之间的多数关系都会不断变化，但在基督教神学中，基督教的管理和惩戒功能产生的学说影响仍然根深蒂固。同时，世俗权威和司法权的碎片化会由于教会权力和财产权的平行结构而加剧。尽管加洛林王朝的统治代表着教会与世俗国家之间的一种合作关系，但是，正因为它把教会自身确立为一种世俗权力，它最终注定会加深两者之间的紧张。在我们的时代，这些紧张关系也始终能被感受到。中世纪晚期，当君主国巩固统治时，它们日益受到教会权威的挑战，特别是教皇统治的加强和教皇对一种“充分权力”的主张的加强所带来的挑战。世俗领域与灵性领域之间的劳动分工，可能是罗马教会与恺撒之间的各种关系中相对简单的事情，但它会以愈发纠结的方式卷入国王、皇帝、教皇及其他各种自治权力之间的复杂竞争。

当国王或皇帝权威与教会权威的冲突变得更加紧张时，格拉修的学说也相应得到发展，这些发展不仅对教会与国家观念，而且对政治理论的其他方面造成了广泛影响。继任的教皇们超越了格拉修式的属世权威与属灵权威之间的劳动分工，远比格拉修本人更加斩钉截铁地主张教会权力在世俗中的优越性。在 11 世纪这一极为关键的时刻，教皇格里高利七世着手剥夺王权任

1　关于教会在加洛林王朝中的独特作用，参见《剑桥中世纪政治思想史：约 350 年—约 1450 年》，尤见第 220—221 页。

何剩余的圣礼或神权的因素，他主张国王们仅仅是世俗的、归根到底可罢免的官员，以此支持教皇对一种充分权力的主张。他巧妙地用德意志的选举君主制观念来反对德意志皇帝们自身，坚持国王职位候选人的合格性需要得到教皇认可，教皇具有开除教籍的最终制裁权。

在把教会巩固为一种不仅在属灵事务中而且在公共领域中具有司法权
180 的政府权力上，后来的教皇们甚至走得更远。很明显，在哲学家与民法和教会法学家详尽阐述的各种私有财产权理论中，这个问题得到了充分展示。教会的灵性角色与每个基督徒的内在生命即灵魂有关，而公共领域中的教会权威，它对世俗和物质事务的司法权被等同于它对财富和财产的控制。教会的巨大财富可以成为其世俗权威主张的基础，理由是教会被认为代表着整个基督教共同体。从主张对基督教共同体之物质幸福的世俗权力，到主张教会权威高过世俗国家权威，只需一小步。例如，教皇权威的辩护者会主张，教会世俗财物的所有权存在于作为整体的基督教共同体中，因此，管理基督教共同体巨大财富（也就是对它行使司法权）的既有教会机构，实际上就是一种政府权力，它在对共同善的追求中代表信众运用强制力量，正如世俗政府声称代表自己的各种下级共同体运用强制力量一样。教会司法权因此在世俗权力自己的地盘上挑战了其司法权。在自称为了整个基督教共同体的灵性利益和世俗利益、为了其共同善而行动时，教皇就可以主张更高的权威。

概念上的最后一步，是由教皇卜尼法斯八世迈出的，14 世纪初，在他与法兰西的菲利普四世就完全世俗的税收问题爆发的冲突中，这一步最终完成。他的教谕《至一至圣》以最不容妥协的方式宣告了教皇的充分权力，宣告了教皇权威对一切世俗权力、灵性之剑对世俗之剑毫无疑问的优越地位。教皇卜尼法斯明显越过了雷池，并且被法兰西国王打败。过往的其他人在主张教皇权威上或许更为谨慎，然而，一旦世俗权力和教会权力之间的各种关系以互竞的司法权的方式被摆出，某位或另一位教皇做出这样的概念改变就只是时间问题。

我们不应理所当然地认为，教会权力与世俗权力的斗争必定会采取这种司法权的形式，也不应认为，各种互竞权威之间的冲突不可避免地牵涉诸种财产权概念。在中世纪欧洲以这些方式展现出的冲突，表明了西方发展过程

中国家与财产权之间极其特殊的关系，表明了由国家与财产权的二元性所界 181
定的各种权力概念。对司法权的关注，或许甚至司法权的概念，都以某些边界争议为前提，这些争议是由分割化主权和与之相伴的各种交叠的权利主张引发的。分割化主权的前提又是古典时期财产权的自主发展，以及与国家公共权力相对的、基于土地所有权的贵族权力的出现。各种交叠并互竞的封建主义司法权，都是由那种原初的权力二元性塑造的。一个权威来自中央授予并且官员职务边界被明确界定的官僚制国家（我们会想到中华帝国）或许会产生自身的皇帝与地方官员的冲突。但是，这些争端属于不同类型，它们也并不要求产生一种法律机制，设计它是为了处理各种互竞、交叠的司法权，或者甚至可以说，它们并不要求产生司法权之争的话语。这种法律的和话语的机制是独属于西方的。

因此，封建的主权分割化产生了一种非常特殊的要求：解决理论上和实践上的司法权之争。但是，如果没有罗马财产权的遗产，西方的司法权观念本来不会采取现在这种形式。西方政治理论史会继续受到承袭自罗马的财产权与国家之间的各种关系的塑造。正如我们看到的那样，在帝国中，“统治权”和“所有权”之间的区别是相对明确的，它们代表着公共的和私人的这两种不同形式的权力，处于不同程度的紧张关系中，其紧张程度取决于帝制国家针对私有财产权提出的主张。罗马财产权的遗产从主权分割化中幸存下来。但是，当帝制国家被各种碎片化的司法权取代时，“所有权”及其与政府权力之间关系的概念也发生了相应变化，在帝国与各“蛮族”王国之间的复杂关系中已经出现了这些变化。封建领主权肯定以古罗马的财产权和土地贵族的自主发展为前提，但是，dominium 所暗示的完全的、排他性的所有权，它无法容纳有条件的封建主义财产权。“统治权”与“所有权”之间的区别，也不足以充分体现封建领主的“政治建构的财产权”中占有与统治的统一。二元中的双方都需要改变。

一方面，“所有权”和占有之间的界限，无法再那么清晰地被划出了。古
典时期的罗马法已经规定了次于绝对所有权的各项财产权利，因此，占有或 182
用益权可以与合法的所有权分开。为了照顾各种有条件的、交叠的财产权，中世纪对罗马法的改造不得不进一步模糊所有权与占有之间的界限。另一

方面，封建的私有财产权与公共权力统一体意味着，公共统治领域再无法从罗马“统治权”的角度得到轻松界定，或者说，再无法从公共主权和私有财产权之区别的角度得到轻松界定，或者说，因此归根结底再无法从公私二分的角度得到轻松界定。在分割化的主权和政治建构的财产权的条件下，政府权力不再仅属于中央国家的公职人员。司法权可以由各种没有“统治权”的权威行使，或者由各种与世俗国家相分离甚至反对它的权威行使；或者，它甚至可以被归进私人权利和公共权力统一于其中的领主财产权。司法权可以属于皇帝或国王，同样可以属于地主或教皇。“所有权”和“司法权”之间的区别，并不要求私有财产权和公共权力的明确分离。然而，尽管它为财产权和统治权的统一留有余地，却并没有排除“所有权”与管理权或控制权之间的区别。因此，举例而言，既有的教会机构可以对原则上属于整个基督教共同体“所有权”的教会财产行使司法权。

财产权问题引发了覆盖政治理论和实践所有范围的一系列争论。封建财产权包含的占有、使用和所有权的混淆，不可避免地提出了它们之间的关系问题，特别是，具有被承认的使用权的人，能否仅凭使用的本质，就可以主张“所有权”暗含的那种支配权。如果实际的所有权能够从使用中产生，这是否意味着财产权是一种与法律和习俗无关的自然权利？或者，财产权是一种由公民政府授予的权利，它只包含法律承认的这些权利以及与此相伴的义务？

世俗统治者设法宣称他们的公共权威高于各种自治权力的主张者，同时又不否认后者的私有财产权，对这些世俗统治者而言，财产权是一个问题。对教会而言，事情甚至更为复杂；而且，在这里最为系统地进行着关于财产权性质的种种辩论。教会自己的巨大财产和信众的私人财产必须得到辩护。教会权威也必须得到主张以对抗世俗权力；而且，如我们所见，财产权概念可
183 以被用来实现这个目的。然而，教会也面临着来自内部的对其巨大财富的反对，这巨大财富与基督教群众的贫穷形成了令人愤怒的对比。

在 12 世纪和 13 世纪，随着抨击教会的奢华财富和腐败的“异端”教派兴起，这一点变得尤为真实。这转而导致了新的托钵修会出现，除其他目的以外，他们自寻的贫困旨在捍卫天主教正统、反对这些离经叛道者。因此，对托钵修会的贫困需要加以解释：它代表着一种对财产权本身的挑战吗，或者，存

在一种调和“使徒式的”贫穷与各种财产权的方法吗？既然托钵僧使用物质产品来维持自己，他们实际上主张财产权吗，或者，如同在其他情况下那样，在这种情况下，使用与所有权有区别吗？此外还有关于上帝规定的道德秩序的问题：基督徒是否必须认为，此世财产和权力的既有安排无论多么明显不道德，都是神定的，并在此意义上是“自然的”，或者，世俗的现实与一种神定的道德秩序之间会存在冲突吗？

在古罗马，对财产权有各种不同观点，但总体上，罗马法学家把财产权视为一种由国家确立、由公民法执行的约定。在晚期帝国，教父们，尤其是圣奥古斯丁提出了一种在整个中世纪及其后持续产生影响的解决方案。根据这种学说，政府和财产权都是堕落后出现的必要的恶。这意味着，尽管财产权是一种由国家创立和执行的人为约定，它维护和平和社会秩序的职能却正如政府职能本身一样，是由神的权威核准的。由此，不公平的财产和权力安排可以命令基督徒默许，正如恺撒可以命令他们服从一样。

在中世纪晚期，为了维持对使徒式贫穷的信奉，方济各会提出了更多要求。圣方济各，一个商人家庭之子，他看起来持一种非常极端的观点，不允许教友中有个人财产，断绝商业贸易。至少在中世纪意大利，商品经济包围着他们并且他们的生存依赖着它，这样一种与商品经济的极端脱离是难以为继的；而方济各会思想家想方设法证明，使用可以与所有权分离。神学家和哲学家邓斯·司各脱（1266 年—1308 年）尤其主张，在天真状态中，所有事物都被共同使用。这意味着，共同使用是由自然法规定的。但是，共同使用并不
必然要求共同所有权，因为每个人只有资格使用必要的东西，而没有排除他 184
人的使用。由此，没有任何形式的所有权，更不必说私有财产权，可以被当成自然的，即使公民社会中的复杂关系需要财产权制度以维护和平和社会秩序。

方济各会的贫穷学说，引发了关于财产权问题的辩论和更为一般的关于所有权和司法权之间关系的辩论。如我们所见，对于教会和国家、教皇权威和世俗权力之间的关系而言，这具有更为广泛的意涵。方济各会士采取的观点是，因为上帝把世界给人类是为了让他们共同使用，所以，无论个人还是法人团体，都不能以自然为由主张所有权。教会权力和世俗权力所能做的，不过是作为管家管理财产。首先，这个原则可以被理解成赋予教会权威一种优

势，即使仅仅由于下述原因：既然所有权和司法权都来源于上帝而不是任何世俗权力，那么，在尘世上代表基督的教皇，就可以有效地自称代表真正的所有者行动并行使更高的司法权，而其他各种世俗的或教会的权威，只享有教皇授予的司法权。因此，教皇的司法权实际上等于或几乎等于"所有权"。

多明我会反对方济各会的主张。一方面，多明我会士（特别是托马斯·阿奎那）认为，使用不能与所有权分离，使用的转让就等于所有权的转让。另一方面，他们坚持所有权和司法权的分离，并否认世俗权威或教会权威能够在任何意义上对他们管理的财产主张实际的所有权。在对托马斯·阿奎那的讨论中，我们会更详细地考察多明我会的论点，而在奥卡姆的威廉那里，我们会进一步看到方济各会的主张。现在我们只需指出，尽管乍看起来，方济各会的立场与教皇权威更加亲和，但在14世纪早期，它会被视为一种威胁，甚至被当成一种异端。对使徒式贫穷的信奉，以及为了维护它所建立起的全部论点，会被看成一种对既有教会机构及其巨大财富的挑战。因而，多明我会的相反论点会得到教皇青眼，而托马斯·阿奎那最终被载入正典。

最强烈反对方济各会立场的论点，展现在教皇约翰二十二世的谕令《因
185 为一个恶人》中。这位教皇坚称，上帝对造物的"所有权"可类比人类对尘世财富的"所有权"，这一点在堕落前和堕落后都确凿无疑，因此财产权确实是自然的。而且，使用与所有权不能分离。只有所有权能使物品的消费（实际上也就是它们的损毁）正当化，因为只有所有者有权利破坏自己的财产；甚至对非损耗品的使用，也需要一种使用的**权利**。

中世纪关于财产权的辩论会继续决定西方政治理论的发展方向。在14世纪及以后，这个问题因为封建主义的各种危机而复杂化，这些从瘟疫到农民叛乱的危机会导致从封建主义向其他经济政治形式的"转变"。然而，我们必须抵制这种想法的诱惑：中世纪晚期澄清财产权概念的种种努力，象征着一个从封建财产关系到资本主义的转折时刻。不如说，是封建主义的诸种现实自身，要求一种对财产权的系统性澄清。正是在封建司法权的各种复杂问题最有力地产生作用的时候和地方——在那里财产权和公共权力之间，或所有权和占有之间存在着一贯模糊的界限，更不用说还存在着教会管理其巨大财富的需要，这种要求更为紧迫。

甚至可以认为，正是在分割化主权的封建关系最薄弱的地方，也就是说在英格兰，封建的财产权观念至少可以在正式法律中得以保留。在正式原则上，英格兰的财产法看起来可能是欧洲最“封建的”，但它轻而易举地适应了异常排他性的、免于封建义务的私有财产权形式。类似地，在几个世纪后，一种系统的主权理论会出现在法兰西，在那里进行中央集权的君主制正在与分割化主权斗争，而不是出现在英格兰，在那里中央主权的现实已经充分确立了，而且看起来并没有修改一种正式学说的紧迫需要。[1] 186

## 宗教、哲学与法

继承自罗马帝国的教会制度属于中世纪法律和行政秩序的基本结构，而且，在公共权威的制度和强制力不够的地方，教会的规训性教义是一种维持社会秩序的不可或缺的工具。虽然在中世纪基督教中，古代遗产也仍然存活着，但是，基督教学说在接受古代哲学时也提出了自己的特殊问题。希腊罗马遗产不仅是凭借罗马基督教和罗马法传统而传承下来的，而且是随着穆斯林的征服，凭借伊斯兰的古希腊哲学复兴而传承下来的。在不同的宗教传统中，哲学与神学的相互影响不可避免地采取了不同的形式，而这意味着，对古典遗产的接受，是由犹太教、基督教和伊斯兰教这三种一神论信仰不同的、有时互斥的学说需要决定的。

对这三者而言，在处理宗教与哲学的关系上，核心问题都是法的地位。正如一位论者指出的，它们最鲜明的共性是“一种神启宗教，一个要么完全要么在最高目标上由神启法建立的共同体中希腊政治哲学的外表，以及神法的要求和哲学家的政治教诲之间的争执或冲突”。[2] 三种宗教也都可以接受主要由亚里士多德做出的实践科学和理论科学的经典划分，并大体上可以接受

---

1　16 世纪，当让·博丹在《国家六书》（*Six Books of the Commonwealth*）中阐述他的绝对主权概念时，他并不是在表述法兰西的绝对至上君主权的现实，而是在应对贵族和各法人团体的自治权力对君主中央集权提出的挑战。这在宗教战争中是非常明显的，那时地方贵族运用胡格诺派的各种学说来支持他们对抗国王的权力。

2　拉尔夫·勒纳和穆欣·马赫迪编：《中世纪政治哲学》（Eds Ralph Lerner and Muhsin Mahdi, *Medieval Political Philosophy*, Ithaca: Cornell University Press, 1972），第 1 页。

理论科学的优越性。但是，关于神法与世俗法的联系，由此还有神学与哲学的联系，它们得出的结论却不可避免地有分歧。当然，在这个问题上，基督教思想家之间也千差万别，穆斯林和犹太人亦如此。然而，在一个关键方面，西方基督教整体来说与其他两者有本质区别。这种不同，源自作为罗马帝国产物的基督教极为特殊的经验，它在中世纪理论和实践中得到展示，它也适应了封建主义多层次的权威碎片化状态。

在信仰一种涵盖世俗的和宗教的所有人类实践领域的、唯一的神启法体
187 系上，伊斯兰教和犹太教有别于基督教。相比之下，基督教从一种本质上的犹太信仰转变成一种“普世”教会和一种帝国国教，靠的正是不仅疏远犹太教的旧律法，而且疏远一种唯一的、无所不包的、无差别地适用于信仰事务和世俗日常实践的宗教法。换言之，“普世教会”脱胎于恺撒和上帝之间的区别以及每一方各有专属领域的信念。这种区分的结果，甚至可能还有目的，是使恺撒的主张，也就是世俗国家的主张正当地成为主导的世俗权威，并成为法的一个来源。同时，它赋予神学尊贵的地位，至少在原则上，神学是唯一基于神启的最高知识形式。

基督教学说能够为服从哪怕最渎神、最罪恶的世俗权力的义务而背书，同时仍然在信仰领域提出严厉要求。这并不必然排除**反对**这个或那个世俗权力的宗教原理革新，但是，尽管在中世纪欧洲，各领域之间的边界多数是有争议的，西方基督教的明确原则依然是归给上帝和恺撒其各自的法的领域以及要求的服从。确实，如果没有这个既承认每个领域从对方那里获得的支持，又承认它们之间始终存在的张力的原则，就不会有这些边界争议。没有它，就无法理解中世纪西方五花八门的世俗权力主张之间的理论斗争和实践斗争。

基督教独特的二元论产生了深远的理论后果。除了其他事情，这意味着，作为一种依靠其在教会中的制度基础得以维持和实行的独特知识形式，神学在邂逅古典政治哲学时遇到了非常特殊的困境。早期教会学说，已经受到了从柏拉图式宇宙论、亚里士多德式认识论到西塞罗式伦理学的古典遗产塑造，这一点确凿无疑。但是，古典政治哲学，特别是 13 世纪亚里士多德哲学的复兴，提出了特殊的挑战。教会不仅必须考虑神学与哲学之间是否存在学

说上的不相容性,而且必须考虑哲学是否正在侵入教会自己的神学领地,权威的边界是否正在被危险地跨越,信仰原则是否,或何时要求他们划一条不可侵犯的界限。当然,各种各样的答案都与基督教学说相容。例如,可以像 188
最具代表性的托马斯·阿奎那那样建构一种哲学,它结合了神学思考和有关人类政治组织和法的理论,甚至提出了神法与政治法之间的联系问题,或它们之间界限何在问题。尽管基督教学说可能包容性强,但联系和边界问题在这里被提出,仍然意义重大。

伊斯兰教没有可与基督教会体制匹敌的制度性权力,没有这类专门守卫神学的自治权力,它似乎更容易容纳哲学,而无须在哲学专属领域和神学领域之间划界。当然,法的统一,会导致哲学和所有世俗科学完全失去正当性。但是,承认理性和信仰可以通过不同途径达到同样的真理而不需要挑起边界争议,这也是有可能的,伊斯兰教也正是如此。既然只有唯一一种法和唯一一种法律权威的来源,就没有理由把哲学当成危险的世俗对手。它可以被视为通向永恒真理的另一条道路,这些永恒真理同样由宗教启示,后一条道路每个人都可通行,而前一条道路只有智识精英能够接近。可以根据哲学和世俗科学自身的价值来从事它们。

无论如何,由于这里两种法律权威之间没有冲突的可能,哲学与宗教的比较优势没有采取司法权之争的形式。而且,哲学教诲与伊斯兰法之间的不一致问题是法学家处理的事情,而不是保护自己权威领地的神学家处理的事情。确实有坚持哲学危险性的伊斯兰思想家,但是,哲学同样可以根据伊斯兰教的理由得到辩护,甚至被赋予优先性,正如伟大的阿拉伯哲学家伊本·路世德(阿威罗伊)所做的那样。他对亚里士多德的注解是基督教思想家,如阿奎那的主要资源之一,如果不是全部资源的话。

伊本·路世德(1126 年—1198 年)生于科尔多瓦,是一位卓越且地位显要的法学家、法官,同时是一位医学家和哲学家。除去一段失宠和被放逐(后被召回)时期以外,他都侍奉着北非和摩尔人伊比利亚地区的穆瓦希德王朝。在《决断集》中,他阐述了宗教法和哲学的关系,他就像在一个法庭面前一样提出自己的观点,并用伊斯兰法作为自己的判断标准。他不仅得出结论认为两者是相容的,其时对哲学的攻击并没有伊斯兰法的基础,他甚至还暗示,作 189

为一种达致宗教所求真理的方法，哲学具有天然的优越性。但是，既然哲学的理性的、证明的方法只能为少数人理解，宗教的信仰方法就是有利于群众的接近真理的最好方法。因此，宗教和哲学能够且必须在大有裨益的联盟中共存。

重要的是，尽管伊本·路世德质疑一种强烈的伊斯兰教倾向，他却不是作为一个反伊斯兰教的外人，而是作为支持穆瓦希德统治者庇护哲学的辩护士发言。这个论点，有时会被当作一个根本反宗教的理性主义者和哲学辩护者所施展的战术策略，而不予认真对待，但是，承认它与伊斯兰教的根本相容性看起来更有益。在更早时候，一个相差无几的论点由阿尔法拉比（870年—950年）得出，他通常被穆斯林称为伊斯兰世界的哲学的建立者。他区分了两种人，一种是凭借证明方法（就像在哲学中那样）通过自己的理智到达真理的人，另一种是“粗鄙的”群众，他们通过信仰和想象性描述的方法，也就是宗教的方法被赋予接近真理的门路。伊本·路世德的论点，或许可以被理解为，当发现宗教原则与可证明的真理不相容时把最后的发言机会留给哲学，而这或许可以被当作对宗教的一种攻击。但是，无论我们是否根据表面价值接受他坚持的两种真理道路的调和，这里的关键问题都在于，对伊斯兰教而言，神学并没有资格主张优越性甚至绝对无错性，而这种尊贵的资格却通过一个强有力的教会机构被授予基督教教义。因此，在伊斯兰教学说中，没有理由把神学家视为比哲学家更好的真理解释者——即使是宗教真理解释者。

人们曾经把一种近乎现代的世俗主义和理性主义归于伊本·路世德。但是，如果我们没有意识到伊斯兰教本身欢迎接受古典哲学的方面——正如它促进科学的方面，我们就无法把握中世纪伊斯兰教的特色及它与基督教的对比。把伊本·路世德的方法当作完全世俗的、反对伊斯兰宗教狂热的，或许会强加给伊斯兰教一种基督教特有的严格二分法：就好像当哲学跨过司法权边界时，它只有通过全盘否定宗教才能得到辩护。实际上，甚至阿威罗伊主义——它适用于包括基督徒在内的相信一种“双重真理”、相信哲学世界与宗教世界的分离的人们，这个概念也基于一种在阿威罗伊本人那里肯定没有出现的并且可以被证明与伊斯兰教无关的二分法。伊斯兰教学说不需要这
190 种二分法。

尽管今天的伊斯兰原教旨主义看起来在很大程度上抛弃了中世纪穆斯林所具有的这种开放胸怀，但一个惊人的事实是，比起基督教，伊斯兰教学说能够在某些重要方面提供一种更大的智识灵活性。硬币的另一面可能是，正因为基督教在国家与教会的劳动分工中如此谨小慎微地守护着神学权威的领域，它才产生了以一种反教权主义为形式的对立面，而这种反教权主义对伊斯兰教来说是陌生的。尽管反教权精神对坚定的世俗主义者（包括本书作者）具有吸引力，但我们必须意识到中世纪基督教神学的刻板与伊斯兰教思想的自由之间的对比。

哲学看上去较少威胁到伊斯兰教权威，这可能至少部分是因为，阿拉伯人只有限地接触到古典**政治**思想，而哲学的其他方面并没有如此直接地挑战法律。也有可能，他们能接触到的柏拉图政治哲学更符合伊斯兰教的目的。伊本·路世德是亚里士多德式科学和哲学观念的伟大追随者和解释者，但是，正如阿拉伯学者总体而言那样，他接触希腊政治理论主要是通过柏拉图；而且，他写过一篇对《理想国》的评注，他感到可以无须多大保留地把《理想国》推荐给他的穆斯林同胞。他接触不到亚里士多德《政治学》，否则可能会对它有不同的看法。比起柏拉图的强烈反民主的著作，在这个经典文本中，城邦的公民文化表现得更为突出，而这可能使《政治学》不如柏拉图的文本那样让他称心如意，在后者那里，统治者和生产者的区分被如此森严地界定。

甚至有可能（尽管没有证据支持这样一种推测），除了接触《政治学》的可能性不大，亚里士多德政治哲学更为明显的危险有助于解释为什么《政治学》不属于伊斯兰教正典。或许柏拉图式的统治概念更顺应哈里发的抱负，而封建的主权分割化使西方基督教更容易吸收，或至少是策略性地利用承袭自古典哲学的公民政治原则。柏拉图式的统治者与被统治者之间的明确划分，或许在西方中世纪的重要性较小。在那里，统治部分和其从属者之间表面上已确定的关系在政治思想中位居其次，首要的则是不同的统治权主张者之间的冲突。或者，亚里士多德式的“政治”统治概念，大概更容易适应一种服从世俗法的世俗王权观念，而不是一种起源于一位得到神启的先知的统治者观念。191

无论如何，在中世纪的拉丁基督教中，处理宗教和哲学关系的方法，深深扎根于封建社会在制度上的二元性。同样的二元性也反映在民法和教会法的区分上，这在伊斯兰教或犹太教中找不到对应物；而且，中世纪政治思想的特征是，它很大程度上是由各自的专家在这两种法律话语之内或之间完成的。正如我们在对托马斯·阿奎那的讨论中会看到的那样，在自然法概念中，拉丁基督教的二元性仍然发挥着作用。自然法概念在西方政治理论中扮演着一种核心角色，但在伊斯兰政治哲学中完全不存在。

## 重新界定政治领域

至此，我们已经讨论了中世纪关于政府、财产权和司法权的观念，还没有系统讨论主要的政治思想家。如我们所见，中世纪统治的复杂情况意味着，这些观念是在各种各样的话语中得到讨论的，除了古希腊人和古罗马人所理解的政治哲学以外，特别还有法学话语和神学话语。在封建的国家碎片化达至顶峰的时期尤其如此。中世纪晚期政府的重新巩固，对政治哲学确实是一种刺激。在那时产生了大量创新性的关于权力、权威和司法权问题的法学和神学思考，在某些方面，这些思考比曾经的希腊罗马政治理论更直接地介入了当时各种具体的统治实践。但是，对于专门的**政治**理论而言，像古代或现代早期经典作品那样的原创性贡献显然微乎其微（如果有的话）。特别是随着13世纪亚里士多德的《政治学》被翻译成拉丁文，中世纪思想家确实以巨大的热忱和创造性吸收了古典政治哲学传统。然而，最富创造性的是他们对这个传统及其明确界定的政治服从概念的改造，这种改造是为了适应一种非常不同的、古典政治话语难以把握的环境。

这里的问题不只是扩展古代政治理论以涵盖更为广泛的政治形式：不同于古希腊城邦的城市国家、王国和帝国。毋宁说关键问题在于，中世纪的社会安排如此不同于古代的形式，以至于它们无法在亚里士多德政治哲学的理论语言中被轻易理解。确实可以认为，封建社会的典型特征之一是亚里士多
192 德所定义的那种界限分明的政治领域的实际消失。即使后来当中央集权国家正在确立牢固基础时，法律秩序和行政秩序的复杂情况、分割化主权和复杂的司法权领域带来的混乱、同意关系或契约关系的复杂网络，这些都意味着“政治”的边界是模糊和变动的。教会法学家和民法学家苦心孤诣得出的

推理,比古典政治哲学更能适应这些复杂情况。

这样说似乎有悖于某些被广为接受的关于中世纪欧洲公民政治原则之强大的观点。正如我们已经指出的那样,这确实引起了一些问题,这些问题涉及把中世纪公社政治理论视为现代共和主义先驱的倾向,当我们思考帕多瓦的马西利乌斯(他的《和平的保卫者》常被解读成一本先驱性的共和主义小册子)时,会更详细地考察这种解释。此刻,让我们思考一位杰出的政治思想史家提出的一种更为一般的说法,他认为,至少与古罗马相比,中世纪的政治理论和实践更多而非更少地与积极公民身份和公民共同体合拍:

> 中世纪政治理论家和实践者严格遵守、后来又改造了晚期罗马法的基本准则:“关涉所有人的事需得到所有人的同意”(*quod omnes tangit ab omnibus tractari et approbari debet*),他们把它抽离出《优士丁尼法典》(他们从这里发现了这句话)的语境,并由此强调“人民”在同意法律时进行的一种审议性参与。此外,人民可以被宣称能够选举可罢免的官员成立政府……这是古罗马人……绝不会许可的事情,因为“人民”从未被他们看作一种审议团体。[1]

“中世纪法学家,”作者接着指出,“优先考虑公民身份的实质,而不是单纯考虑罗马法规的抽象原则”,而这种优先考虑源自“中世纪城市公社独特的契约性起源,在那里,公民是城市中的一个积极成员而非消极成员”。[2]

这里指出的中世纪积极公民身份概念与古罗马设计的消极类型之间的
对比,确实点出了它们之间的某些重要差别。当罗马人把一种公民身份授予 193
其帝国臣民时,他们确实创造了一种新的消极公民身份概念,甚至罗马人自己也没有行使过雅典平民的审议性职能。无论我们对中世纪公民共同体(随后会探讨它)抱有怎样的怀疑,认识到独属于西方的“经同意而统治”的观念,以及它们如何独特地依靠着各种契约性安排从中世纪经验中起源,都肯定是重要的。同样确凿无疑的是,这些概念暗示出独特的主权参与观念,而这又

1　科尔曼:《政治思想史:从中世纪到文艺复兴》,第 6 页。
2　科尔曼:《政治思想史:从中世纪到文艺复兴》,第 8 页。

暗示了一种古罗马所没有的积极公民身份。但是,认识到这些同意观念或参与封建主权分配的观念如何不同于希腊的积极公民身份和公民共同体的观念,也一样重要。中世纪概念与古代概念的对比,不应该掩盖中世纪分割化的主权形式是如何改变政治话语,使其远离古希腊人特别视为“政治”的事情以及作为其主题的公民身份的。如我们将看到的那样,即使在城市公社极为强大的意大利北方诸城市共和国,也是如此。

在前几章中,我们探讨了政治理论得以在古希腊出现的条件。我们看到,在城邦的公民政治领域中,公民是基本的政治行动者,且政治关系是公民之间而非统治者与臣民之间的关系,这种公民政治领域以有别于古代世界其他国家的特殊社会条件为前提。民主城邦代表着一种在前资本主义历史中可能独一无二的例子,在这里,由于各种历史原因,有产阶级不具有维持其财产权利和占有权力所需要的军事优势和政治优势。它无法强加一种不容置疑的统治,而依赖与从属阶级的政治妥协。如我们所见,梭伦和克里斯提尼的改革,是为了在没有一种明确的阶级统治的情况下调节阶级关系,它们创造了一种公民政治秩序,在其中占有者和生产者直接作为个体、作为阶级(作为地主和农民)面对彼此,而不是主要作为统治者和被统治者面对彼此。这也造成了一种前所未有的经济不平等与公民平等的并存,以及两者之间的张力。

在这个新的公民领域中,深刻的社会分工表现在政治方面,不仅表现在公然的权力斗争中,而且表现在公民大会和陪审团的审议与辩论中。这是积
194 极公民身份的理论和实践出现的背景,积极公民身份是理解并处理一种非常特殊的社会权力配置形式及其引发的非常特殊的冲突的工具。古希腊政治理论经典是由不怎么喜爱穷人和富人,组成的公民联合体的哲学家们书写的,但他们的观念不可避免地受到了它的塑造。即使反民主思想家,如亚里士多德也在自己的哲学思考中探索,阶级之间的何种政治妥协能够使城邦从面临毁灭威胁的社会冲突中得以挽救,他因此追随了梭伦和克里斯提尼的传统。

封建主义的基本社会关系,阻碍了作为古代城邦和政治理论之基础的那种政治妥协。地主与农民的关系,恰恰依赖被古希腊公民身份排除的那种法

律不平等，这种法律不平等甚至被罗马共和主义排除，尽管它有寡头政治色彩的对次等公民之公民地位的限制。封建土地贵族的经济权力，即他们对农民劳动的使用权，与他们的超经济的地位和特权，即他们的政治、军事和司法权力不可分离。领主权是经济的同时也是政治的。这意味着，一种像把地主、农民还有工匠统一进古代城邦（或者哪怕罗马共和国）那样，把占有阶级和生产阶级统一进一个政治共同体的公民身份，严格来说会是封建主义的终结。

因此，西方中世纪的各种政府理论都不涉及农民和地主之间的一种公民关系。但是，它们的主题也不是统治者和生产者之间的关系。封建领主和农民之间的关系构成，基本是一种统治者和生产者的关系，它们被看作是给定的，而阶级间关系不再是政治话语的核心主题。政治理论提出的问题围绕着统治本身的性质和定位，以及各种互竞、交叠的统治权主张之间的关系。即使当最终权力被说成来源于“人民”时，这个原则也是被用来支持一种统治权主张（国王的、皇帝的或教皇的），以此反对另一种。各种同意概念或人民参与主权概念，会被主张自己的权威基于人民同意的人们当作统治工具使用。但是，通过质疑一种竞争性权力的同意权威，这些概念也可以更巧妙地，甚至可以说更讽刺性地被用来挑战它，正如我们在教皇格里高利挑战欧洲诸王和神圣罗马帝国诸皇的例子中看到的那样。

即使封建关系是平等者之间的关系，它们也不是公民之间的政治互动， 195
而可以说是国家的各个碎片之间的契约性协议，是各种组织起分割化主权的相互义务纽带。从行会到城市公社的各种法人团体，确实可以在自己的特定领域内实行自治，但是，很难说法人团体的内部事务，甚至城市公社的审议实践是政治哲学的主题。我们可以承认，在原则上，质疑统治的权利并使它依赖某种形式的同意，是责任政府发展中的一个进步。但事实仍然是，这强调的不是积极公民身份，而是统治的权利。

古典世界形成的积极公民身份观念，在之后的西方政治理论发展中会被消极的甚至默示的同意概念取代。在其早先的形式中，这些同意概念仅仅扩展了基于罗马法的中世纪法团原则，根据罗马法，法团全体可以被代表它的少数人的决定所约束。但是，现代早期的同意观念，无论是法团的同意还是个人的同意,都可以与哪怕绝对君主制相容(在托马斯·霍布斯著作中最突出),也可以与源自“人民”(尽管这里的人民是狭义上的,完全没有实际作用)的主权观念相容。这些同意观念和主权观念,更多归功于中世纪的(甚至还有罗马帝国的)统治概念,而不是古代的积极公民身份观念。政治角色如此消极的人民,或许仍可以被奥古斯丁视为“公民”;但是,依据亚里士多德的标准,他们应该是城邦的“条件”而非“部分”。

《政治学》第一个完整译本中对亚里士多德的一处误译,充分展示了中世纪政治话语到底离开古典政治理论语汇多远。似乎是在托马斯·阿奎那的鼓动下,莫尔伯克的威廉(约 1215 年—1286 年)将亚里士多德的全部著作翻译成拉丁文,包括约 1260 年翻译的《政治学》。除了其他事情,他对一个重要段落的误译,会被圣托马斯本人采用并由此产生深远影响。它之所以重要,不单纯是因为它例证了一个人的模糊翻译造成的偶然影响,更因为它表达了中世纪对政治本身的理解。

在前几章中,我们已经略为提及了亚里士多德对不同统治形式的区分。例如,有对处于奴役状态的人行使的统治,但也有一种自由人之中的“政治”
196 统治,在那里政治上的平等者轮番统治和被统治。这种统治形式之所以是“政治的”,是因为它出现在而且只出现在一种公民共同体中,这是一种由本质上具有平等地位的公民组成、所有公民都有资格参与统治的公民共同体。亚里士多德的“政治”统治概念确实存在某种含糊之处,它是否适用于从民主制到君主制的所有政体形式,特别是,一种君主制是否可以是“政治的”? 但是,有一点很明确,只有在自由和平等的、原则上既能够统治也能够被统治的人们之中,统治才可能是政治的。在亚里士多德的理想城邦那里,公民共同体仅限于富人和出身高贵的人,而且这个共同体统治着从属的,不得具有公民身份的生产阶级。也就是说,这个城邦区分了一个公民共同体的“部分”和对这个公民团体必要的、但总是被它统治的“条件”,部分和条件、统治者和被统治者之间的关系,不是“政治的”。

像之前的柏拉图一样,亚里士多德无疑也热衷于强化统治者与被统治者的分界,但他以雅典民主的经验和话语所框定的术语来处理这个问题。由于公民共同体对于雅典政治实践和理论如此重要,在勾勒自己的理想城邦时,他把统治者和被统治者之间的关系定义成一种公民共同体和在它之外的人之间的关系。公民共同体由公民，即城邦的“部分”组成，他们有资格统治并因此能够轮番统治和被统治。对亚里士多德而言，这并不是说统治和被统治同时发生，但这是一个真正“政治的”共同体（其公民大体上能够胜任政治实践）的本质。

在莫尔伯克的威廉的译本中，“轮番”（in turn）变成了“部分”（in part），而亚里士多德论及的“轮番”统治和被统治，不再适用于一个所有成员都有资格统治的公民共同体，而是适用于一个“部分”是统治者，部分是被统治者的统治者。我们会看到，无论莫尔伯克的威廉的意图何在，对托马斯·阿奎那而言，统治是“政治的”，是指统治者本人像其臣民一样受法律约束。作为一种平等公民之间关系的“政治”领域，完全销声匿迹了。在中世纪的术语中，亚里士多德所理解的那种公民身份范畴究竟是否有意义，这确实是扑朔迷离的。人们或许可以凭借领主身份而享受权利，或者成为具有自由特许权的行会或法团的成员而享受权利。但是，构成中世纪秩序的封建领主权和法人团体的复杂等级结构，与古希腊的公民共同体有天壤之别。

这并不是否认，中世纪哲学家思考了从皇帝或君主统治到人民统治的所有政治形式，而且，包括托马斯·阿奎那在内的一些人，甚至承认经人民同意 197
而统治的好处。但是，中世纪关于“帝王”或“国王”统治与“政治”统治之间的区分，不仅反映出一种非常不同于古希腊城邦的政治秩序，也反映出一种对失序和冲突（它们非常不同于统摄亚里士多德政治思想的那些失序和冲突）原因的关注。富人与穷人的各种冲突，对亚里士多德而言是城邦内乱的最终根源，是最需要通过政治方式解决的冲突，但这些冲突在中世纪哲学中并不具有如此核心的地位。自不待言，这些冲突确实存在，但它们在政治思想中的核心地位，被各种交叠和互竞的统治权造成的失序所取代。要讨论的政治关系既不是公民之间的关系，也不是一个公民共同体和它之外的人之间的关系，而政治理论提出的问题也并不以古希腊的那种方式涉及公民共同体或公民身份。

这些问题的呈现形式，依中世纪欧洲不同部分的不同权力配置而有所不同，依各种互竞的世俗权威主张的特定形式和相对力量，以及它们之间对抗的强度而有所不同。在领主、国王、教皇和皇帝之间的司法权争夺中，正如一些皇帝或教皇对某些国王构成比对其他国王更大的威胁，同样，某些王国中领主的权力比其他王国中的更强，而君主权力比其他王国的更弱。例如，法兰西和英格兰在所有这些方面都不同于彼此，这尤其是因为法兰西的法人团体强于英格兰的，在英格兰，法团权力相对君主权力的虚弱，更加凸显了统一的中央国家和私人个体，或者说更加凸显了私人权利与公共主权的关系。我们将看到，这些不同既在理论中也在实践中表现出来。但是，在这两种情况中，政治领域都不是由一种公民共同体界定的。

意大利又有不同。在北方，领主权力相对虚弱，作为替代，一种自治的城市公社对农村行使一种法团的、集体的领主权。在这里，我们或许有望看到公民共同体重回政治话语中心。但是，在这里，各种互竞的自治权力和冲突的司法权，同样是政治哲学的主要关注。法学家和修辞学家无疑可以滔滔不绝地谈论公民生活和公民身份，但是，在对政府的重要哲学思考中，最突出的
198 关系既不是一个公民共同体中平等公民之间的关系，也不是占统治地位的城市寡头和他们下面的力量之间常常激烈的冲突。

教皇权力在地理上的邻近性及其世俗主张的直接性，对意大利统治阶级构成了一种非常特殊的挑战，正如对意大利这部分领土的统治权主张更容易受到具有神圣罗马帝国皇帝身份的德意志国王的妨碍。在北方相对较小的公民共和国中，城市精英的物质利益极大地维系于公社，这不仅维系于其对农村的权力，更维系于其商业力量和公职收益，在这里，一种或另一种，即教皇或皇帝的更强大权力的支持，对于这个或那个政治派别的统治和发财而言是关键的。尽管城市精英和他们下面的人之间的冲突经常是公民政治生活中的一个核心事实，但是，无须奇怪，这些共和国的政治活动典型地表现为城市贵族内部的派别斗争，这些斗争常常伴有外部援助，为的是控制公社有利可图的资源。正如我们将看到的那样，即使是（更确切地说，尤其是）被许多评注者奉为中世纪共和主义典范的马西利乌斯《和平的保卫者》，也较少与一个公民共同体中的积极公民身份有关，而更多与教皇和皇帝之间的斗争有关。

有必要谨记，如果这些意大利城市代表着古希腊罗马的直接延续，那也是罗马帝国统治的地方自治体系的延续，而不是城邦或者哪怕罗马共和国的

公民共同体的延续。即使当公民共同体走上中世纪政治哲学的舞台中心时，它也通常是作为各种互竞权力之间冲突的参与者。城市公社可以伸张自己的权利，反抗领主统治，或者反抗教皇或皇帝权力的干涉。相反，它也可以（如我们在对帕多瓦的马西利乌斯的讨论中会看到的那样）请求这些敌对权力中一方或另一方的支援。但是，政治哲学的主题并不是一个自我统治的共同体中公民们的政治生活。[1] 在这些中世纪城市公社中，确实存在一种生气
勃勃的公民生活，也有丰富的文献证明其审议活动存在，但这些事实只能有 199
助于强调中世纪政治哲学的独特关注。

中世纪政治理论与古典遗产有一种非常复杂的关系。之所以复杂，不仅是因为世俗权威与教会权威之间的关系，还因为世俗国家权力不断变动的范围，以及国家中央集权过程和分割化力量之间始终存在的张力。在实践和理论中，帝国的遗产及其继承自古典时期的遗产，继续构造着封建主义的分割化主权。它既在基督教普世主义的神学学说中，也在教会的等级制度中存活下来。但是，这些总是与各王国的特殊性，与领主司法权和各种自治法团之间存在张力。同时，政治哲学必须使自己适应一种整齐划定的政治领域阙如的情况，政治领域不是像城邦那样的一个公民共同体，而是世俗机构、教会机构，以及财产权与司法权的统一体构成的盘根错节的网络。

## 中世纪政治思想?

本章大部分都在讨论，在没有一种明确界定的政治领域的情况下中世纪对权威和司法权的思考。有人认为，作为一种特殊的思考形式，政治理论并不理想地适合中世纪统治的独特状况。《剑桥中世纪政治思想史》甚至开篇就提出这样的主张：“‘中世纪政治思想’的特征是无法确定的”，它认为，那些适合古典城邦经验，或适合后中世纪西方世界中“国家”经验的“政治”思考形

1　从中世纪意大利到文艺复兴的政治思想的连续性，可能是误导人的。例如，我们倾向于把马基雅维利列入对中世纪意大利政治理论的讨论中，理由是他代表着一种根植于中世纪城市公社的传统的顶峰。但是，中世纪政治哲学中公民共同体的地位，与文艺复兴时期意大利出现的对共和主义自治和公民生活的思考，这两者之间存在一个重要差别，在意大利文艺复兴时期，对公民自治的主要威胁，不是来自教皇和神圣罗马帝国皇帝，而是来自后封建时期的君主国。

式,在中世纪的语境中没有用武之地等等。[1] 既然“这个时期只有少数作家能够被有意义地描述成‘政治思想家’,而且只有极少数可以被认为对这个学科做出了重要的个人贡献”,那么,一种从研究杰出人物著作入手的历史“很难不呈现出一幅不完整的、失真的中世纪政治观念图景”。[2]

基于这些理由,《剑桥中世纪政治思想史》选择采取一种主题式或概念式的路径,而不是系统地依次讨论每位主要思想家的观念。考虑到中世纪统治
200 的特点,以及它产生的神学思考形式,这种选择颇有道理。尽管如此,为了说明从古代传承的政治理论传统是如何适应中世纪条件的,这些适应性改造在中世纪各种特定的语境中又是如何变化的,考察一下杰出人物的个案可能也有所裨益。

如果存在有资格列入中世纪西方“政治理论”的思想家,他们肯定身处中世纪晚期,那时或多或少稳定的政府以君主国和城市国家的形式兴起,而且,世俗权力与教会权力之间,国王、教皇和皇帝之间的冲突尤其剧烈。这还是一个古典政治哲学的影响蓄势待发的时期,特别是随着亚里士多德的《政治学》被翻译成拉丁文。通过考察几位主要人物,我们可以对那个时期政治思考的特殊性有所洞察。他们都受到了相似的智识影响,并不同程度地采用了古典政治思想的语言,特别是亚里士多德的语言,但是,他们在不同的地方性语境中为了不同的目的而运用它们。

托马斯·阿奎那(约 1225 年—1274 年)、帕多瓦的马西利乌斯(约 1275 年—1342 年)和奥卡姆的威廉(约 1288 年—约 1348 年),都以这样或那样的方式抓住了他们时代的典型冲突,并立足于不同的与政治事件和权力斗争的概念距离,在哲学上对这些冲突做出了回应。三人中最直接介入斗争的是马西利乌斯,他非常密切地参与了教皇约翰二十二世和有帝王之志的巴伐利亚的路德维希之间的激烈斗争,并在他的经典哲学著作《和平的保卫者》中为支持皇帝、反对教皇提供论证。其他两人的著作更具神学色彩,但是,他们都被动员参与了托钵修会的争斗,托马斯站在多明我会一方,奥卡姆的威廉后来

1 《剑桥中世纪政治思想史：约 350 年—约 1450 年》,第 1 页。
2 同上,第 4 页。

站在了方济各会一方，这不仅对神学，也对教会和教皇的世俗利益产生了影响。两人也都有一些更直接的对公共生活和各种世俗权力冲突的参与。阿奎那不仅经办教会的实际事务，乃至在公共事务上是教皇的建言者，而且一度为与他有关系的法兰西的（严格地讲，法兰克人的国王和阿图瓦伯爵）路易八世提供建议。他的观念会被其他更直接地参与权力斗争的人，例如巴黎的约翰（逝于 1306 年）所拣起和采用。我们将看到，他阐释了托马斯主义学说，以便在法兰西国王菲利普四世和教皇卜尼法斯八世的冲突中支持前者。当奥卡姆的威廉代表方济各会一方进行的干涉触怒教皇时，他发现自己像马西利乌斯一样，被卷入了教皇约翰二十二世和巴伐利亚的路德维希之间的斗争。这位哲学家在路德维希的宫廷中寻求庇护，毋庸赘言，这种经历对他关 201
于世俗权力和教会权力关系的论述有非常关键的影响。

无论还有其他什么区别使这些思想家不同于彼此，都值得思考他们在面对相似的神学问题时所处的直接语境的区别。他们之间的对比，当然不能化约为各自语境的不同，但是，在他们的观念和他们阐述哲学时所处的特殊环境之间，确实存在一些明显的吻合之处。奥卡姆的威廉和其他两位之间的区别是尤为显著的，这反映了中世纪英格兰的特定条件。因此，在探讨这三位思想家的观念之前，让我们简要地提示一下法兰西（更具体地说是巴黎，在那里阿奎那不仅参与了神学争论，而且参与了教会政治和世俗政治）、意大利北部（马西利乌斯的政治活动领域）和奥卡姆的威廉的英格兰在权力网络和政治建构的财产权上的差别。

在 13 世纪法兰西的生活中，封建的主权分割化仍然是一项主要事实，在这里，领主的权利和司法权锋芒毕露，它们直到一个强大的中央国家以“绝对”君主制的形式在 16 世纪和 17 世纪崛起后才日渐式微，直到 18 世纪革命后才被彻底铲除。同时，君主在实现其领土野心上取得重要进展，而且到 12 世纪末和 13 世纪，君主已经开始把巴黎确立为一个全国中心，它不仅是一个政府所在地，而且是教养和文化的源泉。尽管如此，国王的计划不仅与周边农村的领主自治权存在紧张，而且与自治的城市法团的主张存在紧张。即使其时已经成为一个繁荣的商业中心的巴黎，其政府也是一种由国王的机构和法团的机构组成的复杂网络，其大部分公共生活被强大的商会和行会统治着。在这个王国仍不稳定的边界之外，存在着神圣罗马帝国的德意志诸侯（法兰西人拒绝承认他们的权威）的挑战，而在国王菲利普四世和教皇卜尼法斯八世的斗争中，国王权力和教皇权力的激烈冲突达到顶点。

在本章先前的地方，我们思考过，意大利北部的城市国家和诺曼征服之前及之后的英格兰王国，如何背离了以法兰西为典范的封建分割化主权模
202 式。就此处的目的而言，这足以使我们回想起意大利城市公社的复杂组织：它们相对于某种或另一种中央集权力量的自治和相对独立，同时还有它们内部的碎片化，即其内部的各种半自治权力和法团、皇帝和教皇施加给它们的压力，以及与一种或另一种更高权力联合的内部各派别。在马西利乌斯那里，我们会看到，在起源于城市公社的政治理论的发展中，这些城市国家赖以组织的法团原则（既有公民法团或城市法团本身，也有其内部的各种法人团体）具有极为重要的意义。

英格兰不同于这两种情况，这会对政治理论产生极为重要的影响。相比法兰西的分割化主权，英格兰发展出了一种过早出现的中央集权国家，与它并驾齐驱的是独特的排他性个人财产权。英格兰人确立了一个统一的国家来取代领主司法权，同时，普通法日渐承认一种独立于任何超经济的权利、特权或义务的个人财产"利益"。这有别于在法律面前为个人财产权辩护的权利，中世纪晚期的法兰西人也享有后者。在法律面前，甚至在王家法院面前为个人财产权辩护的权利，可以在财产权仍遵循封建原则并伴有附带义务的地方、在每片领主领地仍具有自己的法律体系和自主司法权的地方存在（就像在法国那样）。在英格兰，个人的财产权利本身大得多地独立于封建义务和领主司法权。

在法兰西和意大利，法团原则更强大，而且政治秩序的构成单位是法人团体，相比之下，英格兰人的国家日益被建构成一种自由个体的集合，这些自由个体除国王以外不臣服于任何主人（尽管臣服于领主的私人权力）。这些差别会反映在英格兰的代表制度中，这些差别导致一个统一的议会非常早地兴起，这个议会不是被设想成代表法人团体（就像法兰西等级议会代表法人团体那样），而是被认为代表由自由个人和财产持有者组成的整个民族共同体。议会也远比法兰西代议机构更早地行使立法权，有产阶级不是作为封建

司法权拥有者，而是作为中央集权国家参与者享有立法权。

托马斯·阿奎那、巴黎的约翰、帕多瓦的马西利乌斯和奥卡姆的威廉都以各自不同的方式使用了古典政治理论，特别是亚里士多德的政治理论。每位思想家无疑都有自己的独特才具。他们也无疑有不同的目的和政治信念。 203
他们对古典政治理论的改造和背离也有区别，而这无疑与他们的语境差异有关。

## 托马斯·阿奎那

约1225年，托马斯·阿奎那出身那不勒斯和罗马之间的罗卡塞卡（Seccarocca）的一个贵族家庭，父亲是兰道夫公爵，母亲与神圣罗马帝国的霍亨斯陶芬王朝有关系。作为西西里王国一个显贵地主家族的成员，阿奎那生逢西西里国王腓特烈二世与教皇格里高利九世之间激烈冲突，他很早就近距离领教了教会权力和世俗权力的斗争。他的正规教育始于本笃会修道院，他的叔叔是那里的院长；之后是那不勒斯大学，在那里他违背家人的强烈意愿，接受了新的多明我会的影响。这是一个智识和宗教上的发酵期，新的大学不仅在满足一个有教养的教士阶层不断增长的需求上，而且在传播受到古典源泉深刻影响的“新学问”上日益发挥着突出作用。接下来，阿奎那作为一名哲学博士在意大利的不同城市授业，但是，他最集中参与神学辩论和关于托钵修会的争论的地方是巴黎。有理由认为，同样是在巴黎，他在管理教会事务和向国王建言的过程中，发现自己在教会权力和世俗权力的交叉点最切近地参与了交战。

政治事件和冲突对阿奎那著作的影响并不是显而易见的。正如我们看到的那样，他支持多明我会的财产权概念，这肯定具有教会世俗事务方面的实践意涵。但是，不像马西利乌斯或奥卡姆的威廉，他在哲学中并未对其时的权力斗争表现明确立场——除了在一般原则上支持君主权力，例如和他有关系的路易八世的权力。我们或许应该把注意力集中在另一种更广泛的意义上来理解：阿奎那的政治哲学以及他对亚里士多德的改造，如何反映了他那个时代的状况和关注。

本章先前认为，亚里士多德的政治哲学并不适合中世纪统治的现实。只有通过重要的概念跳跃，才能使一种立足古代城邦公民生活的思想体系适应
204 中世纪的状况。然而，亚里士多德式政治哲学可以被精心设计以履行一项根本功能。伴随着阿奎那完成的某些调整，它提供了一种概念框架，这个概念框架以一种巧妙适应中世纪基督徒的世俗需要的方式，把世俗政府置于一种更大的宇宙秩序中。

看起来这可能是一个奇怪的命题。从表面上看，一位异教哲学家如亚里士多德的政治理论，似乎更能契合中世纪政府的世俗运作方面的研究，而非对基督教世界中人类位置的神学思考。然而，正是在阐述这样的神学思考上，亚里士多德扮演着关键角色。像阿奎那这样的中世纪基督教哲学家，一直深受早期基督教新柏拉图主义，特别是奥古斯丁式基督教新柏拉图主义的影响。但是，他们的需要不同于这些早期基督徒的需要。在晚期罗马帝国，新柏拉图主义的超尘脱俗，其对灵性的追求和对世俗存在的贬低，还有从物质世界中的神秘解脱，都很好地服务于基督徒。在这里，公民共同体已经彻底让位于帝国统治，不需要基督徒臣民关心世俗政府的繁杂事务。对于像奥古斯丁这样的神学家来说，为恺撒和上帝之间的劳动分工提供担保就已经足够。好基督徒服从恺撒，同时继续操心自己的属灵事务。但是，要解释中世纪基督徒的关注及封建（和后封建）统治的复杂情况，特别是各种世俗权力主张之间的冲突带给他们的困扰，需要某种不同的东西。亚里士多德的政治理论，以及他在自己的哲学体系中留给它的位置，为基督教思想家提供了一个概念框架，由此可以在承认属灵领域至上性的同时，把尘世事务乃至世俗政府当作基督徒在此世的最高关注。

首先，让我们以极为简略的概括，思考阿奎那采纳的本质是亚里士多德式的原则。其后，我们可以探究当他回应基督教神学的要求和中世纪统治的现实时对亚里士多德的背离。如我们所见，亚里士多德《政治学》的论点来自他一般性的自然理论。他尝试解释一个不断运动的自然世界中维持不变的秩序原理，在此他强调了两条原理：目的或每个过程所趋向的自然目的，以及自然秩序的固有等级。亚里士多德把这些原理应用于城邦，他主张这种人类
205 联合形式是最高形式，它使人的发展臻于完美；“人自然地是一个城邦动物”，

一个愿意在城邦中生活的造物，因为只有在城邦中，他才能实现自己作为一个理性和道德存在者的目的。城邦及其习俗和法律，使人们习惯按照美德原则和相称于人类的幸福所要求的善而生活。至于何种城邦最好，亚里士多德提出了一种理想形式，在其中，基本的自然等级原理即统治者和被统治者的划分，显然从城邦的“部分”和“条件”的划分中得到再生产。但是，他认为，“最可行的城邦”是一个结合了寡头制形式和民主制形式各要素的城邦，它的目的是减少失序，特别是由富人和穷人的冲突以及他们不同的正义观念造成的失序。

主要在《神学大全》中得以阐述的阿奎那的亚里士多德主义，始于把人作为自然秩序的一部分来对待，在自然秩序中，每个部分都被引导着朝向自己独有的自然目的。人类独一无二地被赋予理性，并且，作为理性动物，人类具有一种独特的认知真实的途径，包括一种用来理解基本道德原则的自然禀赋，而这些道德原则是为了获得与人类相称的幸福所要求的。人类的目的是，在追求自然理性可以通达的善的过程中，实现这些理性禀赋。

正如对亚里士多德一样，对阿奎那来说，理解事物本性的认知禀赋因为实践理性而得到发展，实践理性使人类不仅能对事物真实是什么做出理性判断，而且能对正确的行动做出理性判断。关于善的原理是理性可以获致的，在实践中，人的善德是一种由理性指导的感觉功能。这事关训练和习惯化，训练和习惯化可以培养一种不仅求善而且爱善的性情。像亚里士多德一样，阿奎那认为，一个“政治”共同体中的生活，训练人们学习道德原则并使他们习惯于爱为人准备的善。因此，人类自然地是“政治”动物，因为人类的自然目的在由法律统治的“政治”共同体中得到最好实现。最高的美德是正义：给予人们应得的；这或许在某种“混合政体”中能够得到最好实现。

阿奎那论述的人的“自然化”、美德、正义和“政治”共同体，是对早期基督教学说的重大背离，在这个方面，他与奥古斯丁有实质性区别。阿奎那对此世生活的解释，非常不同于他的伟大前辈对这个罪恶的尘世生活中的人类历史的态度。对阿奎那而言，历史并非仅仅是一种和谐无法获胜、正义的或正确的秩序无法获胜的悲剧演出：在这样的世界中，能期望的最好事情是某种 206
程度的安全和物质舒适，只要臣民，包括基督徒服从恺撒，同时寻求属灵领域中的解放。这并不是说阿奎那的神学与堕落和罪无关,而是说,对他而言,政治联合并不仅仅是一种应对堕落人性的必要的恶。既然政治秩序是自然的,它必定在堕落之前就已经存在,尽管人类犯罪的倾向要求用强制手段,以堕落前状态所没有的那种方式维持和平与秩序。堕落并不意味着自然理性的丧失;尽管人类能够选择不追随理性原则,但他们独特的理性禀赋使他们能够理解和遵循自然法。通过符合理性和道德原则地生活,他们可以获得此世的幸福或至福(beatitudo)。导向一种共同善的世俗政治秩序,是完成这个目的的手段。这里有必要补充一句,对于一种对君主世俗权力的基督教的辩护而言,这样一种世俗权力概念本应是几乎不可或缺的。

对阿奎那而言,完全的、最终的至福在何种程度上,或者进而是否只能在死后、在一个超越此世的世界中实现,评注者对此或许存在分歧(正如评注者对亚里士多德关于实践相较于沉思生活的相对价值的观点存在分歧一样)。但是,正如即使就亚里士多德对一种沉思生活的信奉做出最极端解读,也无法否认他赋予城邦的重要性一样,我们也不会弄错可以在此时此处为生活在“政治”共同体中的人类得到的至福对于阿奎那的价值。同样清楚的是,尽管他从未系统地阐述对属灵权力和属世权力之间关系的看法,但他赋予世俗政治共同体很大程度的独立性。在为永生所做的准备方面,属灵共同体和代表它的教会当然仍具有一种关键职能,但这并不贬低世俗联合体——无论家庭还是国家在追求尘世幸福方面的职能,甚至也不会使后者成为次要的。尽管如此,阿奎那归根到底是一位虔诚的基督徒,为了适应基督教教义,需要在亚里士多德的宇宙论上做一些调整。

正如我们在前章看到的那样,亚里士多德的目的概念包括“终极因”,即自然的成长和发展过程“为了它的缘故”而发生的终极条件。这些是内在于事物本身的(正如橡树的潜能内在于橡子),不需要有意的目的,不需要外在
207 的控制,不需要神的思想。他的“不动的推动者”的概念,即运动的第一因,本身并不通过任何先验原因而推进运动,这个观念并不暗示着神的理智或意图。这只是一种陈述下述原理的方式,即在一个运动持续而永恒的宇宙中,必定存在某个运动原理,它推动事物而自身不被推动,否则我们必须设想一种推动者的无限倒推,这对他而言是不可能之事。换言之,对亚里士多德来

说,不动的推动者是一种物理学原理,而非神学原理。自不待言,在阿奎那看来,必定存在着某种高于这个意义上的不动的推动者的东西。必定存在一位**造物主**,宇宙秩序的前提也是上帝的意图和理智。

对政治理论来说,这个观点最重要的意涵表现在法的概念中。通过区分不同种类的法：神法、永恒法、自然法、人定法或实在法,阿奎那在神学和世俗政府的原理之间架起了一座桥梁。导向永恒生命、导向人类与上帝的联系的神法,是《圣经》中神启的对象。它在概念上有别于永恒法,后者代表着上帝统治的一种宇宙秩序的诸原理。当人类理性有途径接触这种宇宙秩序时,我们才可以谈论自然法。自然法是神的规则中可以为人类理性理解的那个方面,它确立了人类实践和正当政府中善的基本原理。它接着应该体现在世俗政府制定的实在法中。

阿奎那的自然法概念代表着对亚里士多德的一种重大背离。学者们对亚里士多德本人是否持有一种自然法学说存在争议。他确实相信美德的标准不仅靠习俗而存在,而且靠自然而存在,但是,他从未从法律方面阐述这些原则(如后来的斯多亚派和西塞罗所做的那样)。无论他对于美德和正义的自然化对后来的自然法概念做出了多大贡献,这里肯定不存在立法的含义,更不必说一位最终的立法者,也谈不上某种对违反法律的惩罚。他的"自然的"美德原则,甚至不是理性发现的绝对、严格的规则,而常常看起来不过是(如我们所见,几乎反复地)体现在人的实践智慧中的经验法则。相比之下,在阿奎那那里,自然法非常明确、绝对必要地被理解成**法律**,它必然包含立法和一位最终立法者。

从亚里士多德的不动的推动者到一位神圣的造物主和立法者的转变,在阿奎那的神学中和他对亚里士多德的基督教化中具有一种显而易见的地位。 208
但是,关于中世纪政治理论中自然法的功能(它既与中世纪统治的现实有关,又与基督教神学的需要有关)还需要多说几句。我们已经观察到,例如在伊斯兰哲学中,没有这个概念。这个概念在西方政治思想中具有独特地位,仅仅是因为罗马遗产,包括西塞罗的自然法理论更容易为拉丁基督徒而非阿拉伯人得到。但这样说是不够的。我们还必须解释自然法概念所迎合的神学需要：在西方封建主义语境下存在于基督教中的需要,但它们并不存在于伊斯兰世界。

我们已经解释了基督教和其他两种一神论信仰在法律问题上的区别，解释了独属于基督教的、神启的宗教法和日常生活中的民法之间的划分。但是，仅仅想象一位在天上立法并惩罚背离其法律者的神圣立法者，对于中世纪基督徒来说仍不够。正因为中世纪基督教经常不得不处理神法和民法之间的划分，就像它总是面对教会权力和世俗权力之间的张力一样，所以基督教哲学需要它们之间的一座概念桥梁。它需要一个在某种意义上涉足两方又不会损害任何一方完整性或挑战其权威的法律领域。必须有这样一种法，它最终由神圣立法者批准，但可以不通过神启的方式而为凡人掌握，尽管神启有助于确认自然理性发现的事物。像托马斯·阿奎那这样一位基督教的亚里士多德主义者，无法接受一种以唯一的法律体系为前提的十足阿威罗伊主义的解决方案。因此，除非他愿意接受一种与两个完全分离的世界相联系的“双重真理”，否则自然法就是一个极有用处的观念。

它的一个并非无足轻重的功能是，它可以把世俗联合体置于一个神定的宇宙里，同时又强调即使不依靠神启，人类理性也拥有通往善的可靠途径，从而赋予世俗政治共同体相对于属灵权威的独立性。人类的习俗可以补充自然法，或者甚至有可能修改它的次要原则。例如，尽管所有人在自然上都是平等的，凭借万民法而存在的奴隶制却可以在自然法面前得到辩护：尽管没有自然原理规定一个人应该成为奴隶而另一个人不应该，但基于效用的理
209 由，一个人被另一个人奴役可以在另一种意义上是自然的，效用规定，一个奴隶被一个更智慧的人统治可能是有益的，正如亚里士多德所说的那样。

阿奎那所构想的自然法，其有用性在他的财产权概念中得到了最好说明。我们已经看到了，多明我会的财产论如何回应教会的批评者，如何服务于使其巨大财富符合托钵修会原则。但是，像在其他地方一样，在这里，阿奎那也在基督教神学的原则和现世生活的世俗要求之间保持一种巧妙的平衡。他认为，上帝对物质的本质具有所有权，而人对其使用具有实际所有权。自然中没有原则规定，占有是或应该是私人性的还是公共性的，但私有财产权确实因万民法而存在。尽管物质世界最初是为了让全人类使用，但是，私有财产权的效用使它符合自然法。它甚至服务于一种更高的目的，它不仅对家

庭营生有贡献,也对安抚穷人和促进共同善有贡献。

在阿奎那的著作中,对诸如高利贷或诈骗这样的经济活动给予了严厉的道德责难,在他看来,商业也是一种不怎么高贵的活动。尽管“公平价格”观念位于他伦理哲学的核心,他却无疑认可交易的利润,正如人们对一位如此牢牢立足于13世纪巴黎这样一个重要的中世纪商业中心的哲学家可以预期的那样。虽然他觉察到财富和商业的道德危险,这需要通过民法甚至君主统治权对财产和商业活动进行管制,但是,当私有财产和财富被合理地使用时,他显然也赞成它们。

## 法律关系对公民(政治)关系的取代

西方基督教的二元性,仍不足以解释自然法扮演的关键角色。我们还必须考虑法在中世纪秩序中普遍具有的压倒一切的重要性。亚里士多德确实关注法在城邦中的角色,但是,这绝不能与阿奎那对作为社会秩序构成原理的法的关注相提并论,这种关注成为阿奎那哲学的特点。这种差异反映出古代城邦的公民共同体与法律和契约关系(构成中世纪秩序的各种法人团体之内和之间的法律和契约关系)的复杂网络之间的差别。如果说亚里士多德的政治理论与单一公民共同体中的阶级间政治妥协有关,那么,中世纪思想家更关心的是,划清各种交叠和互竞的司法权之间的权威领域,并处理好多元 210
共同体之间的相互关系。中世纪统治的理论化主要是由民法和教会法的法学家主导完成的,这不是没有道理的。已经渗透着古罗马法条主义的自然法概念,巧妙地把法条主义的秩序概念扩展至宇宙全体。

在中世纪政治哲学中,法律关系对公民关系的取代源远流长。例如,这在莫尔伯克的威廉对亚里士多德的误译中就很明显,如我们所见,其中“政治”的定义与其说与公民之间的关系有关,不如说与合法性有关,或者说与统治的合法性有关。阿奎那对《政治学》的注疏表明,尽管他遵循亚里士多德对公民身份的讨论,却以莫尔伯克的威廉的方式呈现了“国王的”或“帝王的”统治与“政治的”统治之间的区别。正如家庭的特征是一种双重统治:民主的统治和专制的统治,前者是对家庭成员的统治,后者是对奴隶的统治,城邦也

“受一种双重统治支配，即政治的统治和国王的统治。当某人以全权统治城邦时，就是国王的统治，当某人以受到城邦某些法律约束的权力统治城邦时，就是政治的统治”。[1] 这段话最引人注目之处是它把君主统治视为理所当然，它不是在君主制和其他政体形式之间进行区分，而是在君主统治的合法形式与不合法形式之间进行区分。我们甚至有理由怀疑，托马斯明确偏向“政治的”君主制，尽管他在这一点上如此不清晰，以至于被冠上从绝对君主主义者到现代宪政主义先驱的一切称号。尽管如此，这里的关键问题与这种区分据以做出的标准有关，与对比亚里士多德，阿奎那如何界定“政治的”有关。

毋庸置疑，亚里士多德区分了合法的统治者与不合法的统治者，或按公共利益行事的统治者和为自己利益行事的统治者。但是，无论由谁来行使，“政治”统治的最典型特征不单纯在于它是合法的，而在于它出现在一个公民（应该强调，不仅是自由人，而且是原则上有资格参与政治的公民）共同体中。相比之下，正如在其他中世纪思想家那里那样，在圣托马斯那里，随着他改造“政治”以使其适应封建秩序的条件、法律地位层级和法人团体，公民共同体
211 就离开了政治话语的中心。

即使他把君主统治视为理所当然，托马斯在其著作中也确实指出，按照公共利益来统治，必定包含着被统治者方面的某种同意，他们与统治者之间的关系具有类似一种契约的特征，而暴君统治，即按照统治者利益而非公共利益的统治是对契约的违反，这就可能产生一种废黜或者甚至诛杀暴君的权利。[2] 但是，这不是一种私人权利而是一种公共权利，它也不是一种属于公民个体的政治权利。而且，虽然阿奎那从未确切论述这个问题，但是，正如其同代人总体上那样，对阿奎那而言，这种权利所包含的公共权威是封建身份或法团身份的一种职责。

人类的理性禀赋使个人有能力判断法律的公正性，它似乎暗示所有人都有资格分享存在于整个共同体中，或存在于某种代表性实体中的最高权力；而这或许意味着，对于不符合理性原则的法律，没有绝对的服从义务。当个人被命令从事一种罪恶行为时，甚至可能需要不服从。然而，即使我们把这

---

1 《政治学》，I.1.13。
2 例如，参见《致罗马人书》，13.1 V.6。

些关于同意和代表的说法解释到极致，认识到这些观念和古希腊公民身份概念之间的区别，依然是重要的。我们应该认识到，尽管在现代世界中，我们如此习以为常地从同意和代表的角度思考公民参与，但这些概念，例如阿奎那的这些概念是深植于中世纪秩序中的。正如本章先前指出的那样，这类主权分享观念，与其说与一个公民共同体中的积极公民身份，甚或中世纪早期的自由人集会中仍然存在的那种公民参与有关，不如说与许多法人共同体及各种共存的世俗等级和教会等级组成的一种复杂组织网络中主权和司法权的分配有关。在这种中世纪秩序中，核心的"政治"主体不是古典城邦中的个体公民或加洛林王朝时期的自由人，而是某种封建司法权的据有者，或是一种法人团体，它具有自己的合法权利、一定程度的自治权，可能还有一份界定它与其他法团及各种更高权力之间关系的章程。

同样，从这个角度，我们或许可以最好地理解托马斯的"混合政体"概念
及他对它的明显偏向，这种"混合政体"结合了君主制和其他政体形式的要 212
素。这种观念看起来与他对君主统治的明确偏爱并不一致，但那只是在我们认识到封建君主制（它总是在某种程度上被自治的领主权力和法团权力所平衡）的现实情况以前。不如说，托马斯可能比他的许多同代人更倾向于"帝王般"不受约束的君主制，甚至可能有某种理由称他为"绝对君主主义者"一词出现之前的绝对君主主义者。但是，在他的时空中，一种完全摆脱分割化主权的"绝对"君主制是几乎无法想象的。

甚至阿奎那的正义概念，也是由这些独特的中世纪现实塑造的，是由它的法条主义和法团组织界定的。再一次地，正义必然包含给其他人应得的东西。作为一种一般性的道德原则，它表达了基督教的"待人如己"律令。因为正义预设了一种对他人好处的关注，所以它的恰当领域是共同体，共同体的目标是共同善，在这里人们学会像爱自己的善一样爱他人的善。然而，正如一位评注者精彩地指出的那样，阿奎那的概念中有"一股封建气息"，以及一种西塞罗式的对等级和差别性权利的尊重：[1]"一个事物，"圣托马斯写道，"以一种方式为平等者所应得，以另一种方式为上位者所应得，又以其他方式

---

1　科尔曼：《政治思想史：从中世纪到文艺复兴》，第 97 页。

为下位者所应得；同样，从一份契约、一个承诺或一种恩惠中应得的东西也存在差别。”[1] 这是一种相当明显的对亚里士多德的背离。为了描述这种背离的特征，我们只需要指出阿奎那的“何为应得取决于接受者的地位”的信念和亚里士多德的“地位就理想而言是道德价值的一个结果”的观点之间的区别。[2] 然而，还有另一种方式来看待这种不同，这或许能更多地告诉我们阿奎那的中世纪秩序与亚里士多德的城邦之间的差异。

确凿无疑的是，亚里士多德的比例平等概念并不基于这样的原则：正当的应得之物是由某种明确界定的社会地位所决定的。例如，它可以与一个不同阶级在其中享有同等公民地位的城邦相容。但是，当然不能说社会差别在他的正义概念中、在他关于何为个人应得的观念中不起作用。他讨论过民主派的正义概念与寡头派的正义概念之间的冲突，前者信奉“数量”平等，后者
213 信奉“比例”平等，亚里士多德很明确地声称两者都是不完整的，因为它们忽视了平等与不平等的真正标准，即品性，在真正的正义中，品性正当地规定了每个人应得什么。像民主派那样认为所有自由出身的人都平等，是错的；像寡头派那样把财富作为相关标准，也是谬误的。真正的标准是人们对实现国家的基本目的，即真正好的生活所做出的贡献。同时，对亚里士多德来说，寡头派信奉的比例平等最接近完美形式，而民主派的作为数量平等的正义观念无疑最坏。同样清楚的还有，对亚里士多德来说，富裕和出身好的人更有可能获得荣誉和官职所要求的必要美德。这意味着，尽管为了避免社会冲突，必须达成某种妥协，但是，平衡向民主派正义观的倾斜，或向平民参与城邦公民生活的倾斜，绝不能超过避免内乱所绝对必需的限度。

因此，说亚里士多德的正义概念本质上比阿奎那的更民主，或更少关涉社会差别，会是误导性的。在城邦中，各阶级共享同等的公民地位和法律地位，比例平等和差别正义不受法律地位的差别决定。但是，亚里士多德甚至更多而非更少地关注社会差别，关注富人和穷人之间的阶级关系。正如我们看到的那样，他的道德美德概念本身受到了社会差别乃至风格问题的深刻影响。他的主要道德标杆经常看起来是贵族雅士。相比之下，在阿奎那的世界

---

1　转引自科尔曼：《政治思想史：从中世纪到文艺复兴》，第 97—98 页。

2　科尔曼：《政治思想史：从中世纪到文艺复兴》，第 97 页。

中,阶级差别与“超经济”权力和“政治建构的财产权”纠葛难分,差别的标准较少与单纯的财富差别有关,更多与法律关系、法律界定的地位差别、契约性网络和法团等级有关。换句话说,亚里士多德的正义概念,再一次反映了他对阶级间政治妥协的关注,而阿奎那处在一个经济权力仍紧紧束缚于法律地位、法团身份和司法权利的社会中,他更关心中世纪统治和司法权错综复杂的问题。

## 巴黎的约翰

阿奎那可能并没有如此直接地参与他那个时代的权力斗争,他的观念却被其他思想家直接用来为一种世俗权力反对另一种世俗权力而进行更为公开的辩护。例如,巴黎的约翰介入了法兰西国王菲利普四世和教皇卜尼法斯八世之间冲突所引发的争论,他可能曾向阿奎那学习,而且他在《论国王和教
皇的权力》(约 1302 年)中肯定运用了托马斯主义论点。为了论述教会和国 214
家在财产权上的关系,也为了论述教会权力和世俗权力的关系,以及国王和神圣罗马帝国皇帝之间的冲突,约翰在回应教皇《至一至圣》教谕的过程中阐述了多明我会的财产权概念,以及所有权和司法权之间的关系。

与法兰西独特的紧迫问题(它们对于在巴黎介入纷争的阿奎那来说肯定不是无关紧要的)相适应,约翰必须实现一种微妙的平衡:法兰西国王与教皇有冲突,但这个王国没有接受帝国及其德意志诸侯的正当性。这意味着,要提出一种支持世俗君主反对教皇至上地位的论点,同时又不能使这种论点巩固皇帝的主张。巴黎的约翰主张教皇的属灵权威,又否定他的绝对“所有权”,因此也否定了他的世俗至上地位。同时,他主张,属灵领域的普世性无法适用于各世俗王国及其多样的状况,这意味着世界帝国不可能存在。

约翰吸收了阿奎那的王权理论,并以他的财产权理论作为基础。这个论证始于一种反对共同所有权的私有财产权辩护,其理由是,如果万物都被共同所有,就很难维持和平。允许个人在某种旨在实现共同善的世俗权力监督下,把他们的财产放在大有裨益的用途上,共同善就可以得到最佳实现。但是,约翰对多明我会的所有权和管理权区分进行了重要完善。他从狭义角度

将所有权界定为对物的所有权，而不是从更宽泛的意义上将其界定为主人的权力，他主张个人具有不可转让的财产权利，它源于他们自己的劳动和工作，先于世俗和教会的制度。

因此，世俗国家具有用来调节个人财产并仲裁他们之间争议的司法权，但它没有“所有权”。有财产的个人保留他们相对于国家权力的权利和自治，这个事实意味着，国家在某种程度上是一种信托权力，它的权威以追求共同善为条件。至于教会，尽管教会法人集体享有对物的财产权，这种财产权却并不属于教会及其作为基督代理人或保罗继承人的教士，而是来自虔诚的统
215 治者或平信徒对他们的让与。这意味着，不论国家还是教皇都没有绝对的“所有权”；这还强调了世俗国王在世俗事务上相对于教皇的独立性，甚至优先性。

巴黎的约翰关于财产权、王权和世俗权威的论述，明显反映了他所处时空中的当务之急，尤其是法兰西君主、教皇、帝国及各种次级的财产权自治主张（或来自领主或来自城市法团）之间殊为复杂的关系。他对个体性和个人权利的强调，不应被理解为现代个人主义或者甚至现代宪政主义的一种预兆。相反，他关于私有财产权的论点无法与封建原则和法团主义分离。

在约翰的政治思想中，承载权利的个人是个体的**财产持有者**，而且他在很大程度上取决于财产权本身如何被构想。即使封建财产权（尽管它是有条件的，也不管它包含怎样的义务）也是归于个人名下的，但这些个人本身乃由他们的法律身份或法团身份所界定。他们不是单纯地作为自由人，而是作为领主，或作为服从封建义务和领主司法权的地主而持有自己的财产。或许更为根本的是，约翰的私人所有权观点与法人团体组成的政治共同体概念共存。即使在某种意义上，国家应对个体的财产持有者负责，这也不意味着它是由一群个人组成的。在中世纪术语中，这更有可能是指，国家是由“人民”组成的，并对“人民”负责。这里的“人民”是一种法人团体，或者甚至是一种各法人团体的集合，他们的代表为他们讲话。把不可转让的权利归给个人，使政府在某种意义上成为一种信托权力，但即使这种观念，也与其说是现代宪政主义的一缕曙光，不如说是封建分割化主权及对抗中央集权国家的领主自治权或法团自治权主张的一抹余晖。

政府权威来自“人民”的观念，得到中世纪思想家广泛接受，而且这种观念一般同意国王有责任保护其臣民的权利。但是，这些原则与形形色色的政治信念兼容，其中包括君主权力应该几乎不受限制的信念。甚至可以说，“人民”作为一种法人团体，更经常地被用来支持君主权威，而不是被当作一种对其权力的限制，遑论被用来支持更为民主的政体形式。即使当“人民”被赋予一种废黜失职国王的权利时，这种权利一般也被归于一种法人团体或其代表，特别是被归于这样或那样的封建权贵。例如，对巴黎的约翰来说，个人权 216
利看起来构成了对政府的重要限制，甚至包含着一种废黜国王的权利。但是，他是代表封建权贵而诉诸这种权利的，而且，他这样做主要是为了否定教皇具有这种权利，同时，君主仍然是共同善的裁决者。[1]

这并不否认，尽管“人民”被狭义地界定，封建的国王与人民之间信托关系的概念仍可以对君主权力产生严重限制。这也不否认，尽管把这些中世纪观念说成现代性的预兆是误导性的，但它们确实会对现代宪政主义的发展产生深远影响。正因为这些观念建立在权贵或法团的自治权力之上，它们才确实能比后来的某些个体同意概念更具有约束力，那些个体同意概念（就像在霍布斯那里）甚至可以为绝对君主制背书。例如，16 世纪法兰西的激进抵抗理论仍然建立在权贵和城市法团的自治权基础上。[2] 还有一些挑战专制统治的法团主义理论，它们不仅诉诸特殊法人团体的自治权力，而且诉诸一种大型的、囊括全体的法团的优越性，它们基于的原则是，尽管统治者或教皇比任何下级个人更高，却低于由整个共同体组成的法人团体。这种学说（尤其得到巴黎的约翰本人运用）被用来反对教皇，它主张，以大公会议（a general council）为形式的基督徒全体是最终的教会权威，甚至可以罢免教皇。

在 14、15 世纪兴起的所谓教会会议至上理论中，这种观念会得到发展。到 14 世纪中叶，阿维尼翁教皇日益受到法兰西君主权的影响，阿维尼翁和罗马的教皇职位竞争者，不可避免地卷入法兰西与其欧洲邻国的国家间的较量

1　依据《剑桥史》，“在法兰西，人民废黜国王的权利，通常只是在反驳教皇可以这样做的主张时才会得到讨论。”（第 517 页）。

2　胡格诺派的抵抗小册子，像《反暴君论》（*Vindiciae contra Tyrannos*）诉诸贵族和长官对抗国王的独立权力，以此主张“人民”的抵抗权。

中。在对教会内部不断增长的冲突（这最终导致所谓的西方教会大分裂）的
217 回应中，教会会议至上论者阐述了这样的观念：在属灵事务上享有最终权威的不是教皇，而是以大公会议（a general Church council）为形式的基督徒法人团体。尽管从一系列大公会议中会诞生一种解决方案，但是，教会会议至上论将让位于一种复兴的教皇主导权，并作为世俗立宪政府理论的一个原型继续存在。

尽管如此，重要的是记住，各种作为授予同意的个人和唯一目的是保护他们生命、自由和财产的政府之间一种商议性协定的社会契约概念，所基于的条件非常不同于巴黎的约翰或托马斯·阿奎那所设想的那些条件。无论这些概念被用来为绝对君主制辩护，还是被用来支持某种有限的立宪政府，它们都一方面以不被分割化主权分裂的中央集权国家为前提，另一方面以脱离了法团身份的个人组成的政治共同体为前提。不容忽视的是，这种观念首先会在英格兰明显地出现，那里的法团原则较弱，而议会既被认为是一个代表团体，代表着自由个人组成的一个民族共同体，又被认为是中央国家在立法职能方面的一个伙伴，不经其同意则国王无法统治。

## 帕多瓦的马西利乌斯

我们看到，在法兰西和意大利，法团原则具有一种根本地位，在英格兰则并非如此。这种不同不仅反映了国家形成过程的差别，而且反映了财产权性质的差别。像其他形式的封建权力一样，法团自治权属于与中央集权国家对立的分割化主权结构。与封建领主权类似，法团的自由、特权和权力是政治建构的财产权形式，是一种公共权力和私人占有权的混合物，同无关乎超经济地位或司法权的占有权形成对比。

帕多瓦的马西利乌斯和奥卡姆的威廉之间的对比，绝妙地阐释了这些语境差异造成的影响。这两位哲学家都为反对教皇权力提供论证，而且这都是从巴伐利亚的路德维希（他的帝权主张使他与教皇发生冲突）的宫廷寻求庇护所导致的一个结果。然而，他们的论证策略大相径庭，他们的差异也不能
218 简单地归因于政治意见不同或性情不同：马西利乌斯极端主义的反教皇论

点，对比威廉试图在教皇和皇帝之间达成一种略微偏向一方的平衡的努力。这两位思想家从不同的假设出发，而这些不同明显与意大利公民城市和中世纪英格兰国家之间的差别相适应。

约1275年，马西利乌斯出生于帕多瓦的一个家庭，其家族成员作为民法律师、公证人和法官密切参与了公社政府。他没有跟随家族从事法律职业，他起初在帕多瓦随后在巴黎学习医学，他在巴黎教授自然哲学，1313年成为大学校长。他得到教皇约翰二十二世给他高级圣职的许诺，但愿望落空。无论这次失望是否与他对教皇的怨恨有关，他都继续服务于意大利北部的两个大贵族家族：维罗纳的德拉·斯卡拉和米兰的维斯孔蒂，正如土地贵族中典型的情况那样，这两大家族都对皇帝（吉伯林派）忠心耿耿，而那时帕多瓦处于教皇（圭尔夫派）的支配下。

《和平的保卫者》完成于1324年，在这部著名的反教皇论著中，马西利乌斯对马蒂奥·维斯孔蒂大加褒扬，后者作为行政官或“帝国代理”统治米兰，并且实际上摧毁了公社政府。当我们思考各种关于《和平的保卫者》是一部共和主义小册子，还是一种对帝国权力的强烈辩护的冲突解释时，铭记以上这一点是重要的。不管怎样，当这本书的作者被人指出是最初匿名传布它的马西利乌斯时，他被迫向巴伐利亚的路德维希寻求庇护，而他接下来明确支持路德维希反对教皇，甚至陪同国王入侵意大利。马西利乌斯与皇帝的联系，可能更明显地反映在他最后的著作《和平的保卫者（小卷）》中，而非他的主要著作中。但是，我们仍有必要思考，在《和平的保卫者》中，是否确实存在共和主义者和皇帝拥护者马西利乌斯之间的矛盾。

让我们首先审视一下他的反教皇论。马西利乌斯把教皇视为欧洲和平的主要威胁，他还攻击教皇对一种充分权力之主张的真正基础，甚至从根本上攻击教皇和教士一般有权主张世俗权威的观念。他的论点不是存在着教会的和世俗的两种分离的司法权领域，而是司法权这种观念本身不属于属灵领域。他从两条战线展开自己的论证，首先或多或少地以亚里士多德式的自然主义考察公民共同体的起源、性质和目的，其后建立一种神学论证和一种历史论证，叙述堕落后的教会史，并把教皇的权力主张追溯到其在罗马帝国 219
的根源：第一位基督教皇帝君士坦丁的皈依。

正如马西利乌斯在《和平的保卫者》第一段中就提出的那样，公民共同体的目的是创造和平与安宁的条件，这是实现“人类的最大好处……生活的充裕”所需要的。城市或王国的安宁意味着，它的每一部分能够根据理性和习俗风尚履行自己的专门职能，处于一种有机的和谐中。这就需要施加法律，而马西利乌斯的法的概念是意义重大的，主要原因有二。

第一，他强调法作为一种实现和平之手段的强制职能，而不是以亚里士多德式或阿奎那式的方式把它视为使公民熟习美德的手段。正如他在论证中阐发的那样，这种强调使司法权牢牢地握在世俗权威手中，并且排除了世俗领域中的教会司法权。政治的和平与安宁是世俗权力的责任，同时教会不具有强制职能。基督教允诺的赏罚要等死后才到来，因为基督的仁慈允许人在死前忏悔。正如军事职能和司法职能一样，教士的职能当然是公民秩序必不可少的部分。但是，马西利乌斯明确认为，在世俗领域中，教会仍从属于世俗权力。尽管如此，这并不意味着他的国家观预示着一种现代世俗国家。正如在其他方面那样，在这方面，他牢牢地根植于中世纪秩序，这不仅是因为他赋予教士职能的重要性，而且因为——正如我们马上会看到的那样，他对教会的世俗权威的挑战，是代表另一种毫无疑问属于中世纪的世俗权力主张而发动的。

第二，法来自一位人类立法者，马西利乌斯把这个立法者等同于公民法团整体，即“公民全体”。公民政府的最终权威源自整个公民法团，而且需要它的持续同意。在这里，我们遇到了关于这位哲学家的共和主义的问题，某些密切相关的问题也出现了。我们已经说过，在中世纪政治思想中，政治权威来自“人民”的信念并无非同寻常之处；我们还看到，这种主张可以完美地与为远不民主的权力、直至并包括无限的君主权力所做的辩护兼容，甚至常
220 常与后者结合。马西利乌斯本人明确指出，公民法团是由一个统治群体（pars principans）代表和统治的，统治部分可以由多数人、少数人或者甚至一个人组成。更重要的是，在谈及公民全体时，他总会加上“或其占优势群体”（valentior pars，有时被翻译成“更重要群体”）的限定，而这个群体明显人数非常有限。因此，不仅选举（或罢免）统治群体或行政群体的权力，甚至还有立法职能和最终的同意权力都属于非常少数的人。

但是，在把主权归于公民法团上，马西利乌斯确实比其他中世纪思想家迈出了更大步伐。一位中世纪政治思想史研究者写道，他的理论“彻头彻尾是中世纪法团理论”，对法人团体（有别于任何个体的智者或人）（既作为公民全体又作为信众全体）判断和制定最有助于充裕生活的法律的能力信心满满。[1] 在坚持司法权的统一上，他的理论也与众不同，它完全把立法权交给公民法团。他否定教会法的强制力甚至其本身的存在，这无疑是对教皇权力的致命打击。然而，仍然存在这样的问题——我们回头会来考察它：这些原则如何能够，或是否能够与一种对皇帝权力的辩护协调，或者因此与对维斯孔蒂那种领主权力的支持协调。

在《和平的保卫者》二论中，关于政治秩序起源和目的的论证，得到了神学论证、圣经解释、各种论教会权威的教会法资源，以及一种复杂的关于教皇权力起源的历史论证支撑。马西利乌斯运用圣经和基督的榜样，即他的贫困和他的仁慈，来证明教会在世俗事务上或在强制统治上没有地位。历史论证意欲证明教会史是，引一位评注者的说法：“教皇造成的一部逐渐堕落史”，它由“对世俗财物的贪婪和对世俗所有权的野心”所驱动，产生的一个结果是当代的教士与基督及其使徒的榜样背道而驰。[2]

根据马西利乌斯的看法，这种腐化过程吊诡地始于君士坦丁的皈依。在他皈依前，教会立法者和作为异教徒的人类立法者存在明确区别。这意味着 221
教会和罗马主教必须被赋予一种制度上的优越性，他们代表基督徒共同体行事，而基督徒共同体不能通过自由集会协商信仰事务。君士坦丁的皈依，使基督徒能够集合并管控仪式和信仰问题，此时教会或教皇就不再有必要代表他们行事。然而，正是在此时，罗马主教宣称他们对其他主教和教士的优越性。他们这样做的基础是所谓君士坦丁的赠礼，这部法令被认为赋予罗马主教圣西尔维斯特以司法权优越性。这份赠礼的真实性一直成问题，马西利乌斯却选择把它当成历史事实接受，他还认为，尽管君士坦丁仅仅是善意地效仿异教皇帝统治下早期教会的做法，但是这种情况很快就被改变，而且其结

1　科尔曼：《政治思想史：从中世纪到文艺复兴》，第 137 页。

2　乔治·加内特：《帕多瓦的马西利乌斯和“历史的真实”》（George Garnett, *Marsilius of Padua and 'The Truth of History'*, Oxford: Oxford University Press, 2006），第 146 页。

果会被证明是灾难性的。现在，人类立法者是一位信徒，基督教的人类立法者和教会制度之间形成了一种新的划分。当信众全体和公民全体被统一，而人类立法者因基督教而完备时，教会制度和教士职位就逐渐被世俗野心、圣职收益和财产腐化。

在这个论证中，神圣罗马帝国居于何种地位，并非一目了然。马西利乌斯认为，当教会和公民共同体合一时，人定法可以最好地实现其创造和平、安宁和充裕生活之条件的目的，但是，他也为五花八门的自治公民共同体，例如意大利的城市国家留出地方。表面上，他并没有鼓吹一种把基督徒的属灵共同体和一个同等范围的世俗帝国统一起来的世界帝国。但是，有人言之凿凿地指出，在这方面，马西利乌斯与诗人但丁的共同之处比通常认为的要多得多，但丁在他的《论帝制》中提出明确理由支持一位唯一的世界统治者（其实就是罗马人的皇帝）。[1] 尽管但丁承认，针对不同条件需要不同法律，但他坚
222 持，在全人类的共同事务上应该有一位至上君主。马西利乌斯没有走那么远，他甚至在表面上否认了任何这样一种必要性。然而，他的论点并不是说，对于保持信众之间的和平而言，一位世界统治者并非必要，而是对一位世界的强制仲裁者之需要还没有被证明为"对永生救赎而言是必要的"；他接着说："在信众之中，对此的需要看起来比对一位世界主教的需要更大，因为一位世界君主比一位世界主教更有能力维护信众的统一。"[2]

如果一位世界君主会在维护信徒之间和平方面为一种有益的目的服务，且如果没有以和平为目的的统一，以救赎为目的的信徒之间的统一就无法实现，那么，就肯定能提出理由支持这样的世界统治者或强制仲裁者。在《和平的保卫者》中，马西利乌斯几次指出，尽管各省或市有自己的立法者，它们也必须服从罗马帝国的至上人类立法者，这正是为了避免神圣罗马帝国内部现在存在的战争状态，在这里，教皇篡取了普世的人类立法者地位。这种世界

---

1　这里和下一段沿用的论点是加内特概括的，尤见《帕多瓦的马西利乌斯和"历史的真实"》第160—164页。对马西利乌斯的一种不同看法，参见卡里·尼德曼《共同体和同意：帕多瓦的马西利乌斯〈和平的保卫者〉中的世俗政治理论》（Cary Nederman, *Community and Consent: The Secular Political Theory of Marsiglio of Padua's Defensor Pacis*, Lanham: Rowman & Littlefield, 1995）。

2　《和平的保卫者》，II.28.15，安娜贝尔·布雷特（Annabel Brett）编译。

君主的概念可能在地理范围上不及但丁的世界帝国,但它确实暗示,在对教皇的僭越(这破坏了神圣罗马帝国现有边界内的和平)进行拨乱反正上,皇帝具有一种基本作用。马西利乌斯晚期的著作以及他对巴伐利亚的路德维希的侍奉,与这个论点完全若合一契。

对马西利乌斯的这种解读能够与通常归于他的共和主义协调吗?如果他确实是一位共和主义者,我们是否必须承认,他在《和平的保卫者》中的共和主义倾向被他在路德维希宫廷中的经历改变,使他在《和平的保卫者(小卷)》中成了更加明显的皇帝拥护者?换句话说,我们是否必须在对马西利乌斯的拥护皇帝论解读和共和主义解读之间做出选择?某些评注者已经理由充分地指出,考虑到意大利城市国家的现实,我们不需要做出这样的选择,因为即使在神圣罗马帝国的统治下,也可以存在自治公社及一种积极能动的公民法团(尽管皇帝权力通常支持领主统治而非公社统治)。但事情没有这么简单。马西利乌斯论点的惊人之处在于,他对统一的司法权的呼唤(这在中世纪思想家中是如此与众不同)只适用于教会和世俗政府之间的划分。他没有用这种论点反对领主的封建权力,而且他看起来完全不关心他们对政治和平的威胁,即一种肯定无法被他的同代人忽视的威胁,这与他对教皇造成的 223
危险的末日想象形成截然对比。在确立了一种单一的、貌似统一的公民法团后,他丝毫不去触及,甚至在实践上积极支持一种对政治统一和统一司法权的主要挑战。

或许有一种解释能够包容马西利乌斯政治理论的所有复杂之处。仅仅这样认为会是非常有理的:教皇的主张给欧洲和平带来威胁,在他的这种真实恐惧中,他虽对共和主义情深意切,却感到不得不为支持皇帝权力的领主辩护。尽管如此,我们不妨设想,反过来说可能是真实的:他真的相信马蒂奥·维斯孔蒂这类人,而他的反教皇论点至少在某种程度上是由这种对领主的拥护所激发的。有可能存在一种办法使他表面上的共和主义观念可以为这项事业服务吗?

在意大利城市国家,特别是他的故乡帕多瓦(它经历了圭尔夫派统治和吉伯林派统治之间的戏剧性转换)的具体条件中,他的论点可以轻松地被用来支持一个皇帝保护下的吉伯林派领主统治的城市公社。在意大利公民法团的语境中，要为吉伯林派提供支持理由，要为米兰的维斯孔蒂家族之流反对帕多瓦圭尔夫派提供支持理由，确实很难想象一种比这更有效的办法。确实有可能，甚至很可能，因为他偏爱公社统治而非他的领主大人们行使的统治，马西利乌斯对维斯孔蒂的支持有所缓和，尽管这里谈论的公民团体是一个有限的寡头阶层，即使领主统治也可以维持公社自治的形式。至少可以说，即使对《和平的保卫者》最富共和主义色彩的解读，也没有排除寡头统治，而马西利乌斯对神圣罗马帝国统治权的支持倾向于封建贵族如维斯孔蒂的寡头统治。

当马西利乌斯描述城市或公民法团之"部分"的特征时，他恰恰赋予通常与封建贵族联系的军事职能一种特权地位，这意味深长。他效法亚里士多德说，这些包括"农业、手工业、军人、金融家、教士、法官或顾问"的城市各部分和各职能中，只有教士、军人和法官"在一种无条件的意义上是城市的部分，
224 在公民共同体中，他们常被称作显贵"。[1] 只"在一种宽泛的意义上"，"粗野"的群众才属于城市的部分，因为他们服务它的需求。这些从事生产和交易（据测也包括商业活动）的人，看起来属于亚里士多德的"条件"之类的范畴，而领主才是真正的"部分"。甚至马西利乌斯对法的强制职能的强调，看起来也加固了这一论点："考虑到法官对内部的恶徒和叛乱者的宣判必须凭借强制力量执行，"他写道，"有必要在城市中设立一个军事的或保卫的部分，许多手艺也都服侍它。"[2]

位于马西利乌斯"共和主义"之核心的论点，即他对公民法团的标举，正可以被理解为在支持领主利益上扮演着一种关键角色。毕竟公然攻击公社自治而支持一个贵族家族残酷的领主统治，以此为吉伯林派反对圭尔夫派统治和教皇权力而辩护，这种论证能有多大说服力？一般而言，反对领主的商人派别，其权力存在于半自治、自治的行会和法团中。因此，首先诉诸更普遍、更具包容性的城市公社法团，甚至诉诸彻底的法团主义，打败次级法团的自治权威，无疑会有效得多。后来，一种类似的策略会被绝对主义君主采纳，他们宣称代表着一个无所不包的法人团体，即某种近似民族的东西，即的普遍

1 《和平的保卫者》，I.5.1。

2 同上，I.8.5。

意志，以此反对封建贵族、自治的地方权威或其他次级法团的特殊利益。因此，马西利乌斯的公民法团概念，通过挑战教皇权威（它支持反领主法团的利益）而得到支撑，并可以保卫皇帝权力，后者维系着德拉·斯卡拉和维斯孔蒂世家这样的贵族"帝国代理"。

## 奥卡姆的威廉

即使略作思考也可以明白，在一个完全不同的社会背景中，例如在奥卡姆的威廉的英格兰中，这样的论点是多么不可思议。无论一位英格兰思想家在思考英格兰的状况时会有其他何种理由为皇帝反对教皇权威辩护，独属于意大利的派别（它们与上述一种或另一种更高权力相互支持）间政治冲突肯定不在其列。更根本的是，即使我们拒绝这样一种对马西利乌斯的党派式解读，并姑且相信他的可疑的共和主义，他倚重的法团主义论点在英格兰也绝 225
不会产生它在意大利北部产生的效力。

至少有必要重新定义法团，以适应英格兰的状况。这正是奥卡姆的威廉所做的。他的论证（认识论、神学和政治学论证）出发点显然是个人；甚至他的法团概念，也否定了以马西利乌斯为最主要代表的中世纪法团主义的第一前提：一个法人团体可以具有一种人格及法人意志，它们独立于并且有资格代表那些组成它的个人这种观念。把奥卡姆的哲学个人主义单纯归结于背景决定是愚蠢的，但是，无视他在英格兰的成长经历和所受教育也同样愚蠢，比起欧洲其他地方，如在英格兰，国家、财产权和个人之间的一种特殊关系，为法团指定了一种非常不同的、较弱的地位。

1280 年代，奥卡姆的威廉生于萨里，在牛津接受神学和哲学教育，并作为方济各会成员继续研究和教学。他何时，又如何与教皇发生初次交锋，对此存在一些争议，但最普遍的观点是，他被传唤到阿维尼翁，在一个为异端嫌疑者准备的教皇调查团面前，为自己的神学和哲学著作辩护，而这时他发现自己被卷入关于使徒式贫穷的争论。如我们所见，约翰二十二世的教谕《因为一个恶人》是对方济各会立场的最有力挑战；而在奥卡姆的回应过程中，他开始相信教皇本人犯了异端罪。

奥卡姆从未被正式逐出教会，他却逃往路德维希的宫廷，那年正值这位国王成为神圣罗马帝国皇帝。像马西利乌斯一样，他在路德维希与教皇的冲突中支持路德维希，他不断为使徒式贫穷学说辩护，并攻击教皇对一种充分权力的主张，这迫使他阐述自己关于属世司法权和属灵司法权之间关系的观点。他从未阐发一种系统的政治理论，至于他真正说了些什么，也存在各种相互冲突的解释；但是，一种政治学理论可以从各种不同的著作中得到重
226 构。[1] 无论对他的政治观念做何评论，他对法团和个人权利之思考的原创性和重大意义都是毋庸置疑的。

奥卡姆对法团的重新定义与他处理一般哲学问题，特别是他的认识理论时所采取的个人主义路径，两者之间存在着一种确凿无疑的一致性。因此，这会诱惑我们简单地认为前者轻巧地紧随后者而来，而不去考虑背景因素。主张他的哲学完全是英格兰条件的一个副产品，这显然太过极端。但是，他的权利理论、法团理论与英格兰的法律、财产权及统治的现实如此惊人的一致，所以，如果注意不到这些联系和对应，则无疑是粗心大意。

奥卡姆从这样的前提出发：在这个世界中，除了个别以外别无他物，而且，所有普遍或本质无一例外是心智从对特殊事物的思考中建构的抽象物。知识来自个体认识，个别认识就定义而言是特殊的、因情况而异的，而普遍概念并不反映一种外部现实，毋宁说是人类心智的作用。普遍概念是人类努力寻找特殊事物之间的共性时，赋予特殊事物的名称或符号；正是这些语言的创造物而非事物的实在，构成了认识的对象。

奥卡姆对社会和政府的看法从类似前提出发。政治体也是一个由个人而非其他东西组成的世界。集体意见仅仅是很多个人意见的产物，集体不过是其部分的总和。这意味着，没有集体能够具有一种法人人格或自己的意志，它们有别于组成它的个人人格和意志。当然，个人不是隔绝于他人而存在。他们出于社会、政治和宗教的理由而聚集在一起；但他们是作为自由、自

1 例如，参见反对约翰二十二世的《反本笃论》（*Contra Benedictum*, *Tractatus*）、《波纳文图拉论暴君统治的权力》（*Dialogus*, *the Breviloquium de potestate tyrannica / A short discourse on the tyrannical government over things divine and human*）的部分，以及《论国王和教皇的权力》（*De imperatorum et pontificum potestate/ On Imperial and Pontifical Power*）。

主的存在者这样做,而政治体并不是作为一种与组成它的众多个人分离的领域而存在。不存在可以主张代表他们的、由法律创造的假想人格。集体或法团永远只是自主的理性个人的一种集合。个人意志无法被一个法人团体代表,个人也不能转让他们的自主权、他们的权利或他们的责任。

尽管如此,按照奥卡姆的看法,堕落确实使世俗权威成为必要,因为个人无法再单凭他们的理性统治自己。奥卡姆不仅为能够向自由个体施加强制权力的世俗权威留有余地,甚至还承认凌驾于法律之上的政府的可能性。政 227
府由将受其统治的个人的全体同意所确立,但是,此后将由形势来规定统治者是否会,或是否应该按照实在法行事。不需要被统治者反复的同意行为。他们一开始就已经同意了将按照正确的理性、公平和共同善,同时也按照特殊形势的需求而行动和立法的政府。这或许暗示了一种仅当根本条件未被满足时产生的抵抗权利,但是,不存在持续同意的规定,也没有任何限制统治者的制度。由于没有人民的定期参与或对政府的制度限制,奥卡姆的威廉的政治立场曾被描述成“绝对主义者”。同时,他是一位牢牢基于个人不能转让他们的自由和自主权这一原则的绝对主义者;而且,既然没有个人能主张对他人的绝对权力,也就不存在他们能够授予任何其他人的绝对权力。这种对人的权利和自由之不可转让性的坚持,使诉诸他的学说来支持抵抗权利和立宪政府成为可能。

那么,个人权利,特别是财产权利又如何呢?在关于使徒式贫穷的争论中,奥卡姆在区分堕落前状态和堕落后状态时探讨了所有权概念。在堕落前状态中,人类享有使用所有造物的资格,但没有财产所有权。当亚当的罪改变了人类境况时,上帝就赋予人类以个人所有权形式拥有尘世物品的资格,并赋予他们通过建立政府保护财产权的资格,由此提供了改善人类生活的手段。在与教皇的辩论中,奥卡姆的直接目标是证明,既然财产权和政府都是亚当之罪的结果,那么,它们明显属于世俗领域,服从世俗权威的指示,这意味着教皇无法主张充分权力。然而,他的论点还有更广泛的意涵。尽管财产权是一种依靠世俗权力的人类创造物,行使堕落后的所有权形式的资格却是一种来自上帝的馈赠。私有财产权的效用,不仅得到公民法而且得到万民法的承认,这种效用暗示私有财产权符合自然法,尽管私有财产权是在一种与堕落前的共同享有不同的意义上符合自然法；而且，一旦被承认，它就构成一种不可转让的权利。

228 作为一位为使徒式贫穷辩护的方济各会士，奥卡姆反对多明我会的使用和所有权统一并且所有权和司法权分离的学说。但是，财产权是一种政治制度，这个原则已经被托马斯·阿奎那这样的多明我会士和其他中世纪神学家接受。就奥卡姆的目的而言，这种学说明确将财产权放进世俗权威领域，从而具有对教皇权威釜底抽薪的优势。在对自然法的不同形式做出区分，以及对私有财产权某种程度上符合自然法的看法上，他也与阿奎那有共同之处。尽管他坚持财产权是政治制度，但奥卡姆的财产权理论，比其他中世纪理论更接近作为一种不可化约、为人类个体固有、独立于政治权威的自然权利的私有财产权观念，因为，对比其他中世纪理论家的法团主义，他把个人作为社会秩序的最基本组成单位并赋予其优先性。

奥卡姆的政治学说中确实有一些模棱两可之处。他关于个人和法团之观点的实践意涵，在与属灵权威而非属世权威联系起来时可能更为清楚，而且，他对法团原则的创造性论述，其最直接的意图确实是处理属灵权力问题。面对属灵司法权和属世司法权之间的关系问题，他没有选择马西利乌斯的解决方案，简单地使一者从属于另一者。他再一次从至关重要的个人中寻找答案。他认为，个人是灵性和世俗双重存在者，所以，任何解决这两种司法权之间关系的方案都必须承认这种二元性。作为灵性存在者，个人受神法统治，而作为世俗存在者，他们要服从实在法。既然个人是自由和自主的，且其自由和自主不可化约，他们就有资格确立自己的世俗政府及自己的法律体系。

马西利乌斯使教会完全从属于国家，奥卡姆或许没有走到他那么远。但是，他对两种司法权的分离是一种对教会和教皇世俗权力的重要挑战。同时，正如他否定法团在世俗领域中的首要地位，他也丝毫不信任教会的大公会议。某个基督徒个体，甚至一个小孩或女人都可能比教会大公会议更接近真理。正如没有大于个人之总和并有权利代表他们的世俗法团，也不存在具有任何优越地位的灵性团体。马西利乌斯和巴黎的约翰的法团主义延伸至教会的大公会议，赋予它们一种绝对正确性，因而使它们具有罢免教皇的权

利。与他们不同,奥卡姆没有这样一种可供他使用的法团主义武器,并被迫 229
依靠教会的个体成员来抵抗教皇的异端邪说和罪恶行径。

因此,奥卡姆的威廉对法团的重新定义是一把双刃剑。毫无疑问,他的个人自主和个人权利学说可以被用来支持宪法对政府的限制。一旦代表在定义上无法等同于他代表的集体,就会产生代表的意志和他声称代表的众多个人意愿之间的一致性问题,也因此会产生代表对其选举人的责任问题。相比之下,在马西利乌斯的法团理论中,就没有出现这些问题。通过代表体现的法人团体的意志必然界定了共同善,而无论任何个人想什么或要什么。

然而,通过主张独立于中央国家的自治权和权利,中世纪的法团主义可以,也确实曾为限制国家权力提供一种基础。奥卡姆拒斥同时代人所了解的法团主义,这使他无法得到中世纪思想家可以用来限制君主和教皇权力的某些最有力武器。尽管他的一些观念会被教会会议至上论者采纳,但他对教会大公会议的观点看起来致命地削弱了教会会议至上学说;在他对法团的重新定义中,也很难看出,任何主张法团抵抗世俗或教会的暴虐权威的观念如何能够存留下来。

同时,正如我们在马西利乌斯那里看到的那样,法团主义也存在着模棱两可之处,特别是当这里谈论的法团在范围上等同于整个公民共同体时。的确,一种普遍的法团,无论是一种教会大公会议还是一种世俗的公民团体都可以被用来反对一位君主或教皇,但是,专制统治者也可以声称代表着一种更普遍的法团利益,以此主张对次级自治权力的优越性。

因此,法团主义和个人主义都能够与范围广泛的政治选择相容:从或多或少绝对的政府,到宪政主义和对公民自由的保护。在之后的几个世纪,不仅在理论而且在实践中,都会出现绝对主义和宪政主义各自的不同传统;这些差别根源于中世纪欧洲,它们反映了(特别是英格兰和法兰西之间)在政治
体及其组成单位的性质上的重要差别。 230

在奥卡姆的威廉之后很久,另一位英格兰人、当时伊丽莎白女王的法兰西大使托马斯·斯密斯勋爵,在一篇论英格兰政治体的论文中把“国家”或“公民社会(政治社会)”定义为“一群自由人为了在和平与战争中保存自己而

集合在一起，并基于一致同意和契约而联合起来的社群或共同行动”。[1] 他的同时代人让·博丹在思考法兰西的状况时形成了一种不同的国家概念，它不是由自由的个人组成的，而是由“家庭、社团或法人团体”[2]组成的。这两种定义体现的差别在13世纪就已经确立，并明显表现在财产权制度、法律制度和代表制度中。

正如我们看到的那样，在英格兰，一种高度中央集权的国家和一种独特的统一法律体系带来的必然结果是一种独特的“自由”人，他只臣属于国王而非次级领主。地主确实享有巨大的地方权力，但是，在采邑之外，在与自由人的关系中，他们作为王权的代表行事。尽管在自由保有财产权与隶属于采邑主而不受王家法院管辖的不自由保有权之间，仍存在鲜明差别，但是，自由的英格兰人是一种独特的形成物，他具有一种为普通法承认且独立于任何超经济的权利主张、特权或义务的个人财产“利益”。相比之下，在法兰西，自由身份是较为模糊的。在一个即使绝对主义极盛时期也被成百上千的地方法律法规、习俗和碎片化司法权统治的社会中，自由宪章并没有消解领主义务，而且，即使拥有土地且能够得到国王保护的农民，仍要接受领主司法权及其相伴的义务。

在英格兰，自由人身份必然包含一种独特的政治身份，它不需要欧洲其他地方那些处于国家和个人之间的封建的和法团的中介。这种关系反映在一种新的代表概念中。1254年，当郡骑士被选举在议会中代表他们的地区时，他们不是作为封建单元，而是作为王权下的行政单元代表这些地区。而且，他们是被郡法院选举的，这是自由人的议会，这些自由人与组成英格兰陪
231 审团的自由个人是一种类型的。当然，英格兰人并不比其他欧洲人更少地倾向于把国家当成一个法团来谈论。但是，例如，1365年当英格兰首席法官宣称“议会代表王国全体”时，这里的“体”已不再是马西利乌斯所构想的那种法人团体；它也不是像博丹的“社团和法团”或法兰西各等级那样的法人团体组

1 托马斯·斯密斯勋爵：《论英格兰国家》（Sir Thomas Smith, *De Republica Anglorum*, ed. Mary Dewar, Cambridge: Cambridge University Press, 1982），第57页。

2 让·博丹：《国家六书》（Jean Bodin, *Six Books of the Commonwealth*, ed. M.J. Tooley, Oxford: Basil Blackwell, 1967），第7页。

成的一种集合。它更多是一种像奥卡姆的威廉设想的那种自由个人的集合。

承认这些差异并非仅仅是理论上的,这很重要。欧洲思想家确实共享着一种丰厚的哲学和文化传统,在财产权和国家的发展中也确实存在某些重要的共同之处。但是,他们共同依凭的遗产,只是凸显了他们之间差别的重要性,以及他们反映社会和政治状况的重要差别(由此产生了不同的社会冲突,并为他们的解决方案提供了不同的实践选择)的程度。在随后的几个世纪中,欧洲会出现几种不同的国家形成和经济发展模式,它们会在不同的政治思想传统中得到表现。 232

# 结 语

那么，为什么本卷终于此处，终于14世纪中叶？它的主题是从古典时期到中世纪的一种政治理论的社会史。但是，关于中世纪时期的界限，尤其是它何时真正终结，可能是最最受争议的问题。比起本书，其他各种中世纪政治理论史常常在一个世纪后（或更晚）结束。例如，《剑桥中世纪政治思想史》大致从350年跨到1450年，理由是"大约在15世纪中叶，我们可以察觉出智识生活样式上的一种决定性转变，这使我们有足够理由主张，'中世纪政治思想'的主要发展……明显渐入尾声"。[1] 这当然是一个艰难做出的判断，因为，正如在历史进程中经常存在的那样，这里也存在一种变化中的连续性。但是，论证继续：尽管中世纪思想的许多主题或"传统""在15世纪末及以后依然生气勃勃……它们却日渐在一种与其他更新的（同时也无疑是更老的）思考方式共存的处境中生存"。文艺复兴的"人文主义"与中世纪哲学的"经院主义"共存，但也开始冲突，"而且，正如中世纪社会的伟大制度，即教皇、帝国、'封建君主'、教会法和民法学家只是以变化了的形式存在着，中世纪政治观念也继续存在着，它们在变化了的环境中发挥作用，自身也在这个过程中发生改变"。

关于划时代的转变，这或许并未告诉我们多少，而且，读者可能会发现，

1 《剑桥中世纪政治思想史：约350年—约1450年》，第652页。

很难想象任何历史时刻无法以类似的方式被描述成变化与连续性的统一体。 233
比这种说法更确凿地说明我们的时间界限,或许是可能的。然而,这里还有其他要说的。如果我们认真考虑前章中列举的封建主义概念,界限或许就不那么难以被划定了。如果我们把注意力集中到封建主义上,就有可能把某些重要的转折时刻置于14世纪中叶及以后:一个瘟疫、人口剧减、农民叛乱和百年战争的时代。这些进展合起来标示着分割化主权的危机,而我们可以开始讨论从封建主义的"转变"。

14世纪中叶到15世纪末,有一段正典匮乏期,它被马基雅维利决定性地终结了定性地退出了历史舞台。[1] 当西方正典的故事重新展开时,我们处在一个被不同的财产权与国家之间的关系塑造的欧洲世界中。在绝对主义国家崛起的过程中,尤其是在法兰西,君主试图用官职的特权和特殊待遇换取贵族的封建自治权,以此收编贵族。在英格兰,一个已经充分确立的中央国家与一个强有力的土地贵族阶层并行发展,在这里,我们可以初步看到农业资本主义的兴起。意大利北部的城市国家,尽管延续着它们的公社形式,这时却不再是教皇与神圣罗马帝国皇帝冲突的战场,而是法兰西君主国与西班牙君主国战争的战场。

注视着这些给意大利公民自治带来全新挑战的邻国,马基雅维利思考着佛罗伦萨的历史与政治。在法兰西,支持君主中央集权的让·博丹介入与宪政主义思想家的哲学争论,后者为地方贵族和法人团体逐渐式微的自治权力辩护。在英格兰,托马斯·莫尔(他侍奉一位强大的君主,并最终沦为其牺牲
品)观察到也参与了圈地运动对小生产者的剥夺,用他自己的话说,就是"羊 234
吃人"。

这些各不相同的从封建主义的"转变",还有与之伴随的不同政治理论传

1 库萨的尼古拉(1401年—1464年)属于这个正典匮乏期。尽管立场的不一致和变化,使他在正典史中难有一席之地,但他肯定是一位重要人物。他被某些评注者认为是一位重要的教会会议至上论理论家,也被指责帮助摧毁了它,因为他最终与教皇站在一起,反对教会会议。无论如何,可以认为,正如教会会议至上理论的大体经历一样,他的经历属于分割化主权的危机和国家中央集权过程,我们把这些留给另一卷。教会会议至上论是在这样的时期兴盛起来的,那时教会的分歧导致一种重大分裂,这些分歧因为新兴的世俗国家,特别是法兰西君主国(它们通过与这位或那位教皇结盟来巩固自己的权力)而加深,甚至就是因为它们而产生的。

统，是我们另一部书的主题。但是，如果我们可以谈论封建主义的一种危机，或各种危机，那么，14 世纪中叶看起来是一个结束中世纪时期的自然位置。同时，我们应该记住，随之而来的转变铭刻着它们之前者的印记。不仅在西方政治思想的后续发展继承了一份影响强大的遗产的意义上是如此，而且更为根本的，在下述意义上也如此，即在其各民族的不同形式中，整个正典传统会继续受到财产权自主性和财产权与国家之间的独特紧张关系（它们会在所有不同的转变中发挥作用）的塑造。

尽管西方政治理论正典包括了一些极其激进的思想家，但它主要是统治阶级的成员或被庇护人的著作。民众的声音在正典传统中鲜有耳闻。但是，正典传统是由国家、占有阶级和生产者之间一种复杂的三方互动关系塑造的。有产阶级依靠国家保护他们的财产和统治，防范来自下层的挑战，但是，他们也与国家及其来自上面的侵犯存在冲突。换言之，他们经常不得不两线作战。这也意味着，对政治权威的挑战，不仅来自从属阶级对他们主人的压迫的反抗，而且来自与国家对立的主人自身。

国家与有产阶级之间的这些复杂互动关系，确实构成了西方政治理论传统的源头活水，即使人民在反抗压迫时沉默不语，这些关系也提出了关于权威、正当性与服从的基本问题。但是，这也造成了某些在西方政治理论和实践中仍然根深蒂固的模糊之处和悖论。例如，显而易见，西方宪政学说，乃至民主学说既归功于人民的斗争，也同等地对贵族权力和财产权的捍卫。西方自由主义民主的基本原则、它的有限政府和责任政府观念，更多与中世纪领主权及其对自治权的主张有关，而较少与古雅典人所了解的平民统治有关。

这不仅仅是因为公民平等的观念和阶级不平等的现实之间一直存在张
235 力。从古希腊公民共同体那里诞生的西方政治理论传统中，最模糊和悖谬之处在于，根本性的公民身份和公民平等观念几乎一开始就被改造，用来为不平等和统治事业服务。例如，我们已经看到，公民身份观念如何被罗马人当作寡头政治和帝国主义的一种霸权工具来使用。不仅帝国的罗马公民身份观念用消极服从取代了公民主动性，而且，甚至像西塞罗这样一位共和主义思想家也找到了巧妙应付平等主义观念的方法，他把平等归入一个超越日常不平等和寡头统治的抽象道德领域，以此让民主原则反对自身。

基督教学说也宣称全人类在上帝面前的平等,同时宽恕此世生活的凡俗现实中深刻的不平等、压迫甚至奴隶制。现代早期的政治理论家会宣称,人(或至少是男人)在自然状态中是自由和平等的;通过运用同意这个弹性十足的观念,他们接着在自然平等的基础上(而不是反对自然平等),建立起支持绝对君主制的论证(霍布斯)或支持有产阶级统治的论证(洛克)。一种正在出现的资本主义"经济"及其纯然"经济的"阶级统治形式,会把这个悖论推向极致,使它能够把民主归入一个形式上独立的"政治"领域,同时完整保留市场和工作场所中资本与劳动之间的巨大权力悬殊,还把大部分人类生活推出了民主问责的范围,使它们受市场铁则的统治。

这里要讨论的不是我们熟悉的人类说一套做一套的倾向,而是说这些悖论位于西方政治理论和实践的正中心。在西方传统中,有限政府甚至民主政府的观念具有持久而蓬勃的生命,这不仅是因为人民权力的表达或对统治阶级的反抗,而主要是因为一种特殊的财产权、阶级和国家权力的构造使它们能够被采纳为统治思想。但是,无论这如何有益于这些观念的持久和活力,它都同时限制了我们的民主概念。一种更加恢宏的人类解放视野,要求我们在行动和思想中超越统治思想,迈向一种更丰富的为解放而斗争的传统。但是,如果理解了盛行的正统观念所立足的正典传统和历史经验,我们就能最
好地揭示这些正统观念的局限。 236

# 索　引

（条目后数字为原书页码，见本书边码；
部分页码中的 n，见该词条于原书相应页的注释）

# 译后记

艾伦·伍德的两卷《西方政治思想的社会史》是从现实关怀出发的、对西方政治思想史的再阐释,更是一次带有论战性质的方法论试验。其得失读者自有判断,这里仅交代一下译者对于一些译法的思考,以求教方家。

如果说此书有一条未曾言明却体现作者价值立场的红线的话,那么应该属 civic/civil 一词及其在西方政治思想史中的演化。古希腊时期形成的公民共同体在作者看来是西方最独特也最具颠覆性的创造,它改变了生产者和占有者之间的关系,使他们作为平等人面对彼此,之后的思想争夺几乎都围绕这份遗产展开。civic/civil 大致有公民的、政治的、城市的、世俗的、民政的、国内的、文明的等含义,几乎包含了西方人对于政治各个方面的理解。在翻译中,我们尽可能突出其在特定语境下的侧重点。在古希腊罗马时期,我们基本都翻译为公民的/公民政治的,古希腊的 civic law 翻译为政治法,古罗马的 civil law 翻译为公民法(至近代则多译为国家法);在中世纪时期以及现代早期意大利、荷兰的语境中,我们尽量突出其城市、市政内涵,与教会权威相对时则译为世俗的;在霍布斯、洛克那里,我们采用了公民社会的译法,但这里的公民社会实际就等于政治社会,而非现在通常所理解的政治以外的社会。

对于中世纪和现代早期语境下的 jurisdiction 一词,为了突出中世纪从法律角度进行政治思考的特征,我们勉强译为司法权。但是,正如佩里·安德森指出的,中世纪的司法包含着比现代司法广泛得多的领域,中世纪的司法权实际就等于一般意义上的权力。因此，本书频繁提及的司法权之争都应从这种意义上理解。

霍伟岸博士邀请我翻译此书，由衷感谢他的信任。刘训练老师尽管没有通读全书，但我曾就译本的多处关键概念和段落向他求教，特此致谢。由于译者水平有限造成的错误应由本人完全承担，恳请读者指正。

曹　帅<br>2018年秋于北京

# 西方政治思想译丛

## 第一辑书目

1.《保守主义》,[美]杰里·马勒著,刘曙辉、张容南译 55.00 元
2.《民主教育》,[美]艾米·古特曼著,杨伟清译 42.00 元
3.《自由主义美德》,[美]斯蒂芬·马塞多著,马万利译 38.00 元
4.《中世纪政治思想史》,[英]沃尔特·厄尔曼著,夏洞奇译 28.00 元
5.《分配正义简史》,[美]塞缪尔·弗莱施哈克尔著,吴万伟译 25.00 元
6.《论民族性》,[英]戴维·米勒著,刘曙辉译 25.00 元
7.《现代政治思想的基础》,[英]昆廷·斯金纳著,奚瑞森、亚方译 98.00 元
8.《贸易的猜忌》,[英]伊斯特凡·洪特著,霍伟岸、迟洪涛、徐至德译 88.00 元

## 第二辑书目

9.《古代宪法与封建法》,[英]J. G. A. 波考克著,翟小波译 52.00 元
10.《剑桥阿伦特指南》,[美]达纳·维拉著,陈伟、张笑宇译,陈伟校 69.00 元
11.《古典功利主义:从休谟到密尔》,[英]弗雷德里克·罗森著,曹海军译 58.00 元
12.《英国功利主义者》,[英]莱斯利·斯蒂芬著,朱妍兰译 (即出)
13.《美利坚共和国的缔造:1776—1787》,[美]戈登·S. 伍德著,朱妍兰译 98.00 元
14.《政治神学》,[美]保罗·卡恩著,郑琪译 39.00 元
15.《魏玛共和国的反民主思想》,[德]库尔特·松特海默著,安尼译 58.00 元
16.《西欧的国家传统》,[英]肯尼斯·戴森著,康子兴译 48.00 元

## 第三辑书目

17.《中世纪的政治理论》,[德]奥托·基尔克著,李筠译 （即出）

18.《自然法与社会理论》,[德]奥托·基尔克著,王涛译 （即出）

19.《两个世界间的托克维尔》,[美]谢尔顿·S. 沃林著,段德敏等译 88.00 元

20.《什么是民粹主义》,[德]扬—维尔纳·米勒著,钱静远译 （即出）

21.《西方政治思想的社会史：公民到领主》,[加]艾伦·梅克辛斯·伍德著,曹帅译 58.00 元

22.《西方政治思想的社会史：自由与财产》,[加]艾伦·梅克辛斯·伍德著,曹帅译 68.00 元

23.《马基雅维里作品研究》,[法]克洛德·勒弗尔著,张尧均译 （即出）

24.《站在正义的一方》,[美]南茜·罗森布鲁姆著,黄梦晓译 （即出）